# L'EUROPE
# UNIVERSITAIRE

# L'Europe universitaire

## *L'identité étudiante face à l'employabilité*

**Marie-Emmanuelle AMARA,**
avec la collaboration de Michèle Baumann

INSIDE 1

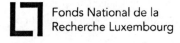

Fonds National de la
Recherche Luxembourg

UNIVERSITY OF LUXEMBOURG
Integrative Research Unit on Social
and Individual Development (INSIDE)

academia
**L'Harmattan**

Mise en page : CW Design

D/2012/4910/23                                    ISBN : 978-2-8061-0061-0

**www.editions-academia.be**

**Marie Emmanuelle AMARA**, docteur en sciences sociales (allocataire AFR 2008-2010), possède une compétence dans l'analyse des phénomènes sociaux qui accompagnent le développement des adolescents et de la jeunesse. Titulaire d'un master en sciences de l'éducation, elle est également spécialiste en pédagogie personnalisée. Actuellement, elle poursuit ses recherches sur l'évaluation de l'employabilité des étudiants au sein de l'unité de recherche INSIDE.

**Avec la collaboration de :**
**Michèle BAUMANN**, directrice scientifique de sociologie médicale et santé publique, a obtenu de 2008 à 2010 un financement de l'Université du Luxembourg pour la réalisation, du projet de recherche SQALES «Qualité de vie et compétences relatives à l'employabilité des étudiantes» dont sont issus certains résultats présentés ici. Elle a soutenu la publication de cet ouvrage dans la collection INSIDE *(Integrative Research Unit on Social and Individual Development)* qu'elle coordonne.

*La collection des monographies scientifiques INSIDE (Integrative Research Unit on Social and Individual Development) a pour but la valorisation des travaux menés par les chercheurs de l'unité et leurs collaborateurs. Basées sur une démarche pluridisciplinaire, les recherches portent sur l'analyse des phénomènes sociologiques, psychologiques, pédagogiques issus des crises économiques et des changements démographiques ainsi que sur celle des facteurs sociaux, éducatifs et de santé qui interviennent dans l'apparition et le développement des problèmes collectifs des populations. Collection interdisciplinaire en sciences humaines, travail social et action communautaire, elle contribue à l'identification et à la compréhension des besoins nouveaux, et des défis grandissants que prendra la négociation des valeurs à attribuer à la qualité de vie.*

**Nos remerciements** *s'adressent au Professeur Ion Ionescu (Iasi, Roumanie), au Docteur Jean-François Guillaume (Liège, Belgique) et au Professeur Jean-Marc Stébé (Nancy, France) pour leur collaboration ainsi qu'au* **Fonds National de la Recherche du Luxembourg pour son soutien financier.**

# Avant-propos

Dans le contexte du processus de Bologne et de la création de l'Espace européen de l'enseignement supérieur (EEES), les universités européennes se voient investies de nouvelles missions. Outre leurs rôles traditionnels de création et de transmission de connaissances disciplinaires, elles doivent favoriser l'employabilité durable des étudiants, les encourager à devenir des citoyens actifs et permettre leur épanouissement personnel (ministres de l'Enseignement Supérieur de l'Union européenne, 2009). Mais qu'en est-il en réalité? N'existe-t-il pas un décalage entre ce que préconisent les circulaires européennes – conçues par des gouvernements et des ministres préoccupés du rayonnement des universités de leur propre pays, et plus globalement de l'Union européenne, dans un marché du savoir en voie de mondialisation – et le vécu des étudiants?

## Décideurs ou étudiants, des intérêts dissonants?

Avec les nouvelles logiques de mobilité étudiante liées à la création de l'EEES et l'homogénéisation des systèmes nationaux, l'offre de formation se joue des frontières, les migrations de cadres et techniciens supérieurs se multiplient et le domaine de l'expertise s'internationalise. Les directives ministérielles incitent les universités à adopter des critères d'excellence pour se situer à de hauts niveaux dans les classements (Shanghai, *Times Higher Education*, etc.) et obtenir une reconnaissance internationale. Pressées par ces exigences comme par la rationalisation des choix budgétaires, celles-ci s'inscrivent dans une logique de service aux clients et entrent peu à peu dans un schéma de loi du marché (Arnove, 2007 ; Zaharia & Gibert, 2005). Le domaine académique s'empare des termes de l'économie : performance, rentabilité, excellence deviennent les maîtres-mots de la gouvernance des universités. À l'entrée à l'université, les étudiants sont, quant à eux, animés de préoccupations différentes ; ils découvrent un environnement, une culture universitaire qui leur sont étrangers, doivent apprendre le « métier d'étudiant » (Coulon, 2005), et en parallèle, font face à des bouleversements d'ordre affectif et relationnel, à la découverte de l'autonomie et parfois à des difficultés financières. Ainsi, écartelés entre deux pôles – parents, amis et cadre culturel structurant dans lequel ils ont leurs habitudes d'un côté ; monde des adultes, de l'emploi, cadre social et politique de l'autre – les étudiants doivent négocier la transition d'une identité juvénile à celle de jeunes adultes et s'adapter à leur statut d'étudiant. Si cette situation n'est pas nouvelle, le phénomène d'allongement de la jeunesse (Giral, 2007) comme le climat d'incertitude face à l'avenir engendré par les réformes des *curricula* ou la crainte du chômage contribuent à la compliquer. Deux logiques semblent s'opposer : celle des institutions et des gouvernements qui vise l'intérêt général à moyen ou long terme et celle des étudiants et de leurs familles basée sur la recherche d'un bénéfice individuel immédiat.

## L'employabilité durable, un challenge pour les étudiants, une révolution pour les universités

Pour augmenter la compétitivité des ressources humaines, la croissance économique et la cohésion sociale en Europe (Déclaration de Bologne, 1999), la question de l'employabilité durable s'impose comme une des finalités des enseignements ; un avis de la Commission des communautés européennes (2006) préconise de structurer les cursus universitaires dans ce sens. Durant leur parcours de formation, les étudiants devraient acquérir les connaissances nécessaires à l'obtention du diplôme, intégrer les compétences recherchées par les employeurs et être préparés, dans la perspective de cheminements de carrière non linéaires, à la probabilité de plusieurs réorientations au cours de leur vie de travail.

Sans doute influencés par le contexte socio-économique tendu, les étudiants européens semblent adhérer à ce discours ; ils se prononcent en faveur d'une plus forte collaboration entre les universités et le monde du travail et attendent de leur parcours universitaire qu'il les dote des connaissances et compétences dont ils auront besoin sur le marché de l'emploi. Pour cela ils préconisent notamment d'inclure des stages en entreprise dans le cadre des programmes d'études (The Gallup Organization, 2009).

Dans une dynamique insufflée par la création de l'EEES et soutenue par les étudiants, la notion de compétences relatives à l'employabilité s'impose peu à peu dans le champ des enseignements universitaires. Or, ces compétences ne semblent pas reconnues ni valorisées par les institutions ; il existe des écarts notables entre ce que mesurent les examens universitaires (maîtrise de savoirs disciplinaires), ce que les étudiants estiment avoir acquis et les compétences génériques attendues par les employeurs (Organisation Internationale du Travail, 2004 ; The Gallup Organization, 2009). Les établissements universitaires paraissent pourtant peu enclins à adapter leurs programmes en fonction de ces nouveaux besoins et les enseignants ne semblent guère vouloir se préoccuper d'employabilité (The European Students' Union, 2009).

## Le décrochage universitaire, un échec des politiques européennes ?

L'obtention d'un diplôme de fin d'études secondaires, délivré à l'issue de formations qui préparent à suivre des études supérieures, est devenue la norme dans les États-membres de l'Union européenne. Les élèves sont doublement encouragés à poursuivre leurs études : par leurs parents soucieux d'assurer leur employabilité d'une part, et par l'école dans un désir d'équité sociale d'autre part. Dans un contexte de marché scolaire et avec l'avènement de la société du savoir, les diplômes sont valorisés, « aller à l'université n'est même plus une ambition, mais une nécessité sociale »

(Romainville, 2000, p. 60). De nombreux élèves s'engagent alors dans l'enseignement supérieur sans préparation ni réelle vocation, n'obtiennent pas ce qu'ils souhaitent de l'université et finissent par en sortir sans diplôme ni qualification. Si ces étudiants, appelés «décrocheurs», expliquent leur abandon comme la conséquence de multiples facteurs d'ordre personnel, familial ou économique (Christie *et al.*, 2004; Conway, 2001; Legendre, 2003), l'environnement universitaire joue un rôle indéniable dans leur décision (Scott, 2005; Yorke & Thomas, 2003).

Dans un premier temps, les pouvoirs publics se sont attachés à démocratiser l'accès aux études supérieures et à accroître les effectifs en premier cycle, leurs efforts se concentrent maintenant sur l'accompagnement jusqu'au diplôme. L'Union européenne fait de la lutte contre le décrochage scolaire et universitaire une priorité et se fixe pour objectif d'en protéger les jeunes pour leur éviter d'être «en marge de la société de la connaissance» (Conseil de l'Union européenne, 2004). Les taux de rétention[1] ou de survie[2] sont considérés comme des indicateurs majeurs de l'efficacité des universités (Mortiboys, 2002). Des taux de décrochage élevés pouvant être interprétés comme un signe montrant que le système d'éducation ne répond pas aux besoins de ses bénéficiaires, les «dispositifs anti-décrochage» se multiplient (Maradan & Vaillant, 2009).

Le discours social entourant le décrochage aborde ce phénomène en termes de causes ou de conséquences, mais peu d'études en questionnent le sens et discutent la cohérence des actions mises en place pour le combattre. Les universités comme les médias ont tendance à confondre l'échec de l'institution, qui faillit dans la tâche que lui confient les pouvoirs publics d'amener les étudiants à obtenir leur premier diplôme universitaire, et l'échec de l'individu lui-même.

À son entrée à l'université le jeune étudiant se trouve plongé dans un environnement inconnu, il doit renoncer à ses habitudes de lycéen pour faire face à des attentes et demandes nouvelles qui

---

1. Pourcentage d'étudiants qui restent à l'université sur une période donnée.
2. Pourcentage d'une cohorte d'étudiants inscrits dans la première année d'un cycle qui obtiennent le diplôme.

renforcent un questionnement identitaire naturel à la fin de l'adolescence. Sur quelles bases va-t-il construire sa nouvelle identité d'étudiant ? Peut-on établir des liens entre le développement de l'identité sociale d'étudiant et la perception qu'ont les étudiants de leurs compétences en termes d'employabilité ? Existe-t-il un rapport avec leur qualité de vie universitaire ? Si entrer pour la première fois à l'université c'est faire un pas vers l'inconnu, le climat de réformes ne renforce-t-il pas un certain sentiment d'insécurité ? Quelles sont alors les répercussions sur la construction identitaire des étudiants ? Enfin, qu'en est-il de ceux qui quittent l'université sans achever leur première année d'études ?

Cet ouvrage tente d'apporter des réponses à ces multiples interrogations au travers des résultats de cinq études planifiées dans une approche progressive s'efforçant de tenir compte des étudiants persistants comme des décrocheurs, de ceux inscrits dans des formations de type académique comme de ceux ayant choisi un cursus à visée professionnelle et de mettre en perspective les points de vue d'étudiants d'Europe de l'est et de l'ouest.

La phase exploratoire, constituée de deux études, avait pour but d'appréhender une diversité de points de vue concernant l'identité sociale d'étudiant, les compétences relatives à l'employabilité des étudiants et la qualité de vie universitaire. La troisième étude prend appui sur une enquête téléphonique menée auprès de décrocheurs. La quatrième partie de la recherche vise à distinguer ce qui singularise les « décrocheurs » de ceux qui poursuivent leur cursus. Les derniers travaux s'appuient sur la comparaison de populations d'étudiants suivant des cursus comparables dans trois facultés européennes, les réponses étant analysées en fonction des contextes universitaires et socio-économiques.

Notre analyse a permis d'établir que l'acquisition de compétences relatives à l'employabilité et la qualité de vie à l'université sont animées par le processus interactionnel de construction de l'identité sociale d'étudiant. Le décrochage universitaire tient plus à un manque d'adéquation entre les désirs et attentes de l'étudiant, et le contexte universitaire qu'à la perception de difficultés d'apprentissage.

partie **1**

# Devenir étudiant aujourd'hui

## chapitre 1

# Le contexte européen de l'enseignement supérieur

À l'aube du XXIᵉ siècle, l'enseignement supérieur voit son environnement social et culturel bouleversé : augmentation massive du nombre d'étudiants, expansion de la culture commerciale, importance stratégique croissante de la communication, hégémonie de la langue anglaise, croissance de la mobilité réelle ou virtuelle, délocalisation de l'offre de formation, évolutions technologiques, explosion d'Internet et de la société des réseaux, etc. Ces tendances mettent en évidence – s'il en est encore besoin – la montée en puissance de la mondialisation et soulignent de nouvelles formes d'interdépendances, dans une économie fondée sur le savoir[1], entre acteurs, institutions et États (OCDE, 1996). Devenus dépendants dans leurs processus décisionnels, les pays d'Europe s'entendent peu à peu sur des stratégies communes pour faire face à la concurrence mondiale.

---

1. L'expression « économie fondée sur le savoir » fait référence au fait que le savoir est aujourd'hui reconnu comme un moteur de la productivité et de la croissance économique des pays développés. Compte tenu de la vitesse de circulation de l'information et de la mobilité de la main-d'œuvre, connaissances et expertise s'exportent rapidement, et la compétitivité des entreprises tient essentiellement à leur capacité à innover et à transformer le savoir en valeur ajoutée. La maîtrise de l'information et des technologies comme l'apprentissage jouent donc un rôle crucial dans leurs performances économiques (OCDE, 2007).

# 1. Naissance de l'Espace européen de l'enseignement supérieur

## La convention de Lisbonne

Tous les textes européens n'ont pas la même valeur juridique, ni la même portée géographique ; en fonction de l'institution européenne émettrice, les mesures adoptées sont plus ou moins contraignantes et s'appliquent dans une zone variable (continent européen, Union européenne, Espace européen de l'enseignement supérieur).

Les conventions européennes concernant l'enseignement supérieur font partie de la « Série des Traités européens » du Conseil de l'Europe. Composé à sa création – le 5 mai 1949 – de dix pays fondateurs (Belgique, Danemark, France, Irlande, Italie, Luxembourg, Norvège, Pays-Bas, Royaume-Uni, Suède), le Conseil de l'Europe regroupe la quasi-totalité des États du continent européen (47 sur 50). Il se donne pour but de « réaliser une union plus étroite entre ses membres afin de sauvegarder et de promouvoir les idées et les principes qui sont leur patrimoine commun et de favoriser leur progrès économique et social » (Conseil de l'Europe, 1949) et a donné naissance à un véritable espace juridique européen ; les conventions ratifiées par chaque État acquièrent un caractère injonctif pour les législations nationales.

La plupart des traités européens concernant l'enseignement supérieur remontent aux années 1950 ou au début des années 1960 (« Convention européenne relative à l'équivalence des diplômes donnant accès aux établissements universitaires » 1953, « Convention européenne sur l'équivalence des périodes d'études universitaires », 1956, « Convention européenne sur la reconnaissance académique des qualifications universitaires », 1959, « Protocole additionnel à la convention européenne relative à l'équivalence des diplômes donnant accès aux établissements universitaires », 1964). Au cours des décennies suivantes, la diversification de l'offre en matière d'enseignement supérieur, l'explosion du nombre d'étudiants, l'accroissement de la mobilité académique, l'augmentation du nombre des États signataires potentiels des conventions suscitées et les différences notables dans l'organisation des études supérieures dans ces États rendent caduque le projet d'un système d'équivalence intégrant sans restriction tous les pays d'Europe.

En 1988, les recteurs des universités européennes, réunis à l'occasion du neuvième centenaire de l'université de Bologne, «encouragent la mobilité des enseignants-chercheurs et des étudiants et considèrent qu'une politique générale d'équivalence en matière de statut, de titres, d'examens (tout en préservant les diplômes nationaux) et d'attribution de bourses, constituent l'instrument essentiel garantissant l'exercice de leurs missions contemporaines» (Recteurs des Universités européennes, 1988, p. 2). S'ils s'engagent au nom de leurs universités respectives à œuvrer afin que ce projet puisse voir le jour, aucune disposition précise n'est envisagée. Dix ans s'écoulent avant que la réflexion commune sur le développement des pratiques de reconnaissance dans la région européenne ne donne naissance, en 1997, à la convention dite «de Lisbonne» («Convention sur la reconnaissance des qualifications relatives à l'enseignement supérieur dans la région européenne») qui permet aux diplômés de faire valoir leurs qualifications dans chacun des quarante-sept pays membres du Conseil de l'Europe. Ce traité international, qui pose les jalons d'une harmonisation du cadre juridique au niveau européen, peut être considéré comme le point de départ du processus de Bologne.

## La déclaration de la Sorbonne

En mai 1998, les ministres en charge de l'enseignement supérieur en Allemagne, en France, en Italie et au Royaume-Uni, réunis à l'occasion du 800$^e$ anniversaire de la Sorbonne, préconisent la création d'un espace européen ouvert de l'enseignement supérieur en mesure d'améliorer la lisibilité interne et externe des systèmes nationaux, leur reconnaissance internationale, et leur potentiel attractif (Allègre *et al.*, 1998). Ces quatre pays s'engagent à œuvrer à l'émergence d'un cadre commun de référence organisé autour de deux cycles principaux – avant et après le diplôme sanctionnant trois années d'études supérieures[2] – visant à faciliter la mobilité des étudiants et leur employabilité.

---

2. Bachelor ou licence par exemple.

## Le processus de Bologne : faire converger les systèmes d'enseignement supérieur européens

Suite directe de la démarche amorcée à la Sorbonne, le processus de Bologne est un engagement à construire avant 2010 un Espace européen de l'enseignement supérieur (EEES). L'objectif n'est pas d'aboutir à un système universitaire unique, mais de faire converger les systèmes nationaux vers des niveaux de référence communs favorisant les échanges universitaires (étudiants, enseignants et chercheurs).

Le premier axe de ce projet est la mise en place d'une structure des études supérieures en deux cycles : le premier, d'une durée de trois années au moins, mène à un grade (suivant les pays licence, baccalauréat, bachelor, etc.) correspondant à un niveau de qualification approprié pour l'insertion sur le marché du travail européen ; le deuxième aboutit à un grade de type master (cycle court) ou au doctorat (cycle long).

Le deuxième axe est l'adoption d'un système commun de crédits (le système européen de transfert et d'accumulation de crédits, ECTS[3]) qui a pour but de faciliter la lecture et la comparaison des programmes d'études offerts dans les pays européens. Des points, ou crédits, sont attribués à toutes les composantes d'un *curriculum* en se fondant sur la charge de travail à réaliser par l'étudiant. L'obtention d'un diplôme résulte de l'accumulation de compétences sanctionnées par ces crédits, un crédit représentant en pratique 25 à 30 heures de travail et une année équivalant à 60 crédits. Ce système vise à faciliter les partenariats entre des institutions de pays différents en fournissant un principe commun de description des programmes d'enseignement. Il veut encourager la formation tout au long de la vie, la validation des acquis, la mobilité des étudiants et les passerelles entre divers systèmes d'études.

Le troisième axe, complémentaire du précédent, repose sur la délivrance d'un supplément au diplôme qui comporte des informations sur le titulaire, le système national d'enseignement supé-

---

3. De l'anglais : European Credits Transfer System.

rieur, le diplôme, son contenu, les résultats obtenus par l'étudiant et le niveau de qualification correspondant. Grâce à ce document, les parcours de formation sont plus aisément lisibles et comparables, l'objectif majeur étant d'améliorer l'intégration des diplômés sur le marché du travail européen.

Le 19 juin 1999, la Déclaration de Bologne est signée par 29 pays européens dont 26 des 27 États-membres actuels de l'Union européenne (UE)[4] – Chypre rejoindra le processus en 2001 – ainsi que l'Islande, la Norvège et la Confédération suisse. Si, compte tenu d'adhésion massive de ses membres, l'UE est pleinement impliquée dans ce processus, rien n'est imposé aux gouvernements nationaux ; chaque pays s'engage volontairement afin de réformer son propre système d'enseignement et reste pleinement responsable de l'organisation de son système éducatif comme du contenu des programmes d'enseignement. Les signataires promettent toutefois de mener six actions :

- mettre en place un système facilement compréhensible et comparable pour permettre une bonne lisibilité et faciliter la reconnaissance internationale des diplômes et qualifications ;
- organiser les formations en respectant un premier cycle de trois ans au minimum destiné au marché du travail et un deuxième cycle nécessitant l'achèvement du premier ;
- valider les formations par un système d'accumulation de crédits transférables entre établissements ;
- faciliter la mobilité des étudiants, des enseignants et des chercheurs ;
- coopérer en matière d'assurance de la qualité des enseignements ;
- donner une dimension véritablement européenne à l'enseignement supérieur.

---

4. Pour mémoire : Allemagne, Autriche, Belgique, Bulgarie, Chypre, Danemark, Espagne, Estonie, Finlande, France, Grèce, Hongrie, Irlande, Italie, Lettonie, Lituanie, Luxembourg, Malte, Pays-Bas, Pologne, Portugal, République Tchèque, Roumanie, Royaume-Uni, Slovaquie, Slovénie, Suède.

Après la signature de la Déclaration de Bologne, une structure de suivi[5] a été mise en place; des réunions ministérielles bisannuelles rendent compte de l'évolution du processus (Tableau 1, p. 25) et définissent les axes prioritaires pour les deux années suivantes (Déclaration de Bologne, 1999).

## Conférence de Prague

En mai 2001, quatre nouveaux États (Croatie, Chypre, Liechtenstein, Turquie) rejoignent le processus. Le communiqué de Prague rajoute trois thèmes clés au processus de Bologne: la formation permanente, la participation des étudiants et la promotion de l'attractivité de l'Espace européen de l'enseignement supérieur au niveau mondial (Communiqué de Prague, 2001).

Les ministres soulignent que dans une économie de la connaissance, la construction de l'EEES est une condition essentielle pour faire de l'Europe un pôle d'attractivité et de compétitivité. Dans ce cadre, il convient pour améliorer la cohésion sociale, l'égalité des chances et la qualité de vie des citoyens de leur permettre d'acquérir par le biais de la formation et de l'éducation tout au long de la vie[6] les compétences dont ils ont besoin pour s'adapter aux exigences du monde du travail et de la vie moderne. Par ailleurs, les établissements d'enseignement supérieur et les étudiants sont invités à participer au développement de programmes valorisant tout à la fois compétences académiques et professionnalisation durable.

Deux thèmes essentiels ressortent de ce discours: le souci d'assurer la compétitivité de l'enseignement supérieur européen sur le marché mondial d'une part, l'employabilité des diplômés et futurs diplômés – dont l'une des dimensions est la pertinence des formations universitaires par rapport au marché de l'emploi – d'autre part. Compétitivité et employabilité sont deux mots clés de la stratégie de Lisbonne dans laquelle le processus de Bologne s'inscrit pleinement[7] et dont il convient de rappeler les aspects qui

---

5. Bologna Follow-up Group (BFUG) dont le Conseil de l'Europe est membre consultatif.

6. En anglais, *Life Long Learning* (LLL).

7. D'aucuns pourraient souligner que l'agenda de Lisbonne ne concerne que l'Union européenne alors que le processus de Bologne est paneuropéen. Notons

touchent à l'enseignement supérieur afin de saisir leur influence sur le développement de l'EEES.

## La stratégie de Lisbonne

Lancée au cours du Conseil européen de Lisbonne, la stratégie du même nom[8] a pour objectif de faire de l'UE «l'économie de la connaissance la plus compétitive et la plus dynamique du monde, capable d'une croissance économique durable accompagnée d'une amélioration quantitative et qualitative de l'emploi et d'une plus grande cohésion sociale» (Conseil européen de Lisbonne, 2000, p. 1). L'accent est mis sur la nécessité de s'adapter aux évolutions de la société de l'information et de préparer la transition vers une Europe du Savoir. Afin de faciliter ce passage, les États-membres sont invités à investir dans l'éducation et la formation, et à mener une politique active pour l'emploi. Le développement de la formation professionnelle est un élément crucial de cette stratégie.

Le rapport sur «les objectifs concrets futurs des systèmes d'éducation et de formation» (ministres de l'Éducation de l'UE, 2001) fixe alors trois buts à atteindre d'ici 2010 : améliorer la qualité et l'efficacité des systèmes d'éducation et de formation, assurer que ceux-ci soient accessibles à tous, et les ouvrir au monde extérieur. Il souligne la nécessité de favoriser chez l'ensemble des citoyens le développement des compétences nécessaires à leur intégration dans la société de la connaissance et le monde du travail, en particulier la maîtrise des technologies de l'information et de la communication (TIC). Un effort doit également être réalisé dans la lutte contre l'échec scolaire, le renforcement des liens entre enseignement et monde du travail, le développement de l'esprit d'entreprise et l'accroissement de la mobilité.

---

cependant qu'au moment de la signature de la stratégie de Lisbonne (2000), quinze des vingt-neuf participants de Bologne sont membres de l'UE et dix ont demandé leur adhésion. Ainsi les objectifs de Lisbonne ont nécessairement pesé sur ceux développés dans le cadre de Bologne.

8. Encore appelée «agenda de Lisbonne», «processus de Lisbonne» voire «processus de Lisbonne-Barcelone», elle ne doit pas être confondue avec le traité de Lisbonne – entré en vigueur le 1er décembre 2009 – qui transforme l'architecture institutionnelle de l'Union européenne suite à la non ratification du traité établissant une constitution pour l'Europe.

En mars 2002, le Conseil européen de Barcelone réaffirme l'importance du développement de la formation professionnelle et recommande une coopération plus étroite entre les pays dans le domaine de l'éducation, parallèlement au processus de Bologne. Il encourage la mise en œuvre de dispositifs visant à promouvoir la mobilité des étudiants et des travailleurs européens, ceux-ci devant par ailleurs être davantage associés aux changements qui les concernent (Conseil européen de Barcelone, 2002). L'année suivante, les ministres de l'enseignement supérieur adoptent, dans le cadre du processus de Bologne, une proposition similaire. Les deux projets européens continuent ensuite à évoluer en parallèle, la construction de l'EEES étant largement influencée par l'agenda de Lisbonne. Ce point étant établi, la suite de cette présentation s'attachera uniquement à décrire la progression du processus de Bologne.

## Conférence de Berlin

Au sommet de Berlin, «les ministres soulignent la nécessité pour les étudiants de bénéficier de conditions de vie et d'études appropriées afin qu'ils puissent accomplir leurs études avec succès dans une période de temps donnée sans se heurter à des obstacles dus à leur position sociale et économique» (Communiqué de Berlin, 2003, p. 5). Afin de mener à bien cet objectif, ils encouragent les États à réunir davantage de données comparables sur la situation sociale et économique des publics qu'ils accueillent. Par ailleurs les établissements et les organisations estudiantines sont invités à identifier les moyens d'intensifier l'engagement des étudiants dans la gouvernance de l'enseignement supérieur.

Les ministres encouragent l'utilisation du supplément au diplôme en vue de faciliter l'employabilité et la mobilité des diplômés et futurs diplômés. Ils rappellent l'importance de la recherche pour renforcer la compétitivité et l'attractivité de l'enseignement supérieur européen et, convaincus de la nécessité «d'accroître le rôle et l'utilité de la recherche dans l'évolution technologique, sociale et culturelle et en réponse aux besoins de la société» (Communiqué de Berlin, 2003, p. 6), ils préconisent d'intégrer le doctorat comme troisième cycle dans le processus de Bologne.

Avec l'adhésion de sept nouveaux pays (Albanie, Principauté d'Andorre, Bosnie-Herzégovine, Saint-Siège, Russie, Serbie-et-Monténégro et ex-République yougoslave de Macédoine), le nombre total de participants passe à quarante.

## Conférence de Bergen

Lors de la conférence ministérielle de Bergen, cinq nouveaux pays (Arménie, Azerbaïdjan, Géorgie, Moldavie, Ukraine) entrent dans le processus de Bologne.

Afin d'élargir l'accès aux études supérieures, des mesures telles que la mise en place de services d'orientation et d'accompagnement ou l'attribution d'aides financières sont recommandées (Communiqué de Bergen, 2005). La dimension sociale du processus de Bologne – en particulier dans sa volonté d'améliorer l'accessibilité aux groupes sociaux économiquement défavorisés – est mise en avant comme élément constitutif de l'EEES et condition nécessaire à son attractivité et à sa compétitivité.

Le cadre global de qualifications en trois cycles est adopté, chaque niveau ayant pour fonction de préparer les étudiants au marché du travail, à apprendre à apprendre et à la citoyenneté active. Dans cette optique, les universités sont invitées à promouvoir une formation interdisciplinaire et le développement de compétences transférables afin que leurs programmes répondent aux besoins du marché de l'emploi.

Enfin, les ministres encouragent les États à développer des systèmes qualité conformes aux préconisations du réseau européen des agences d'assurance de la qualité (ENQA[9]).

## Conférence de Londres

La conférence ministérielle de Londres fixe les bases pour la création d'un registre public des agences évaluant la qualité de l'éducation dans les institutions d'éducation supérieure. Les ministres conviennent d'une stratégie pour améliorer l'information et promouvoir l'attractivité et la compétitivité de l'EEES dans le contexte mondial (Communiqué de Londres, 2007).

---

9. European association for Quality Assurance in Higher Education.

Par ailleurs, l'évolution affirmée du processus vers un enseignement centré sur l'étudiant implique de nouvelles missions pour l'université comme la préparation à leur future carrière professionnelle et à leur vie de citoyen, ou le maintien d'un environnement favorable à leur développement personnel.

Suite à sa déclaration d'indépendance en 2006, la république du Monténégro devient le quarante-sixième participant au processus. Notons que, hormis Monaco et Saint-Marin, tous les États membres du Conseil de l'Europe ont rejoint le processus de Bologne[10]. Ainsi, les pays juridiquement soumis au Conseil de l'Europe se sont parallèlement engagés, de façon volontaire, à respecter les objectifs du processus de Bologne.

## Conférence de Louvain-la-Neuve

Le communiqué publié à l'issue de la conférence de Louvain rappelle le rôle privilégié de l'enseignement supérieur dans le développement social et culturel des pays et les missions qui lui sont dévolues ; employabilité durable, préparation à la vie citoyenne et épanouissement personnel des étudiants viennent s'ajouter aux fonctions traditionnelles d'enseignement et de recherche (Bologna working group of European Higher Education in a Global Setting, 2009, Communiqué de Louvain, 2009).

Les nouveaux objectifs pour 2020 (Conseil de l'Union européenne, 2009) sont d'élargir et d'augmenter la participation des «groupes sous-représentés» dans l'enseignement supérieur ; d'encourager la formation et l'éducation tout au long de la vie ; de développer des partenariats entre les structures éducatives et le monde du travail ; et de favoriser la mobilité des étudiants[11].

Pour faire face à la compétition mondiale, les ministres prônent la recherche de l'excellence et de la qualité ; la réforme des programmes doit conduire à des parcours éducatifs diversifiés et personnalisés.

---

10. Pour être tout à fait précis, il convient de préciser que le Vatican adhère au processus de Bologne, mais ne siège pas au Conseil de l'Europe.

11. C'est le seul objectif pour lequel un indicateur précis est formulé : en 2020, au moins 20 % des diplômés de l'Espace européen de l'enseignement supérieur devront avoir bénéficié d'une période d'étude ou de formation à l'étranger.

| Objectif du processus de Bologne | Déclaration de la Sorbonne 1998 | Déclaration de Bologne 1999 | Communiqué de Prague 2001 | Communiqué de Berlin 2003 | Communiqué de Bergen 2005 | Communiqué de Londres 2007 | Communiqué de Louvain-la-Neuve 2009 |
|---|---|---|---|---|---|---|---|
| Faciliter la mobilité | Mobilité des étudiants et des enseignants | Mobilité des chercheurs | | Liens plus étroits entre enseignement et recherche | Parcours de formations flexibles | | 20 % au moins des diplômés devront avoir bénéficié d'une période de mobilité d'ici 2020 |
| Organiser les formations en deux cycles | Un système commun en deux cycles | | Apprentissage et formation tout au long de la vie / Ajout de la dimension sociale | Inclusion du doctorat en tant que troisième cycle | Renforcement de la dimension sociale | Engagement à produire des plans d'action nationaux avec un suivi efficace de la dimension sociale | Établissement de partenariats |
| Valider les formations par un système de crédits transférables | | Un système de crédits (ECTS) | Implication des établissements d'enseignement supérieur et des étudiants | Cadre européen des qualifications | Cadres nationaux de qualifications | | Réalisation des objectifs nationaux d'ici 2020 |
| Mettre en place un système permettant la reconnaissance internationale des diplômes et qualifications | | Des diplômes facilement lisibles et comparables | | Reconnaissance des diplômes et des périodes d'études (supplément au diplôme) | Délivrance et reconnaissance de diplômes conjoints | | Élaboration et mise en œuvre des cadres nationaux des certifications d'ici 2012 |
| Donner une dimension européenne à l'enseignement supérieur | | Dimension européenne de l'enseignement supérieur | Promotion de l'Espace Européen de l'Enseignement Supérieur | | | Stratégie d'amélioration de la dimension globale du processus de Bologne | Valorisation du processus de Bologne à travers le monde |
| Coopérer en matière d'assurance qualité | | Coopération européenne dans l'assurance qualité | | | Références et lignes directrices pour l'assurance qualité | Création d'un registre des agences d'assurance qualité | Faire de la qualité un atout de l'EEES |

**TABLEAU 1 : Progression de la réalisation des objectifs du processus de Bologne**

Compte tenu du nombre des pays ayant rejoint cette initiative et de leur motivation – démontrée par le bilan de l'avancement des objectifs – à mener à bien les objectifs fixés, le processus de Bologne a enclenché une réforme en profondeur de l'enseignement supérieur en Europe. Celui affiche dorénavant des objectifs de compétitivité et d'attractivité au niveau mondial; l'employabilité et la mobilité des étudiants et diplômés sont les préoccupations majeures des ministres en charge de l'éducation qui redéfinissent en conséquence les missions de l'université[12]. Afin de bien saisir ces nouvelles orientations et combien elles bouleversent, voire révolutionnent, le mode de fonctionnement de nos universités, il convient à présent de préciser selon quels modèles ces dernières se sont développées et quelles conceptions de l'enseignement supérieur sous-tendent les débats.

## 2. L'université entrepreneuriale, nouveau modèle européen?

### Les penseurs de l'université moderne

Dans son livre *Idea of an University* (1852), Newman[13], discute de l'essence de l'université, s'interroge sur ce qu'elle doit être, sur les conditions concrètes de sa création et de son existence. Il la conçoit comme une corporation dont le but est de diffuser des connaissances, un milieu intellectuel chargé de transmettre une culture de dimension universelle. L'auteur décrit un milieu pluridisciplinaire, sans cesse animé par l'échange d'idées, le zèle, l'émulation, ouvert au débat constructif et enrichi par le rayonnement personnel des Maîtres à la recherche d'un idéal commun. Le savoir transmis et discuté est à lui-même sa propre fin, la mission de l'université n'est pas de former des spécialistes ou des professionnels soumis à la logique utilitaire du travail, mais des *gentlemen* (Newman, 2007).

---

12. Dans les textes européens le terme « université » recouvre tous les établissements d'enseignement supérieur.
13. John-Henry Newman (1801-1890), fondateur et premier recteur de l'université catholique d'Irlande.

En parallèle de cette conception «libérale» de l'université, Von Humboldt[14] défend un idéal caractérisé par l'unité de l'enseignement et de la recherche (Hohendorf, 1993). Le monde universitaire est décrit comme une communauté de chercheurs et d'étudiants entièrement vouée à la recherche scientifique. L'enseignement ne consiste pas seulement à transmettre des savoirs déjà constitués, il fait participer au processus de construction de la connaissance. Néanmoins, l'université doit rester un établissement de culture générale qui ne dispense pas de formation professionnelle.

Au début du xxᵉ siècle, Whitehead[15] présente une troisième vision de l'université, non pas au service de la vérité ou de la science, mais de la société en général. Dans *The Aims of Education* (1929) il affirme que la culture et la science doivent aller à la rencontre de l'action pour participer au progrès de la société (Lessard & Bourdoncle, 2002). Produire et transmettre des connaissances ne suffit pas, ces savoirs doivent être mis en œuvre dans une dynamique de changement et d'innovation. La symbiose entre action et réflexion n'est pas seulement une nécessité sociale : en reliant théorie et pratique, elle donne du sens aux apprentissages et aux enseignements.

Développées à partir de la seconde moitié du xixᵉ siècle, ces trois approches de l'enseignement supérieur ne sont pas aussi radicalement opposées que pourrait le laisser entendre cette description schématique, mais se recoupent ponctuellement. Toujours vivaces, elles cohabitent parfois au sein d'un même campus, nourrissent les revendications et alimentent les discours sur l'université.

---

14. Wilhelm von Humboldt (1767-1835), fondateur en 1810 de l'université Humboldt de Berlin.
15. Alfred North Whitehead (1861-1947), philosophe et statisticien britannique, expatrié aux États-Unis (Harward) à partir de 1924.

## L'université contemporaine, au cœur de l'économie de la connaissance

### Les missions des universités à l'aune de Bologne

Le processus de Bologne prône un système universitaire centré sur l'étudiant, son bien-être actuel, son devenir professionnel et en tant qu'acteur de la vie civique. Cet ambitieux projet requiert la participation des personnels enseignants et administratifs comme des étudiants. Les missions des universités loin de se limiter à la production et à transmission de connaissances – ce rôle est d'ailleurs relégué en dernière position des communiqués – sont tournées vers les besoins des usagers, du marché du travail et la société en général (employabilité durable, épanouissement personnel des étudiants, citoyenneté active). Éducation, recherche et innovation sont associées, l'importance du transfert de connaissances étant régulièrement soulignée dans les textes officiels qui évoquent à ce propos le « triangle de la connaissance » (Commission des Communautés européennes, 2005). Cette conception utilitaire de l'université n'est pas sans rappeler celle défendue par Whitehead, la culture et la science se portant à la rencontre de l'action pour contribuer au progrès social. Elle induit un engagement social, politique et économique soutenu par les pouvoirs publics qui mettent l'accent sur ses retombées positives (OCDE, 2007).

### La « troisième mission » de l'université

Dans le cadre de la construction de l'EEES, les établissements d'enseignement supérieur sont appelés à valoriser les observations issues de la recherche et à réaliser leur potentiel socio-économique par le biais d'échanges de connaissances et de partenariats (coopération dans le cadre de projets universitaires, création de réseaux, formation continue, commercialisation des technologies, initiatives entrepreneuriales, services de conseil et d'expertise, etc.). Ce type d'activités est parfois désigné, par référence à leurs missions traditionnelles, en tant que troisième mission (Ritsilä *et al.*, 2008 ; Vorley & Nelles, 2008) qui, loin de concurrencer l'enseignement et la recherche fondamentale, aurait pour effet de les dynamiser.

En Suède et en Finlande, la loi entérine la responsabilité civique des universités ; les connaissances produites par la communauté scientifique doivent être utilisées pour répondre aux besoins de la collectivité et contribuer au bien-être régional (Kantanen, 2005). Les États-Unis ont été les premiers à établir des liens entre les établissements d'enseignement supérieur et l'industrie, et à tirer financièrement profit de la recherche ; les universités sont considérées comme les moteurs de l'économie de la connaissance et sont encouragées à établir des partenariats avec les entreprises (King & Nash, 2001 ; Yusuf, 2007). La teneur économique des activités réalisées vaut à ce nouveau modèle universitaire qui tend à devenir la norme internationale le qualificatif d'entrepreneurial (Vorley & Nelles, 2008), une orientation vivement critiquée en Europe.

## Le marché du savoir, marchandisation de l'université ?

Les déclarations de la Sorbonne, de Bologne et de Lisbonne présentent toutes trois une vision économique de l'éducation. Elles considèrent l'enseignement supérieur comme un bien marchand qu'elles envisagent sous l'angle de sa fonction dans l'UE, l'objectif principal étant de construire un « marché éducatif européen » compétitif au plan mondial (Lorenz, 2008). Si les détracteurs de ces initiatives dénoncent la marchandisation des universités, les décideurs mettent en avant la nécessité de trouver de nouveaux modes de financement afin que les universités du « vieux continent » puissent développer leurs activités d'enseignement et de recherche, et rayonner de par le monde. La plupart des établissements sont en effet principalement financés par des subventions publiques lesquelles tendent, dans le contexte économique actuel, à s'amenuiser de façon drastique alors que parallèlement le nombre d'étudiants s'accroît. Des revenus alternatifs sont possibles, mais le choix est restreint : donations privées comme on peut le voir aux États-Unis par exemple ; vente de services, notamment aux entreprises (formation, recherche) ; exploitation des observations de la recherche ; contributions des étudiants (frais d'inscription et de scolarité) dont l'augmentation substantielle irait à l'encontre d'un accès démocratique aux études supérieures.

L'UE préconise le développement de la coopération entre universités et industrie de manière à encourager l'innovation ainsi que le transfert et la dissémination des connaissances. L'enseignement supérieur doit sortir des champs disciplinaires traditionnels pour s'ouvrir aux problèmes de la société (développement durable, nouveaux fléaux médicaux, gestion des risques) et aux nouveaux besoins de formation (éducation scientifique et technique, compétences transversales, formation tout au long de la vie). Selon les membres de la Commission des communautés européennes (2003, p. 4), c'est à ce prix que les établissements européens pourront « concurrencer les meilleures universités du monde tout en assurant un niveau d'excellence durable ». Force est pourtant de constater que sous l'influence des classements internationaux (Shanghai[16], *Times Higher Education*, etc.), la dimension économique a tendance à se manifester de façon plus probante et à supplanter – au moins en apparence – les aspects sociaux et politiques.

Le processus de Bologne a engendré une succession de réformes qui remettent en cause les habitudes des acteurs de la vie universitaire (enseignants, personnels administratifs, étudiants[17]) et génèrent des mouvements de protestation (contre-sommets de Bologne, blocus des universités, grèves) relayés par les médias. Différents facteurs de résistance sont identifiés chez les enseignants : ceux-ci dénoncent un climat alarmiste qui les incite à la méfiance ; ils vivent mal les changements qui leur sont imposés et remettent en cause leur caractère urgent ; les objectifs fixés leur paraissent ambigus et ils se disent dans l'incertitude face à la difficulté d'estimer les conséquences à long terme des actions réalisées. Ces craintes, relayées voire amplifiées par la communauté estudiantine et par certains de leurs proches ne peuvent manquer d'influencer les jugements que portent les nouveaux arrivants sur l'université comme la construction de leur identité d'étudiant.

---

16. Appellation commune du *Academic Ranking of World Universities*.
17. Afin de lever toute ambiguïté et sauf précision contraire, la dénomination « étudiant » désignera, dans la suite de notre propos, les individus en formation initiale et inscrits à l'université au sens strict du terme, c'est-à-dire à l'exclusion de tout autre type d'établissement d'enseignement supérieur.

## chapitre 2

# L'identité d'étudiant

Emprunté au bas latin *identitas*, « qualité de ce qui est le même », lui-même dérivé du latin classique *idem*, « le même », le mot *identité* est défini dans la dernière version du dictionnaire de l'Académie Française (2005) comme le « caractère de ce qui, dans un être, reste identique, permanent, et fonde son individualité ».

L'identité d'un individu est définie pour partie par des caractéristiques objectives qui s'imposent au sujet : attributs physiques comme la taille ou la couleur des yeux ; composantes de nature juridique tels les nom, prénom(s) et autres informations figurant sur le livret de famille par exemple ; indicateurs sociaux comme le statut professionnel, le niveau d'études, les revenus ou encore le type d'habitat. Mais, elle renvoie aussi à des éléments subjectifs (intentions, perceptions, sentiments) liés aux « représentations de soi-même confronté au regard des autres sur soi » (De Gaulejac, 2002, p. 177). Certains de ces déterminants évoluent avec l'âge ou en fonction d'événements de vie, malgré tout chaque personne éprouve un sentiment de continuité au fil du temps et reste reconnue par les autres comme étant elle-même ; elle conserve son « identité ».

## 1. Identité et dynamique identitaire

D'une manière paradoxale, ou apparaissant comme telle, l'identité se construit dans une société donnée par un double mouvement d'identification aux autres et de distinction par rapport à eux ; d'une part, l'individu souligne sa ressemblance et revendique la reconnaissance des groupes sociaux qui le transcendent et d'autre part, il met en exergue ce qui le distingue (affichage de symboles, de signes liés au mode de vie, de consommation, etc.) et fait de lui une personne unique. L'identité qui en résulte est composée de deux dimensions différentes, mais reliées entre elles : l'identification et l'individuation (Sciolla, 2000 ; Tap, 1986).

La littérature contemporaine permet de distinguer schématiquement deux conceptions de l'identité en fonction de la manière dont les sociologues décrivent le rapport entre auto-reconnaissance et reconnaissance sociale (Borlandi *et al.*, 2005). Selon le premier modèle, l'identification se fait en intériorisant un ensemble de valeurs et de modèles communs au collectif (famille, groupe de pairs, communauté sociale) et non spécifiques d'un rôle donné. L'identité, dont les traits essentiels sont acquis à la fin de l'adolescence, se construit grâce à une succession d'identifications, de détachements et de nouveaux niveaux d'intégration. C'est une structure stable enracinée dans la personnalité de l'individu ou dans la mémoire collective d'un groupe. Dans le deuxième modèle – qui est celui auquel nous nous référerons – l'identité est assimilée à un processus qui se réalise dans les interactions entre l'individu et son environnement. Le nombre et la diversité des occasions de reconnaissance rendent l'identité multiple et provisoire, objet d'une double négociation avec soi-même et avec les autres (Strauss, 1992).

## Une identité personnelle multiple : les dimensions de l'identité

Selon Tap (2004), l'identité d'un sujet dans son expression individuelle la plus simple est associée aux représentations et aux sentiments qu'une personne développe à propos d'elle-même. L'auteur identifie six caractéristiques de l'identité personnelle : « la continuité » c'est-à-dire le sentiment de rester soi malgré le temps qui passe et les événements qui jalonnent une vie ; « la cohérence du moi » qui implique une certaine stabilité dans les comportements d'un individu ; « l'unicité » ou le fait de se ressentir comme différent de tout autre ; « la diversité » mise en évidence par la multiplicité des rôles que peut assumer un même sujet ; « la réalisation de soi par l'action », les actes étant considérés comme le reflet de la personne; «l'estime de soi» reposant sur la nécessité d'avoir une image positive de soi.

L'identité peut se décliner en diverses composantes: la façon dont on se ressent; la façon dont on s'imagine; la façon dont on se décrit; la façon dont on s'évalue; la façon dont on se sent semblable ou changeant; celui que l'on est intérieurement; celui que l'on montre aux autres, etc. Dans la vie quotidienne, ces multiples aspects de l'identité sont parfois contradictoires, ils peuvent par ailleurs être mis en échec par la confrontation avec autrui ou par les aléas d'un parcours biographique.

## Des mutations permanentes

L'identité est le résultat d'un lent processus de socialisation primaire et secondaire (Dubar, 1991) qui se déroule initialement dans le milieu familial, puis en référence à des groupes plus larges: milieu local, groupe d'âge, classe sociale, appartenance professionnelle, club sportif, identité nationale, etc. Elle évolue tout au long de l'existence en fonction de facteurs comme le choix d'une profession, la modification du statut socio-économique (promotion, reconversion, chômage) ou familial (mariage, divorce, naissance, deuil), les rôles sociaux assumés (syndicaliste, militant politique ou associatif), les affiliations idéologiques ou religieuses, l'état de santé (accident, maladie, thérapie), etc. Ainsi, l'individu intériorise peu à peu ses groupes d'appartenance, mais il se construit également en fonction de ses anticipations ou aspirations, de ses modèles et des groupes auxquels il cherche à s'intégrer (Marc, 2004). La construction identitaire apparaît comme un processus dynamique, marqué par des ruptures et des crises, et inachevé.

## 2. Le développement de l'identité

Si le concept d'identité attise depuis l'antiquité la réflexion des philosophes, c'est vers le milieu du xx$^e$ siècle que le psychologue Erikson popularise le terme dans les sciences sociales. Communément considéré comme le père de l'identité au sens moderne

(Halpern, 2004), il met l'accent sur le rôle des interactions sociales dans la construction de la personnalité.

## Erikson et la «crise d'identité»

Selon Erikson, le développement de l'identité personnelle est un processus dynamique et interactif qui se poursuit pendant toute la vie. S'inspirant des apports de la psychanalyse, il décrit, en parallèle des quatre étapes du développement psychosexuel théorisées par Freud, huit stades psychosociaux correspondant à huit âges dans le cycle de la vie humaine. À chaque stade, l'individu traverse une période de questionnement durant laquelle il remet en cause ses anciennes valeurs, établit d'autres orientations et opère de nouveaux choix, importants pour lui-même et pour son monde social. La «crise d'identité» correspond à cette transition dans le processus identitaire; chaque crise de la vie émerge à un moment où l'environnement exige du sujet des réponses à des demandes, explicites ou implicites (Tableau 2, p. 35). Si les options prises lui permettent d'appréhender la nouvelle situation de manière adaptée aux exigences du nouveau contexte, il peut poursuivre son développement. Dans le cas contraire, il perd de l'énergie en tentant de se composer une image supposée conforme ou, au contraire, en résistant aux changements qu'il subit, et réduit ainsi ses chances d'aborder positivement une future crise (Erikson, 1972). Erikson précise que, malgré cette présentation linéaire et séquentielle, le processus demeure actif de façon continue tout au long de la vie, les périodes pointées étant celles où les conflits sont le plus apparents.

La crise identitaire la plus marquante est celle qui se produit à l'adolescence. Au cours de cette transition entre enfance et monde adulte, l'adolescent change physiquement, son identité sexuelle se fait jour et il est préoccupé de la manière dont les autres le perçoivent. À la recherche des rôles qu'il pourrait jouer plus tard, il est porté à tester divers comportements et tâches (*baby-sitting*, *piercing*, affiliation à des groupes politiques ou religieux, etc.), et entre parfois en conflit avec ses parents. Son identité se forge ainsi, en essayant de trouver des réponses à «qu'est-ce que je veux?» et à «qu'est-ce que je vais faire avec?» au travers de la synthèse des expériences passées et les anticipations du futur. Erikson évoque cette période comme un moratoire accordé par la société aux adolescents. Même s'il en fixe la fin à vingt ans, il évoque dans ses ouvrages des exemples de prolongement de ce stade jusqu'à vingt-cinq[1] ou trente ans[2].

| | Période | Crise identitaire | Question principale | Correspondance chez Freud |
|---|---|---|---|---|
| 1re crise | 0-18 mois | confiance versus méfiance fondamentale | Les autres sont-ils fiables? | Stade oral |
| 2e crise | 18 mois-3ans | autonomie versus honte et doute | Puis-je accomplir des choses seul? | Stade anal |
| 3e crise | 3 ans-6 ans | initiative versus culpabilité | Suis-je bon ou mauvais? | Stade phallique |
| 4e crise | 6 ans-12 ans | travail versus infériorité | Suis-je capable ou incapable? | Stade de latence |
| **5e crise** | **12 ans-20 ans** | **identité *versus* confusion ou diffusion des rôles** | **Qui suis-je et où vais-je?** | **Stade génital** |
| 6e crise | 20 ans-45 ans | intimité versus isolation | Est-ce que je veux partager ma vie avec quelqu'un? | |
| 7e crise | 45 ans-65 ans | générativité versus stagnation | Ai-je produit quelque chose d'une réelle valeur? | |
| 8e crise | 65 ans… | intégrité versus désespoir | Ai-je vécu une vie bien remplie? | |

**TABLEAU 2 : Stades du développement psychosocial (Erikson)**

---

1. Erikson, E. (1958). *Young man Luther: A study in psychoanalysis and history.* New York City: W.W. Norton & Company.
2. Erikson, E. (1969). *Gandhi's truth on the origins of militant nonviolence.* New York City: W.W. Norton & Company.

## Les états de l'identité selon Marcia

Dans la lignée des travaux d'Erikson sur la quête identitaire à l'adolescence, Marcia propose un modèle de construction identitaire basé sur les processus d'exploration – ou questionnement – et d'engagement de soi. Le processus d'exploration, qui s'apparente à une démarche de résolution de problème, vise une meilleure connaissance de soi-même et/ou de son environnement afin d'arbitrer des choix décisifs pour l'avenir. L'engagement se rapporte au degré d'implication d'un individu dans ses différents domaines de vie.

En conjuguant ces deux éléments, Marcia distingue quatre états identitaires (*ego identity status* – Figure 1, ci-dessous) :

- l'identité est dite « en réalisation » (*identity achievement*) lorsqu'une personne a remis en question ses valeurs et ses choix, et s'engage sciemment dans un rôle spécifique ou une idéologie particulière ;
- elle est dite « forclose », « surdéterminée », « prescrite » ou encore « héritée » (*forclosure*) lorsqu'une personne décide

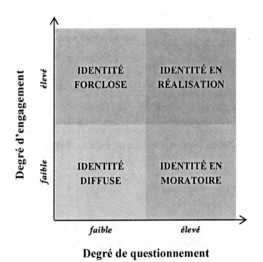

FIGURE 1 : Les états identitaires selon Marcia

d'engagements forts, affirmés sans avoir exploré d'alternatives (discours stéréotypés, adoption des valeurs du groupe
de référence) ;

■ l'identité est dite « en moratoire » (*moratorium*) lorsqu'une
personne a entrepris un processus exploratoire (questionnement intense), mais n'a pas encore défini d'engagement
précis ;

■ l'identité est dite « diffuse » (*diffusion*) lorsqu'une personne
éprouve des difficultés à se positionner et maintient ses orientations sans prendre d'engagement.

Ces transitions identitaires se produisent à l'issue des études
secondaires (entre dix-sept et vingt-deux ans), des états diffus ou
forclos vers l'état moratoire, ou du moratoire identitaire vers
l'identité réalisée (Marcia, 1980 ; Waterman, 1985). Le prolongement des études retarderait l'acquisition d'une identité réalisée ;
les adolescents les plus avancés sur le plan cognitif et sur le plan
du traitement de l'information sont aussi ceux qui sont le moins
susceptibles d'avoir atteint ce stade (Klaczynski *et al.*, 1998).
Cette théorie met au jour deux éléments au cœur du processus
identitaire, l'engagement et l'exploration, ainsi que les voies et les
formes qu'ils empruntent. L'engagement revêt une signification
sociale ; par sa nature, il fournit à l'individu une définition de lui-
même, il est ce par quoi le sujet se donne à voir au autrui (Bourne,
1978a). Selon Bosma (1994), il existe un lien entre la longueur de
la période exploratoire nécessaire pour parvenir aux engagements
et la stabilité du sentiment d'identité. L'intensité des engagements
révélerait ainsi la force du sentiment d'identité.

## Traitement de l'information et « styles d'identité »

Berzonsky (1990, 1992) voit le développement de l'identité non
comme une succession de stades, mais comme un processus à long
terme qui prend différentes formes selon la manière de traiter
l'information. La notion de « styles d'identité » fait référence à la
façon dont les individus construisent, maintiennent ou révisent leur
sentiment d'identité :

- Un style «orienté vers l'information» accroît la réflexivité des individus et permet la construction d'une théorie de soi bien différenciée et intégrée. Les personnes dont le style est orienté vers l'information explorent activement les différentes alternatives qui s'offrent à elles et évaluent la pertinence des informations collectées avant de s'engager. Leur identité est réalisée ou en moratoire.

- Un style «orienté vers la norme» facilite une organisation rigide autour de croyances centrales. Les individus dont l'identité est prescrite sont orientés vers la norme, ils prennent des engagements centrés sur les attentes établies par d'autres (proches ou pairs par exemple).

- Une orientation «diffuse» contribue à l'élaboration d'une théorie de soi manquant de cohérence et d'unité. Les sujets d'orientation diffuse retardent aussi longtemps que possible leurs prises de position par une tendance à la procrastination. Ils donneront des réponses de caméléon en fonction des influences environnementales.

## Influence des transactions avec l'environnement

Breakwell (1988) propose un modèle de l'identité «dynamique», variable en fonction des réactions individuelles à un environnement menaçant l'équilibre identitaire. Chaque interaction entre un individu et le contexte dans lequel il évolue peut engendrer des changements dans ses engagements. Une transaction situationnelle en accord avec les engagements personnels conforte les choix préexistants. En revanche, la survenue d'un conflit entre les engagements et les informations provenant de l'environnement est le déclencheur d'une action qui débouche sur une transformation du sujet comme de son contexte. L'individu essaie tout d'abord de résoudre le problème par «assimilation», c'est-à-dire en modifiant la situation elle-même, sa perception ou son interprétation de telle manière qu'elle s'accorde de nouveau avec ses intérêts. Si l'assimilation réussit, aucun changement n'est nécessaire, mais si elle échoue les émotions négatives l'emportent et finissent par émousser l'engagement. Deux solutions sont alors possibles : abandonner ledit engagement (évitement) ou en changer, cette «accommodation» impliquant un ajustement de son identité. Toutefois, ce dernier cas est d'autant moins probable que les engagements antérieurs sont forts.

Certains individus manifestent une préférence pour l'assimilation, d'autres pour l'accommodation. Les sujets ouverts à l'expérience font face plus facilement aux conflits, en revanche un excès d'ouverture implique peu de stabilité dans les engagements et donc une construction identitaire fragile. Ce modèle met en lumière le rôle central des émotions; seule une discordance perçue comme menaçante suscite des émotions et peut devenir un conflit générateur de transformations identitaires.

## Fin de l'adolescence et questionnement identitaire

Si le point de départ de l'adolescence est unanimement fixé par les changements pubertaires, la détermination du moment où elle se finit est plus problématique. Pour les juristes la fin de l'adolescence se confond avec la majorité, pour les médecins et les biologistes elle se situe vers 18-20 ans, à la fin de la croissance osseuse et de la maturation cérébrale, mais au regard de critères économiques, affectifs ou sociaux la fourchette est beaucoup plus large (Huerre, 2009). Dans la suite de cet exposé, nous considérerons comme la majorité des auteurs que la fin de l'adolescence se situe autour de l'âge de vingt ans, mais qu'elle peut selon l'environnement social et familial se poursuivre jusqu'à la trentaine par une post-adolescence prolongée (Anatrella, 2001; Dagnaud, 2009).

### Une pensée plus élaborée

Selon Piaget (Piaget & Inhelder, 1966), l'adolescence est la période des «opérations formelles», stade auquel les capacités cognitives d'un individu lui permettent de raisonner sur des notions abstraites, de réfléchir sur les causes d'un événement et d'en prévoir les conséquences à long terme. La réflexion de l'adolescent ne se limite plus à des objets tangibles, elle peut s'étendre au-delà des expériences vécues et s'exercer sur des hypothèses et des problèmes théoriques. Confronté à une situation précise, le sujet est capable d'imaginer des explications rationnelles pour l'expliquer et de rechercher des solutions réalistes pour y remédier. Il est en mesure d'envisager les répercussions futures d'actes présents, il peut ainsi extrapoler son avenir en fonction des options qui s'offrent à lui : aller à l'université ou pas, se marier ou non, fonder une famille, etc. Cette capacité à planifier à long terme (Lewis, 1981) permet à l'adolescent de mieux concilier son comportement avec ses objectifs. Cependant, les habiletés décrites par Piaget n'apparaissent pleinement qu'à la fin de l'adolescence. Keating (1980) estime que dans les pays industrialisés, seuls 50 % à 60 % des 18-20 ans semblent se servir des opérations formelles, résultats confirmés à la fin des années 1990 par les travaux de Bradmetz (1999).

Les adolescents traitent l'information plus rapidement et plus efficacement que les plus jeunes, ils ont davantage de connaissances et sont plus conscients de leurs processus mnémoniques. Ces facultés augmentent au fur et à mesure qu'ils sont exposés à de nouvelles données, avec une amélioration marquée jusqu'aux alentours de vingt ans (Pressley & Schneider, 1997). De tels progrès seraient liés au développement de la métacognition, c'est-à-dire à une prise de conscience progressive de leurs processus de pensée et d'acquisition des connaissances ainsi que de leur habileté à utiliser ces processus (Landine & Stewart, 1998). Ainsi, la fin de l'adolescence est une période propice à une introspection poussée et à l'émergence de nouveaux questionnements identitaires.

## Relations avec les parents : une recherche d'autonomie sur fond de cohabitation

À la fin de l'adolescence, la plupart des jeunes vivent chez leurs parents, l'allongement des études et la difficulté de trouver un premier emploi les rendant financièrement tributaires de ces derniers. L'accès à l'indépendance économique survient en effet plusieurs années après que l'individu ait développé : les capacités de mener une vie sexuelle ; une indépendance émotionnelle par rapport à ses parents, en particulier la faculté de supporter leur désapprobation sans anxiété ni culpabilité ; des projets d'avenir en lien avec ses valeurs personnelles ; un réseau amical avec des pairs des deux sexes. Le grand adolescent vit ainsi une période où il est psychologiquement autonome tout en demeurant chez ses parents, l'accession à un chez-soi constituant la dernière étape vers l'autonomie (Cloutier & Groleau, 1988).

La remise en question des valeurs des parents semble un élément indispensable à la formation de l'identité ; pour se construire l'adolescent doit quitter ses repères antérieurs et abandonner les modèles parentaux. L'augmentation des tensions et des conflits fait partie des processus d'individuation et de séparation (Steinberg, 1990). Le jeune doit acquérir la possibilité d'exercer graduellement son autonomie dans des domaines tels que la gestion des heures de sortie, le travail scolaire, l'argent, les activités avec ses amis des deux sexes, etc. Ces sujets sont autant de champs de discussion, d'affrontement et de négociation. Les oppositions répétées, souvent mal vécues par les parents, sont nécessaires à la réussite de la socialisation (Cloutier & Groleau, 1988).

Au fur et à mesure qu'ils grandissent, les adolescents prennent leurs distances avec l'univers familial. Certains domaines de leur vie échappent progressivement au contrôle des parents. Le recul de l'influence de ces derniers est renforcé par le fait que les jeunes passent le plus clair de temps soit au dehors avec leurs amis, soit devant les écrans de télévision, jeux vidéo, ordinateurs ou autres téléphones portables qui sont d'ailleurs un moyen de poursuivre à distance les relations avec les pairs (Metton, 2004).

## Relations avec les pairs et identisation

La jeunesse est le temps privilégié de la sociabilité amicale, tant du point de vue de la quantité des contacts que de leur fréquence ; le nombre de partenaires de discussion au cours d'une semaine atteindrait son plus haut niveau à vingt ans (Rissoun, 2004). Les jeunes se fréquentent d'abord entre eux, l'amitié participe à leur insertion dans un tissu social choisi en leur donnant un statut indépendant qui favorise l'individuation. Cette forme de socialisation égalitaire s'est développée parallèlement à l'allongement de la scolarité et à la détérioration du marché de l'emploi, induisant une cohabitation prolongée avec les parents. Du point de vue des jeunes, cette situation n'est pas subie, elle est au contraire vécue comme le moyen de profiter plus longuement d'un mode vie dégagé des obligations familiales, un moratoire qui permet de réfléchir à ses aspirations et d'élaborer des projets pour l'avenir (Galland, 2007).

La période des études universitaires est le moment privilégié des relations extrafamiliales ; avec l'apparition du travail salarié puis la mise en couple et la naissance du premier enfant celles-ci vont progressivement diminuer et s'espacer, le sujet se consacrant essentiellement aux membres de sa propre famille. Le temps des relations amicales apparaît ainsi comme une phase de transition qui joue un rôle indéniable dans la prise d'autonomie et l'entrée dans la vie d'adulte (Rissoun, 2004).

## Imaginer l'avenir

La projection dans l'avenir repose sur deux éléments indissociables : l'établissement de nouvelles relations sociales et la recherche d'une image future de soi satisfaisante. Avec l'allongement des études, les transformations du contexte socioprofessionnel et les aspirations à la mobilité sociale, le modèle de l'identification aux rôles et statuts parentaux tend à disparaître au profit de celui de l'expérimentation. Les jeunes doivent trouver hors du cadre familial d'autres éléments qui vont leur permettre, au gré d'un processus itératif fait d'essais et d'erreurs, de structurer leur identité (Galland, 2007). Cette invitation à être « entrepreneurs de leur propre vie » ouvre grand le champ des possibles, mais renforce l'indétermination face aux choix qui engagent leur futur.

### A. Des attitudes contrastées en fonction des pays

Selon Braconnier (2009), l'adolescent se construit par rapport à un idéal qui repose sur une triple identification aux attentes – réelles ou supposées – des parents, à celles des pairs et aux qualités des personnes qu'il admire. En parallèle, la société impose des modèles de réussite aux normes exigeantes : excellence scolaire, performances sportive et amoureuse, réussite matérielle, reconnaissance par les médias, etc. Ces injonctions multiples compliquent les décisions en matière d'orientations scolaire, universitaire, professionnelle et affective.

Une enquête menée de 2001 à 2003 auprès de jeunes Danois, Britanniques, Espagnols et Français âgés de 18 à 30 ans (Van De Velde, 2008a, 2008b) met en évidence l'influence du contexte national sur les expériences individuelles du passage à l'âge adulte. La société danoise légitime une forme de jeunesse longue, basée sur l'expérimentation et le développement personnel, et une indépendance soutenue par une politique de financement de la vie étudiante. Inversement, au Royaume-Uni l'individu est poussé à s'assumer financièrement le plus tôt possible ; la poursuite d'études est délaissée au profit d'une intégration rapide sur le marché du travail. Les Britanniques, précoces concernant le moment de vivre en couple et de fonder un foyer, se définissent comme adultes à partir de l'âge de 20 ou 22 ans. En Espagne, compte tenu d'un taux de chômage juvénile élevé mais aussi de normes culturelles favorisant l'appartenance familiale, les jeunes attendent au foyer parental les conditions nécessaires (stabilité économique et affective) à leur installation dans la vie adulte. Chez les Français, la formation initiale (niveau et domaine d'études) est perçue comme déterminante pour la vie et le statut professionnel futurs. Cette attitude trouve sa source dans un modèle social qui fait de l'appartenance à un corps professionnel un marqueur identitaire essentiel, mais où l'accès au marché de l'emploi reste majoritairement lié à la possession d'un diplôme précis.

L'étude présentée ci-avant montre que l'environnement politique et culturel conditionne les attitudes des jeunes face à l'avenir. Depuis 2003 cependant, le paysage européen a changé ; les processus de Lisbonne et de Bologne imposent de nouvelles normes en matière de compétitivité et d'employabilité[3] et la mobilité accrue au sein de l'EEES offre un terrain d'expérimentation plus large aux jeunes. Ainsi, l'internationalisation des politiques éducatives et du marché du travail sont susceptibles de gommer, au moins partiellement, les différences caractérisées par cette enquête.

---

3. Se référer au chapitre précédent.

## B. LES PRÉOCCUPATIONS DES ÉTUDIANTS FRANÇAIS

À l'heure où les textes européens prônent la formation tout au long de la vie (Communiqué de Prague, 2001), recommandent aux systèmes d'enseignement de préparer les individus à des carrières non linéaires comme à la probabilité d'occuper plusieurs emplois durant leur vie professionnelle et où l'épanouissement personnel des étudiants est présenté comme une nouvelle mission des universités (Communiqué de Louvain, 2009), les jeunes Français sont poussés par leur entourage comme par leurs enseignants ou les discours alarmistes des médias à rechercher une voie qui leur évitera le chômage et mieux, leur assurera une position sociale valorisante.

Selon un sondage de l'institut CSA[4] (2008) mené en avril 2008 auprès d'un échantillon de 641 parents d'élèves[5], les choix en matière d'orientation[6] dépendent pour 44 % d'entre eux des débouchés des métiers et des perspectives professionnelles. L'épanouissement du jeune ne vient qu'en seconde position (36 %), suivi de la rémunération attendue (31 %), des capacités des jeunes (20 %), du coût des études (19 %), du statut social (16 %) et de la longueur des études (11 %). Ces observations confirment les pressions qui s'exercent sur les adolescents, les poussant à faire un choix rationnel en fonction de critères externes comme le marché de l'emploi, le salaire espéré, la difficulté perçue des études ou leur financement, etc. En conséquence, ceux-ci se décident fréquemment pour l'option la plus « raisonnable » au regard de ces facteurs, parfois en contradiction avec leurs aspirations personnelles, mais qui offre les meilleures chances d'intégration sociale.

---

4. Le groupe Conseils-Sondages-Analyses (CSA) est un institut français d'études de marketing et d'opinion.
5. Échantillon constitué d'après la méthode des quotas (sexe, âge, profession du chef de ménage), après stratification par région et catégorie d'agglomérations.
6. Les interviewés ont pu donner plusieurs réponses, le total est donc supérieur à 100 %.

C. La post-adolescence ou la difficulté
   de se projeter dans l'avenir

Certains jeunes, entre vingt-quatre ans et le début de la trentaine, cherchent à devenir psychologiquement autonomes, mais ne parviennent pas à renoncer aux hésitations de l'adolescence pour accéder à un autre âge de la vie. En majorité étudiants ou sans emploi, ces «adulescents» (Anatrella, 2001) peuvent avoir une activité professionnelle voire un logement mais restent dépendants de leurs parents. Ils sont encore dans une phase d'aménagement de leur personnalité; comme les adolescents décrits précédemment, ils sont engagés dans un processus de maturation qui demande du temps et souhaitent suspendre les échéances et les obligations liées au passage à la vie adulte. Ils vivent dans un immédiat qui dure et ne savent pas anticiper et évaluer leurs projets, ni les conséquences de leurs faits et gestes, leur «immaturité temporelle» (Anatrella, 2003) ne leur permettant pas de se projeter dans l'avenir.

## 3. L'identité sociale d'étudiant

### Notion d'identité sociale

#### Identité et environnement

La notion d'identité sociale rend compte des multiples interactions entre un individu et son environnement au cours de sa construction identitaire. Pour Erikson (1972), les efforts combinés de la société et du sujet permettent à celui-ci d'intégrer les rôles considérés comme siens (en tant que mère de famille, salarié, étudiant...); une personne qui accepte les normes et les valeurs qui lui sont proposées et qui répond aux attentes sociales liées à sa position, ressent un sentiment de bien-être.

Dans la perspective égo-écologique (Zavalloni, 2007; Zavalloni & Louis-Guérin, 1984), la production de l'identité d'un groupe ou d'une personne implique sa capacité à se reconnaître dans son contexte. Pour se représenter lui-même, l'individu doit se situer dans le monde et dans son environnement, en fonction de ses diverses appartenances sociales et culturelles. L'égo-écologie explore les groupes auxquels s'identifie une personne ; ceux dont elle se dissocie, se différencie ou auxquels elle s'oppose ; les attributs ou caractéristiques qu'elle partage ou pas avec les autres membres de ces groupes ; ce qui est valorisé dans l'environnement pour soi et le groupe, mais aussi ce qui est dévalorisé et perçu comme une menace pour l'identité, les valeurs personnelles et celles de son groupe d'appartenance.

## Appartenance groupale, catégorisation et identité sociale

Le concept d'identité sociale repose sur les notions de groupe et de catégorisation sociale telles que définies par Tajfel et Turner (1979, 1986). On parle d'appartenance groupale quand les individus se définissent eux-mêmes et sont définis par les autres comme membres du groupe. «L'appartenance n'est pas le fait de se trouver avec ou dans le groupe puisqu'on peut s'y trouver sans le vouloir ; elle implique une identification personnelle par référence au groupe (identité sociale), des attaches affectives, l'adoption de ses valeurs, de ses normes, de ses habitudes, le sentiment de solidarité avec ceux qui en font aussi partie, leur considération sympathique» (Mucchielli, 1980, p. 99). Le groupe existe lorsque les individus ont conscience d'en faire partie, qu'ils parviennent à un consensus sur les critères d'appartenance à celui-ci et que cette définition commune d'eux-mêmes revêt une importance émotionnelle à leurs yeux, en somme quand ils se perçoivent comme faisant partie d'une même «catégorie sociale».

Selon Tajfel (1972, p. 272), la catégorisation renvoie aux «processus psychologiques qui tendent à ordonner l'environnement en termes de catégories : groupes de personnes, d'objets, d'événements (ou groupes de certains de leurs attributs) en tant qu'ils sont soit semblables, soit équivalents les uns aux autres pour l'action, les intentions ou les attitudes d'un sujet». Les catégories sociales sont des instruments cognitifs qui découpent, classent et ordonnent l'environnement social et par ces opérations le simplifient. Elles rassemblent de manière schématique des personnes supposées partager une ou des caractéristiques communes. L'évaluation d'un groupe se fait en confrontant des attributs chargés de valeur à celles de groupes de référence; la mesure d'un écart positif est source de prestige, à l'inverse un écart négatif est dévalorisant. C'est au travers de son appartenance à différents groupes que l'individu acquiert une «identité sociale» qui définit la place qu'il occupe dans la société et peut être connotée positivement ou négativement.

L'identité sociale est constituée par les aspects de l'image de soi qui découlent des catégories sociales auxquelles on appartient. Bien sûr, les individus s'efforcent d'obtenir ou de préserver une identité sociale positive et, chaque membre faisant siennes les réalisations, les succès et les échecs de son groupe, une personne jugeant son identité sociale insatisfaisante va tenter soit de quitter son groupe pour en rejoindre un autre plus valorisé, soit d'améliorer l'appréciation de son propre groupe (Tajfel & Turner, 1979). Une récente étude menée auprès de détenus inscrits dans l'enseignement supérieur (Salane, 2010) fournit un exemple de ce type de comportement; carte à l'appui, certains se décrivent comme des étudiants à part entière, mettant ainsi à distance l'identité stigmatisante du prisonnier pour affirmer leur appartenance à un groupe mieux considéré socialement. Parmi les raisons évoquées par les apprenants pour justifier leur reprise d'études figure d'ailleurs la volonté de se démarquer des autres détenus. Ils s'en éloignent d'abord physiquement, en fréquentant assidûment le centre scolaire – symbole de leur statut d'apprenant – et en délaissant les espaces investis par la majorité (cour de promenade, salle de sport), mais aussi intellectuellement par les connaissances qu'ils acquièrent (maîtrise du langage, de l'écriture, du vocabulaire administratif, du droit, etc.) et l'usage qu'ils en font. D'aucuns se positionnent ainsi comme personnes-ressources, prodiguant aide et conseils à leur entourage, mais affichant par là même leur «supériorité».

## Identité personnelle et liens sociaux

La dimension sociale de l'identité (nation, famille, ethnie, profession...) n'est pas une réalité extérieure à l'individu, elle oriente ses désirs et ses valeurs. Elle est investie par chacun en fonction de ses caractéristiques individuelles, mais aussi de son rapport à l'autre et à la société. Selon Dubar (2001), l'identité personnelle s'organise autour d'une forme identitaire dominante « pour autrui » : soit communautaire, soit sociétaire. Le lien communautaire implique le partage de « croyances collectives », de « racines communes » (liens de sang, de sol ou de culture), il détermine les individus en leur dictant ses normes, ses règles, ses rôles et ses statuts, reproduits de génération en génération.

Une organisation de type sociétaire n'impose rien de tel mais repose au contraire sur la diversité de ses membres. Il existe de plus en plus de collectifs qui ne sont pas des communautés, mais des associations volontaires de personnes qui choisissent pour un temps de coopérer pour défendre des intérêts communs et/ou partager des valeurs communes (associations de consommateurs, syndics, équipes sportives, etc.). L'enjeu de ce lien volontaire n'est pas seulement l'efficacité, la réussite des objectifs de l'action, c'est aussi la reconnaissance de chacun des partenaires comme acteur personnel autant que social. Cette affiliation permet de développer une sociabilité choisie ; elle permet de rencontrer des gens, de parler avec eux, de coopérer ensemble, mais elle n'engage pas pour toute la vie, elle ne crée que des « devoirs librement consentis ». Ce type de liens permet à chacun de garder son individualité et ses prérogatives au sein du groupe, les institutions « sociétaires » attribuent les réussites comme les échecs à la responsabilité individuelle, c'est-à-dire à l'identité personnelle de chacun.

Les groupes estudiantins s'organisent dans une forme sociétaire, associative ou syndicale. Les associations ont généralement une portée locale (faculté ou université), elles peuvent s'adresser à tous les étudiants d'une même filière (association des étudiants en droit, en médecine, en histoire, etc.) ou bien les regrouper en fonction de centres d'intérêts communs (associations sportives, artistiques, bénévolat…). Les syndicats quant à eux se singularisent en fonction de leur tendance politique et/ou des causes qu'ils entendent défendre. Ils recrutent leurs membres au niveau national, mais il existe des mouvements internationaux tels l'Union des étudiants d'Europe[7] qui fédère 49 organisations nationales de 38 pays d'Europe et représente les intérêts des étudiants européens auprès

---

7. En anglais *European Students' Union* (ESU).

de l'UE, du groupe de suivi du processus de Bologne, du Conseil de l'Europe et de l'UNESCO[8].

D'autres collectifs rassemblent les étudiants sur des critères d'appartenance religieuse (aumôneries, Missions étudiantes, Union des étudiants juifs de France, Association des étudiants chrétiens orthodoxes roumains, etc.) ou nationale (Association des étudiants algériens de France, Comité des étudiants africains à Luxembourg, etc.). Sans être réellement communautaires au sens strict du terme, ils permettent à leurs membres de se retrouver autour de croyances, de valeurs partagées ou de racines communes, et développent des réseaux d'accueil, de soutien et d'entraide spécifiques.

## La reconnaissance d'un statut d'étudiant

Précisons tout d'abord que l'usage du terme «étudiant» reste ambigu; s'il peut en théorie s'appliquer à toute personne qui apprend, on le réserve en général aux individus intégrés dans un cursus scolaire. Dans la plupart des pays francophones, son utilisation est encore plus restreinte, il désigne uniquement ceux inscrits dans un établissement d'enseignement supérieur. Chaque État gérant de manière indépendante cette population («Déclaration de Bologne», 1999), il n'existe pas de statut européen de l'étudiant, néanmoins certaines caractéristiques et avantages tendent à être reconnus au niveau transnational.

### Perspective syndicaliste

Selon, Morder (1999), l'identité collective étudiante ne se réfère pas à des critères individuels objectifs qui permettraient de définir l'appartenance ou la non-appartenance au groupe, elle est au contraire le résultat d'une construction volontaire; les acteurs du monde syndical, par leurs actions de mobilisation contribuent à ce travail d'identification.

---

8. European Students' Union. What is ESU ? http://www.esib.org/.

**Préambule**

Les représentants des étudiants français, légalement réunis en congrès national à Grenoble le 24 avril 1946, conscients de la valeur historique de l'époque,

Où l'Union Française élabore la nouvelle Déclaration des Droits de l'Homme et du Citoyen;

Où s'édifie le Statut pacifique des Nations;

Où le monde du travail et de la jeunesse dégage les bases d'une révolution économique et sociale au service de l'Homme;

Affirment leur volonté de participer à l'effort unanime de reconstruction,

Fidèles aux buts traditionnels poursuivis par la Jeunesse étudiante française lorsqu'elle était à la plus haute conscience de sa mission,

Fidèles à l'exemple des meilleurs d'entre eux, morts dans la lutte du peuple français pour sa liberté,

Constatant le caractère périmé des institutions qui les régissent,

Déclarent vouloir se placer, comme ils l'ont fait si souvent au cours de notre Histoire, à l'avant-garde de la jeunesse française, en définissant librement, comme bases de leurs tâches et de leurs revendications, les principes suivants:

**Article 1.** L'étudiant est un jeune travailleur intellectuel.

**Droits et devoirs de l'étudiant en tant que jeune**

**Article 2.** En tant que jeune, l'étudiant a droit à une prévoyance sociale particulière dans les domaines physique, intellectuel et moral.

**Article 3.** En tant que jeune, l'étudiant a le devoir de s'intégrer à l'ensemble de la Jeunesse Nationale et Mondiale.

**Droits et devoirs de l'étudiant en tant que travailleur**

**Article 4.** En tant que travailleur, l'étudiant a droit au travail et au repos dans les meilleures conditions et dans l'indépendance matérielle, tant personnelle que sociale, garanties par le libre exercice des droits syndicaux.

**Article 5.** En tant que travailleur, l'étudiant a le devoir d'acquérir la meilleure compétence technique.

**Droits et devoirs de l'étudiant en tant qu'intellectuel**

**Article 6.** En tant qu'intellectuel, l'étudiant a droit à la recherche de la vérité, et à la liberté qui en est la condition première.

**Article 7.** En tant qu'intellectuel, l'étudiant a le devoir:

- de rechercher, propager et défendre la Vérité, ce qui implique le devoir de faire partager et progresser la culture et de dégager le sens de l'histoire;

- de défendre la liberté contre toute oppression, ce qui, pour l'intellectuel, constitue la mission la plus sacrée.

FIGURE 2: La charte de Grenoble (texte intégral)

La charte de Grenoble (Figure 2, p. 50) créée en 1946 par l'Union nationale des étudiants de France (UNEF)[9] fait référence en la matière. Les textes fondateurs du syndicat belge flamand *Vereniging van vlaamse studenten* (VVS) ou de l'Association pour une solidarité syndicale étudiante (ASSÉ) québécoise, par exemple, s'en inspirent largement. Dans ces textes, les étudiants sont décrits comme de jeunes adultes responsables, et non plus des enfants dépendants de leurs parents.

La charte de Grenoble invite à définir les étudiants comme des « jeunes travailleurs intellectuels », leurs droits et devoirs découlant de ce triple statut : en raison de leur jeunesse et en l'absence de revenus propres, ils réclament le droit – acquis en Europe – à une protection sociale et à des aides matérielles (œuvres universitaires) ; en tant que travailleurs, ils revendiquent leur indépendance matérielle pendant la durée de leur formation initiale – certains préconisent le versement d'un « pré-salaire » – et se doivent durant ce laps de temps d'acquérir des compétences en vue de leur futur emploi ; en qualité d'intellectuels, ils se prévalent d'une liberté totale d'opinion comme d'expression et s'imposent la mission de défendre la vérité et la liberté par un engagement qui – selon l'article 3 – dépasse les frontières nationales.

Soulignons pour finir que si les militants syndicalistes sont naturellement les plus visibles par la médiatisation de leurs actions, s'ils œuvrent pour l'amélioration des conditions de vie et d'études de l'ensemble des étudiants et se veulent représentatifs de cette population, ils n'en constituent qu'une petite fraction (environ 1 % en France[10] par exemple).

## Reconnaissance et avantages financiers à travers le monde

En fonction de leur âge, les étudiants peuvent bénéficier au niveau local (accords avec divers commerçants de leur ville, conventions

---

9. Organisation étudiante représentative fondée en 1907 et politiquement marquée « à gauche », elle a pour but déclaré de permettre aux étudiants d'exprimer leur opinion sur la gestion des infrastructures universitaires.

10. Oui, M., Bertrand, G., & Gourdon, J. (2010, 30 mars). Les syndicats étudiants, leur rôle et leur poids. Letudiant.fr, from http://www.letudiant.fr/loisir-svie-pratique/logement/des-syndicats-influents/quels-syndicats-16560.html.

régionales ou nationales) de remises sur présentation de leur carte d'étudiant. Depuis 1968, la carte d'identité étudiante internationale ou carte ISIC[11] (*International Student Identity Card*) leur permet, pour une cotisation minime[12], d'étendre cet avantage au-delà des frontières nationales. Présentée comme la clé de la mobilité nationale et internationale, cette carte est distribuée à 4,5 millions d'adhérents dans 120 pays. Elle donne droit à des réductions pour de nombreuses activités culturelles (musées, théâtres), mais aussi dans divers lieux d'hébergement (hôtels), de divertissement et loisirs, d'achats, etc., et permet d'obtenir des avantages sur les tarifs pratiqués dans les transports (avion, train, location de voiture).

Depuis 1993, l'UNESCO[13] soutient cette initiative afin de favoriser l'accès des jeunes à la culture et de promouvoir leur mobilité indépendamment de tout critère géographique, économique ou social. La signalétique ISIC permet à tous les étudiants à plein temps – un plein temps correspondant sur une année universitaire à un minimum de quinze heures de cours par semaine pendant douze semaines – et sans limite d'âge de fournir la preuve de leur statut à travers le monde (UNESCO *et al.*, 1993). Les règles de «co-marquage» adoptées en 2008 permettent aux établissements désireux d'affirmer leur dimension internationale – notamment ceux qui imposent à leurs apprenants une période de mobilité durant leur cursus universitaire – d'éditer directement les cartes d'étudiant aux normes ISIC. Outre les avantages afférents, posséder ce sésame permet aux bénéficiaires de mettre en valeur leur «identité d'étudiant».

L'existence d'un statut administratif d'étudiant ou la vitalité – démontrée par leur capacité de mobilisation collective – de syndicats ou associations ne suffisent pas à affirmer l'existence des

---

11. *Global Student Community* – ISIC France. Votre carte d'étudiant à la norme internationale ISIC. Retrieved 31 mars, 2010, from http://isic-academic. org/p-isicunesco.html.

12. La cotisation s'élevait à 13 euros en 2011, pour une validité qui s'étend du 1er septembre au 31 décembre de l'année suivante.

13. *United nations educational, scientific and cultural organization*, traduit en français par Organisation des Nations unies pour l'éducation, la science et la culture.

étudiants en tant que groupe social. Longtemps constituée de privilégiés, élite intellectuelle, la population estudiantine rassemble aujourd'hui des individus d'expériences et d'horizons variés (origines sociales, parcours personnels, conditions de vie et d'études). Cette diversité du monde étudiant comme celle croissante de l'offre universitaire ne permettent plus de tracer les contours d'une catégorie homogène (Molinari, 1992).

## L'identité sociale d'étudiant aujourd'hui

### Une identité fragmentée, mais vivace

La rapide expansion du nombre d'étudiants a entraîné d'importantes transformations de la population universitaire en termes d'antécédents scolaires, d'origine sociale et de structure d'âge, phénomène encore amplifié par les mouvements de personnes au sein de l'Union européenne et l'accroissement de la mobilité académique (Commission européenne, 2005). De fait, l'étudiant moyen n'existe pas, seules des catégories d'étudiants peuvent être décrites en fonction de leurs conditions d'existence, des études dans lesquelles ils sont engagés et des différentes manières d'étudier (Lahire, 1997). Quoi de commun entre un jeune sortant tout juste du lycée et un adulte en formation continue, entre un élève d'une classe préparatoire et un étudiant inscrit dans une faculté, entre un primo-inscrit à l'université et un doctorant? Sans compter les plus défavorisés, ceux en mal de logement ou de ressources, ceux dont la capacité à financer leurs études dépend d'un emploi salarié, etc. L'importante proportion d'étudiants au sein d'une même classe d'âge, l'existence de critères de consommation, d'activités culturelles et d'activités économiques communes peuvent être vus comme des indices attestant la réalité d'un groupe social. Selon Coulon (Becquet, 1999), l'essentiel est alors de déterminer, des caractéristiques qui les éloignent ou de celles qui les unissent, lesquelles sont les plus nombreuses.

L'identité étudiante est devenue plurielle; empruntant beaucoup à l'identité juvénile (Galland, 1995, 2007), mais aussi caractérisée par des formes de sociabilités spécifiques en lien avec les études et marquée par l'anticipation d'un avenir professionnel, elle se construirait selon trois axes principaux (Erlich, 1998) :

- Le premier est lié à l'identité juvénile ; si tous les étudiants ne sont pas jeunes, le temps des études est dans l'imaginaire collectif celui de la jeunesse. Ainsi, plongés dans l'environnement universitaire, les étudiants de tous âges tendent à adopter des comportements et des loisirs spécifiques de cette catégorie.

- Le second est relatif à l'identité scolaire ; sont étudiants – au sens francophone du terme – les personnes inscrites dans un établissement d'enseignement supérieur ou reconnu comme tel. Ceci implique un emploi du temps et des rythmes de vie organisés en fonction des études (cours, travail personnel, examens).

- Le troisième est associé à l'identité professionnelle actuelle ou à venir, l'état d'étudiant étant vu comme une étape du devenir social de l'individu qui, en sa qualité de travailleur intellectuel, se positionne déjà au sein de la communauté active. La notion d'employabilité, prégnante avec la création de l'EEES, encourage d'ailleurs les futurs diplômés à réfléchir aux opportunités d'emploi sur le marché du travail.

Certes fragmentée, contrastée, se rapprochant parfois de celle de groupes voisins comme celui des lycéens ou des jeunes actifs (Erlich, 2004), l'identité sociale d'étudiant ne semble pas morte avec la massification. Sa réalité s'impose, ne serait-ce que parce qu'elle est revendiquée par un grand nombre d'étudiants (Galland, 1995) qui trouvent leur intérêt à cette cohésion (avantages liés au statut, liberté d'organisation). « Cette catégorie n'existerait pas comme telle en l'absence des bénéfices, matériels et symboliques, que ses membres retirent de leur participation à la personne collective et qui entretiennent ainsi la croyance dans l'identité du groupe » (Erlich, 2004, p. 138).

### Sentiment d'appartenance à l'université

L'identité sociale d'étudiant est relative au sentiment d'appartenance au groupe des étudiants. Un engagement associatif ou syndical, par exemple, peut être déterminant à cet égard (Guiffrida, 2003; Morder, 1999, 2009). Toutefois, si les modes de vie des étudiants se caractérisent par une intense sociabilité, celle-ci se constitue et se développe en dehors des campus, en particulier par une fréquentation élevée d'espaces culturels (Erlich, 1998). Comme le souligne Galland, «la vie étudiante et l'identité qui lui est attachée ont un support extérieur à l'institution universitaire elle-même»; par leur fréquentation assidue de certains quartiers (rues, restaurants, bars, boîtes de nuit), les étudiants «existent dans le paysage urbain comme un groupe social repérable» (2007, p. 95-96). En revanche, à l'université, la vie étudiante est difficile à structurer, en particulier dans sa composante associative (Comité National d'Évaluation des établissements publics, 2004): associations d'étudiants, équipes sportives ou activités bénévoles ne rassemblent qu'une minorité de participants. Le manque de temps et de moyens financiers apparaissent comme les freins prioritaires de la pratique sportive et de la participation aux activités universitaires. De même, les étudiants déclarent ne pas s'engager dans le bénévolat associatif faute de disponibilité (LMDE *et al.*, 2008; LMDE *et al.*, 2005).

La relation des étudiants à leur lieu d'études est utilitariste, aussi la vie collective est-elle limitée et l'intégration des nouveaux arrivants malaisée (Erlich, 1998). Le manque d'interactions entre pairs complique l'adaptation et a un effet négatif sur le sentiment d'appartenance au milieu, ce qui augmente le risque d'abandon (Tinto, 1993). La fréquentation du campus (proximité spatiale), le partage de centres d'intérêt et d'activités communes (proximité sociale et relationnelle) pourrait fournir aux étudiants un cadre identitaire favorable au développement d'un sentiment d'appartenance. Pourtant, l'organisation générale de la vie universitaire (cadre de vie et d'études, horaires, éclatement des filières) ne semble pas favoriser cette sociabilité étudiante (Morder, 2009).

## 4. Identité d'apprenant et identité d'étudiant

L'inscription à l'université et la délivrance d'une carte d'étudiant, même si elles participent à cette dynamique, ne confèrent pas automatiquement à l'individu une nouvelle identité d'apprenant. Son développement est intimement lié à la personnalité de chacun, à ses attitudes et expériences au regard de la formation.

## Représentation de soi comme apprenant

### Influence des représentations sociales

Posée pour la première fois par Durkheim (1898), puis actualisée par Moscovici (1961), la notion de représentation est centrale dans l'étude des interactions entre les individus, les groupes et les institutions. Ce champ d'étude occupe une place non négligeable dans la recherche en sciences humaines et sociales, domaine où les représentations sont comparées à des systèmes de «référents mentaux» qui permettent de comprendre le monde. Liées aux croyances et aux valeurs, elles se situent à l'interface du psychologique et du social, de l'individuel et du collectif. Elles agissent comme des grilles de lecture, des systèmes d'interprétation de la réalité et interviennent dans les processus de transmission et d'acquisition des connaissances (Jodelet, 1993).

Dans le domaine de la formation, le concept de représentation est opératoire chaque fois qu'il est question d'appréhender les logiques d'action qui éclairent les pratiques, en particulier dans des situations inédites à même de remettre en question les images intériorisées (ce qui va de soi) ou construites au fil de l'expérience, et de bousculer ainsi nos identités (Bézille, 1997). Ainsi, le passé scolaire, les expériences personnelles ou professionnelles, mais aussi le contexte dans lequel évolue l'étudiant sont à l'origine des représentations qu'il se fait des études universitaires et en particulier de son rôle en tant qu'apprenant. L'actualisation de ces données au fil de son parcours universitaire va influer sur le développement de son identité.

### Sentiment d'efficacité personnelle

La représentation de soi comme personne se rapporte aux connaissances, aux attitudes, aux croyances, aux valeurs, aux habiletés, aux buts, aux projets, aux aspirations que la personne se reconnaît ou s'attribue indépendamment du contexte de la formation (Gohier *et al.*, 2001). La perception d'une réussite ou d'un échec (scolaire, familial, professionnel, social) peuvent selon les cas intervenir comme moteur ou frein de l'engagement et de la motivation en formation. Pour Bandura (1986, 1993, 2003) la motivation est régie par le sentiment d'efficacité personnelle (auto-efficacité perçue) lequel puise à quatre sources:

- La maîtrise personnelle est une des sources les plus influentes sur la croyance en l'efficacité personnelle; un succès – lorsqu'il n'est pas trop facile – dans l'expérimentation d'un comportement donné, amène à croire en ses capacités personnelles pour l'accomplir de nouveau.

- L'apprentissage social ou expérience indirecte repose sur le phénomène des comparaisons sociales, c'est-à-dire sur l'observation; le fait d'observer des pairs vivre sans heurt une situation jugée préalablement difficile renforce la croyance des observateurs en leurs capacités de réussir la même performance.

- La persuasion par autrui; à travers des suggestions, des avertissements, des conseils et des interrogations, les apprenants peuvent être amenés vers la croyance qu'ils possèdent le potentiel pour effectuer avec succès l'action qui leur pose problème. Le rôle de la personne ressource est essentiel car les résultats varient en fonction de sa crédibilité, de son expertise et de l'attrait qu'elle exerce sur l'acteur.

- L'état physiologique ou émotionnel; si par exemple une personne associe un état émotionnel comme l'anxiété à une faible performance dans une tâche, cela peut l'amener à douter de ses compétences personnelles pour accomplir cette tâche et conduire ainsi à l'échec.

Le rôle de l'environnement social ne doit pas être négligé: les proches, les camarades ou les enseignants, peuvent influer de manière positive ou négative sur l'image que l'apprenant a de sa propre efficacité. «Des commentaires positifs de son entourage peuvent l'aider à fournir les efforts nécessaires pour réussir. Par contre, susciter des croyances irréalistes de capacités personnelles peut conduire à l'échec, ce qui discréditera le flatteur et sapera les croyances de la personne en ses capacités» (Lecomte, 2003, p. 67). Ainsi un étudiant qui a confiance en ses compétences et ses capacités, et qui vit positivement l'expérience universitaire s'investit plus et mieux dans ses études qu'un autre qui a peu confiance en lui.

L'estime de soi, quant à elle, suppose d'avoir conscience de sa valeur, de ses compétences mais également la capacité de reconnaître ses limites et ses faiblesses. Selon Bandura (2003), sentiment d'auto-efficacité et estime de soi représentent deux construits théoriques distincts; l'estime de soi est multidimensionnelle (scolaire, familiale, professionnelle, sociale) et peut provenir d'auto-évaluations basées sur la compétence individuelle, mais aussi sur la possession d'autres caractéristiques personnelles, investies de valeurs positives ou négatives selon la culture. Il n'existe pas de lien systématique entre le sentiment d'auto-efficacité et l'estime de soi. Globalement les systèmes compétitifs – or la compétitivité est un élément essentiel des processus de Lisbonne et de Bologne – améliorent l'estime de soi des sujets chez lesquels elle est haute et altère celle des autres (André & Lelord, 2008, 2003). Une expérience scolaire ou universitaire médiocre, ou ressentie comme telle, est susceptible d'affecter la représentation que l'individu a de sa valeur en tant qu'apprenant, de ses capacités et compétences en termes d'apprentissage, et d'hypothéquer les tentatives de formation ultérieure.

## Style d'apprentissage

Les représentations que l'individu élabore par rapport à lui-même comme apprenant semblent dépendre de sa conception de l'intelligence, de ses connaissances antérieures, de son répertoire de conduites et de stratégies d'apprentissage, et de son concept de soi comme apprenant (Tardif, 1992). Elles ne constituent pas seulement une «modalité de connaissance», mais servent aussi de «guide pour l'action» (Abric, 1996, p. 16) en déterminant un ensemble d'attentes et d'anticipations concernant à la fois la tâche (contenu, objectif, complexité, temps requis, moment et lieu d'exécution, stratégie et habiletés qu'elle exige, personnes impliquées) et la personne elle-même comme apprenant dans cette tâche. Choisir et privilégier telle conduite ou telle manière d'opérer dans une situation d'apprentissage ne manifeste pas seulement une décision stratégique de la part des apprenants mais semble aussi constituer l'expression de leur identité. En effet, les individus se tournent spontanément vers le style d'apprentissage qui leur correspond le mieux. Découvrant un élément de leur conduite en matière d'apprentissage qui les caractérise et auquel ils s'identifient, ils deviennent conscients de « leur » style d'apprentissage (Chevrier *et al.*, 2000). Ce dernier, en lien direct avec le concept de soi de l'apprenant, se différencierait peu d'un trait de personnalité (Furnham, 1992, 1995). Néanmoins « l'identité personnelle des sujets apprenants n'est [donc] pas donnée, telle quelle, à la naissance. Elle se construit durant toute la vie » par « un processus d'appropriation de ressources et de construction de repères, un apprentissage expérientiel » dans lequel le dispositif de formation joue un rôle essentiel (Dubar, 2001, p. 200).

## Influence du dispositif de formation

D'après Montandon (2002, p. 26), selon qu'on considère le dispositif comme « un ensemble programmé et déterminé à l'avance d'actions » ou au contraire comme « un système dynamique qui modifie l'ensemble de ses relations entre les éléments et l'environnement au fur et à mesure du déroulement de l'action », on établit un rapport de l'homme au dispositif totalement contradictoire. Dans le premier cas, l'individu est un élément du système au même titre que les autres (modèle déterministe), dans le second cas le dispositif est un système ouvert qui peut être amené à se modifier sous l'influence de l'environnement et en particulier des hommes qui en font partie (modèle interactionniste). L'acception actuelle du terme dans le champ de l'éducation se réfère à cette dernière approche, elle implique une conception évolutive et dynamique du dispositif, celui-ci n'étant plus considéré comme un simple outil, mais intégrant au contraire les divers acteurs (représentants institutionnels, personnel administratif, enseignants, étudiants, etc.) et les objectifs qu'ils se donnent.

À l'université, «les règles du cursus sont interactionnellement construites : chaque nouveau cas devient un droit individuel pour l'étudiant qui en est le "support", mais servira désormais de nouvelle règle commune à tous, lorsqu'un cas identique ou analogue se présentera» (Coulon, 2005, p. 181). L'apparente instabilité des règles universitaires provoque l'inquiétude des étudiants et éveille parfois chez eux un sentiment d'injustice lorsqu'elles viennent à changer. Certains «abandonnent immédiatement parce qu'ils ne peuvent pas vivre ce tourment permanent» (p. 157). Ainsi, lorsque dans le cadre des réformes de Bologne, les ministres invitent les étudiants à participer à l'élaboration des programmes, cette perspective – plutôt séduisante en apparence – cache un revers : une fragilisation accrue des individus les plus vulnérables (primo-inscrits, ceux dont le projet est le moins abouti) par une prise de conscience d'une incertitude liée au caractère transitoire et évolutif du système dans lequel ils étudient. Ce sentiment peut d'ailleurs être renforcé par les critiques émises par l'entourage (proches, étudiants plus âgés, enseignants) ou les mouvements de résistance, largement médiatisés.

## Le métier d'étudiant

Nous ne saurions parler des pratiques étudiantes sans évoquer le «métier d'étudiant» décrit dans le livre éponyme par Coulon (2005). Celui-ci considère l'entrée dans la vie universitaire comme un passage qui comme tout passage, au sens ethnologique du terme, nécessite une initiation. Ainsi, pour acquérir le statut étudiant, l'élève – encore élève parce qu'il sort tout juste du lycée – doit franchir les étapes qui lui permettront d'apprendre le métier d'étudiant et de réussir son affiliation, à la fois institutionnelle et intellectuelle. C'est tout d'abord le temps de l'étrangeté, le nouvel arrivant est déboussolé ; il passe d'une vie familiale à une vie plus autonome, l'université lui semble immense, la relation pédagogique avec les enseignants est plus réduite qu'au lycée et l'anonymat est la règle, y compris par rapport aux autres étudiants. Le rapport au temps (durée des cours, emploi du temps, rythme de travail sur l'année) et le rapport à l'espace (difficulté à trouver les salles de cours, les bureaux des enseignants) sont eux aussi différents, sans compter le contenu des enseignements (ampleur des champs intellectuels abordés, nécessité d'une approche synthétique). Puis vient le temps de l'apprentissage, il se familiarise avec l'université, en apprend les codes et s'y adapte progressivement. Enfin, le temps de l'affiliation marque le moment où l'étudiant sait comprendre et interpréter – voire transgresser – les règles qui régissent la vie universitaire (affiliation institutionnelle). En parallèle il commence à saisir ce qu'on attend de lui sur le plan intellectuel et comment il peut faire la preuve de sa compétence d'étudiant (affiliation intellectuelle).

En conséquence, on n'est pas étudiant dès l'entrée à l'université, on le devient par un processus actif qui nécessite des ressources, tant externes qu'internes, et du temps. Cette démarche renvoie à la notion d'*empowerment*, c'est-à-dire d'appropriation d'un pouvoir et de la capacité d'exercer ce pouvoir. «Le pouvoir ici renvoie à la capacité que possède un individu ou un système de choisir librement (ce qui nécessite la présence d'une alternative), de transformer son choix en une décision et d'agir en fonction de sa décision tout en étant prêt à en assumer les conséquences» (Ninacs, 2003, p. 2). Un individu «*empowered*» prend le risque d'agir, ce qui suppose qu'il possède les compétences requises pour effectuer le changement visé ou au moins le potentiel pour les acquérir. Dans le domaine de la formation, l'*empowerment* est dirigé vers le dispositif et non vers les savoirs dispensés ; il ne s'agit pas seulement pour l'étudiant d'acquérir des connaissances théoriques ou pratiques (contenu des cours, méthodologie), mais aussi et surtout de renforcer ses capacités de choix, de libérer son potentiel de décision (autonomie, autodétermination) dans une démarche dynamique et volontaire au cours de laquelle il garde consciemment ou non le pouvoir sur chacun de ses actes et leurs effets. Ce cheminement identitaire, au cours duquel l'individu entre en interaction avec son environnement, trouve son aboutissement dans l'acquisition d'un nouveau statut, celui d'étudiant (Amara, 2005, 2006).

L'analyse réalisée par Coulon prend appui sur l'observation et le recueil de discours d'étudiants nouvellement inscrits à l'université entre 1984 et 1996 mais, comme l'affirme l'auteur dans la préface de la seconde édition de son livre, la situation n'a pas réellement évolué depuis. «Ainsi, la démocratisation de l'accès à l'enseignement supérieur, qui s'avère incontestable pour les deux dernières décennies, ne s'est pas accompagnée d'une démocratisation de l'accès au savoir» (2005, p. IX-X). Vivre une première expérience universitaire ne serait-il pas encore plus déstabilisant? Le processus de Bologne a induit des bouleversements dans la structure des cursus, la finalité des études et les missions de l'université, faisant évoluer en parallèles les attentes envers les étudiants. Dans ce contexte, les conseils et explications des parents ou des aînés ne sont plus adaptés au vécu des nouveaux étudiants ce qui risque de renforcer leur perte de repères et créer un sentiment d'insécurité.

## 5. Temporalités et dynamique identitaire de l'étudiant

Selon Dubar «la construction identitaire est un processus complexe, incertain, dialogique puisque dépendant de ses rapports aux autres et de leur incorporation par soi. La formation quelle que soit sa forme, dès qu'elle fait appel à la réflexivité et au dialogue, est une opportunité dans le déroulement de ce processus qui oblige à se distancier et à dire je» (2003, p. 45). Les paragraphes suivants vont mettre en évidence comment cette affirmation s'applique aux études universitaires et en quoi l'engagement dans ce type de formation peut faire évoluer l'identité personnelle de l'étudiant.

### L'entrée à l'université: les enjeux identitaires

Nombreux sont encore ceux qui voient dans l'université un mode de promotion sociale, un moyen de s'éloigner de la précarité et de l'exclusion, de rompre avec un milieu d'origine jugé peu valorisant (milieu populaire, immigré) en revendiquant leur appartenance au groupe des étudiants. Fréquenter l'université peut être perçu comme un moyen de repousser le moment d'entrer dans la vie active et de profiter au maximum de son statut de jeune (Galland, 1995). Au contraire, certains conçoivent leur parcours universitaire comme le moyen d'accomplir un projet professionnel précis et, grâce leurs capacités de représentation mentale, anticipent les avantages statutaires liés à leur futur métier, ce facteur intervenant directement sur leur motivation à s'engager dans les activités universitaires (Husman & Lens, 1999). Même en l'absence de but précis, l'obtention d'un diplôme de l'enseignement supérieur laisse caresser l'espoir de trouver plus facilement du travail, plus encore dans les milieux modestes où il reste synonyme d'une mobilité sociale ascendante (Erlich, 2004). Et puis, il en est qui s'offrent le luxe de suivre des études pour leur plaisir, leur épanouissement personnel selon l'expression désormais consacrée (Communiqué de Louvain, 2009). Obtenir le diplôme, et si possible brillamment, est certes important pour ces «intellectuels» passionnés par «leur» discipline mais ils se refusent à se laisser guider par des contingences matérielles et à envisager rationnellement les possibilités de valoriser leur cursus sur le marché du travail.

Le choix de suivre des études universitaires peut aussi répondre à un besoin de reconnaissance par son entourage, une manière de satisfaire les attentes des parents ou de répondre aux normes sociales. La famille, le milieu scolaire et/ou de travail, le réseau social contribuent en effet à construire un idéal de soi. La perception de discordances entre cette image rêvée (Soi idéal), la manière dont l'individu se voit (Soi actuel) et les attributs qu'il devrait posséder (Soi normatif), est source de tensions identitaires (Higgins, 1987)[14]. Par les perspectives sociales et professionnelles qu'elle laisse espérer, l'entrée en formation offre un moyen de combler cette distance (Charlier, 2003), le degré de satisfaction concernant les études entreprises apparaît d'ailleurs lié à ces projections (Soulié, 2002).

---

14. Plus récemment, Bajoit (1999) décrit en d'autres termes ces tensions entre ce que l'individu est ou a été (identité engagée), ce qu'il croit que les autres voudraient qu'il soit (identité assignée) et ce qu'il voudrait être (identité désirée).

Ainsi, l'engagement dans la vie universitaire revêt pour chacun un enjeu identitaire particulier et, en fonction de la valeur attribuée au diplôme visé, le poids d'un échec ou d'un abandon peut affecter plus ou moins profondément et durablement l'individu.

## Négocier son parcours de formation

La transition du lycée à l'université constitue pour les étudiants un «temps de ruptures conjuguées» (Boyer *et al.*, 2001, p. 98) au cœur duquel ils doivent construire une nouvelle temporalité c'est-à-dire tenter de faire correspondre plusieurs temps : celui de la culture dans laquelle ils vivent, celui de l'institution universitaire, celui de leur rythme de travail personnel, celui des loisirs et des activités avec d'autres.

### L'équation temporelle personnelle

Durant ses études, le jeune doit concilier apprentissages, vie familiale et amoureuse, et parfois une activité professionnelle. Pour décrire le processus complexe par lequel le sujet parvient à se rendre disponible aux temps des autres comme à ses temps propres, Grossin (1996) évoque la notion «d'équation temporelle personnelle». En effet, de la capacité à s'orienter dans le temps (situer ses actes dans leur enchaînement à court ou à long terme), à articuler les temps dans une «distribution harmonieuse des temps collectifs et des temps personnels» (p. 149) dépend le vécu, voire la réussite du processus de formation. Allant encore plus loin dans cette réflexion, Pineau (2000) affirme même que les temporalités des actions de formation agiraient comme des synchroniseurs de l'équation temporelle personnelle du sujet. À l'université, où les étudiants disposent d'une grande liberté dans la gestion de leur emploi du temps, l'organisation de leurs rythmes de vie se constitue à partir des cours, seules *références stables* dans cet environnement peu contraignant. Les échéances des examens constituent, quant à elles, des étapes qui marquent une progression dans le parcours universitaire (Bonnet, 1997). Le cadre temporel de la formation peut être considéré comme un déterminant majeur de la dynamique identitaire de l'étudiant.

## Temporalité et abandon des études universitaires

Le rapport au temps des étudiants et de leurs proches est une donnée à ne pas négliger dans la compréhension du phénomène d'abandon des études supérieures; quitter l'université au cours des premières semaines ou des premiers mois d'enseignement n'a pas la même signification, ni le même impact sur le sujet qu'un décrochage tardif.

Le mode de vie transitoire qui s'établit durant la période universitaire s'organise autour de deux pôles : l'un hédoniste focalisé sur le temps libre et les loisirs, l'autre utilitariste visant à majorer la rentabilité du parcours universitaire (Bonnet, 1997). Outre les problèmes de gestion du temps et de planification évoqués précédemment, le temps passé à étudier peut aussi être considéré en termes de coûts (Gury, 2007) : premièrement celui de renoncer à occuper un emploi salarié (coût d'opportunité) et deuxièmement celui de la non-obtention du diplôme, évalué en comparant les possibilités de valoriser des acquis non certifiés aux bénéfices liés à l'expérience professionnelle et à la durée de travail – dans un contexte de réforme des retraites notamment – qui pourraient être accumulées durant la même période (coût d'option). Le calcul n'est certes pas toujours objectivé, mais même implicite il intervient dans le choix de continuer ou d'interrompre le cursus engagé. Le raisonnement varie en fonction de l'origine sociale et du parcours scolaire antérieur, ainsi le temps accordé aux jeunes pour obtenir un diplôme et le valoriser sur le marché du travail est plus élevé dans les milieux favorisés que dans les milieux populaires. Par ailleurs, les étudiants dont le diplôme de fin d'études est technologique ou ceux ayant suivi une filière professionnelle sont statistiquement plus enclins à quitter rapidement l'institution que ceux ayant suivi un cursus général (Beaupère, 2008). Leur formation permet en effet un accès direct ou facilité au marché du travail alors que l'issue d'un parcours universitaire demeure incertain, tant en termes de réussite que d'insertion professionnelle.

Demeurer dans l'institution malgré un manque de réussite peut être interprété de différentes manières : pressions familiales, stratégie d'évitement du chômage (Gury, 2007), attente d'une réorientation ou encore volonté de profiter plus longtemps de la vie d'étudiant en prolongeant cette période entre le temps des études et le temps du travail. Enfin, le retour aux études universitaires après une incursion dans la vie active est d'autant plus malaisé que le candidat ne peut plus, dans la majorité des cas, bénéficier des avantages du statut étudiant. Dans le cadre de la formation continue, il lui faudra trouver un financement qui lui assurera des revenus durant le temps des études et la prise en charge du coût de la formation, financement conditionné par les débouchés de ladite formation.

## Se projeter dans l'avenir

En arrivant à l'université, les jeunes quittent un univers sécurisant et routinier (famille, lycée) pour s'engager dans un parcours aux contours flous et à l'issue incertaine. Penser à l'avenir les effraie, ils conjuguent leur vie au présent en explorant leur nouvelle liberté et les plaisirs qui y sont associés (Bonnet, 1997). Pourtant les proches, et de plus en plus fréquemment les enseignants (pédagogie de projet), les invitent à se projeter dans un avenir à long terme et à construire un projet professionnel réaliste.

### *Perspective temporelle future et projet professionnel*

Rares sont les étudiants qui, dès le début de leur cursus, ont arrêté une décision concernant leur futur métier. Leurs représentations des professions comme la représentation qu'ils ont d'eux-mêmes vont évoluer au cours de leur formation, influencées par l'acquisition de nouveaux outils intellectuels et par une meilleure utilisation de ceux qu'ils possèdent déjà (Huteau, 1982) ; d'abord catégoriques et simples, les perceptions deviennent plus complexes et pluralistes. En fonction de celles-ci, de l'image qu'ils ont d'eux-mêmes (intérêts, aptitudes, besoins, estime de soi) et de l'influence de leur environnement (famille, amis, enseignants), les étudiants sont amenés, au long de leur parcours, à construire ou préciser un projet professionnel, puis à l'affiner par des ajustements successifs (Saint-Louis & Vigneault, 1984). Cette dynamique semble conditionnée par les attitudes développées par le sujet à l'égard des études, ses ambitions étant liées à l'expérience scolaire

(Breton *et al.*, 1972). Notons qu'à niveau intellectuel équivalent, ceux dont les projets professionnels sont les plus aboutis sont ceux qui réussissent le mieux et qu'une représentation optimiste de l'avenir a une influence positive sur les performances des apprenants (Thiébaut, 1998). Ainsi les perspectives économiques alarmistes véhiculées par les médias et relayées par l'entourage (chômage, crise boursière, financement des retraites) comme le vécu personnel de l'étudiant ou de ses proches (difficultés financières, chômage, minima sociaux) peuvent avoir un effet néfaste sur la perception de leur devenir professionnel, nuire à leurs résultats universitaires et perturber la construction de leur identité d'étudiant.

## Articuler les temporalités

La construction identitaire de l'étudiant fait intervenir la perception qu'il a de son passé et la manière dont il se montre aux autres. Pour se définir, pour définir qui l'on est, il faut à la fois tenir compte de sa trajectoire antérieure (parcours scolaire, expériences passées), de sa position présente et de l'anticipation d'un avenir probable ou souhaité. Cette définition est le fruit d'une négociation avec ses partenaires actuels et avec soi-même afin de décider quelle lecture faire de son parcours. L'identité des étudiants est amenée à évoluer au cours de leur cursus universitaire selon une trajectoire orientée par les résultats obtenus, mais également leur vécu du dispositif de formation, y compris les interactions avec les enseignants et les pairs et leur capacité à développer une projection positive de leur avenir. C'est, selon l'expression de Dubar (2002), une «double transaction identitaire» – puisqu'elle porte à la fois sur l'identité «pour autrui» et sur l'identité «pour soi» – qu'il leur faut négocier durant le temps de leurs études (Figure 3, p. 68).

De la capacité à gérer cette double articulation dépend la construction d'une identité personnelle à la fois satisfaisante pour soi et reconnue par les autres. En particulier, l'insertion sociale et professionnelle des individus exige qu'ils se dotent d'un discours sur eux-mêmes, sur leurs compétences et sur leurs projets, sur ce qu'ils ont déjà réalisé comme sur ce qu'ils comptent faire dans l'avenir, en fait sur la manière dont ils articulent les temporalités (Dubar,

2002, 2003). Promouvoir cette capacité chez les étudiants paraît essentiel à l'heure où leur employabilité fait l'objet de toutes les préoccupations des décideurs.

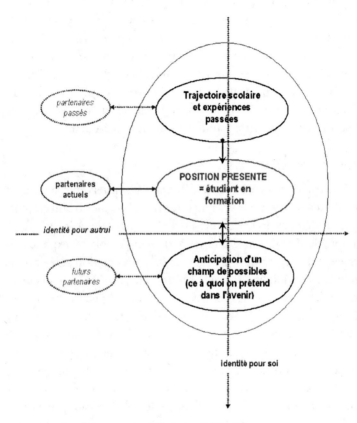

FIGURE 3 : Double transaction identitaire de l'étudiant
(Amara, 2005 ; d'après Dubar, 2002)

# *Employabilité et compétences associées*

## 1. De l'employabilité statique à l'employabilité durable

La notion d'employabilité apparaît au début du XX<sup>e</sup> siècle, les termes *employability* et *unemployability* désignant de façon dichotomique, mais sans plus de précision sur les critères d'évaluation, la capacité ou l'incapacité d'accéder à un emploi (Barnett, 1903). Le concept devient opératoire après le *krach* boursier de 1929, dans le cadre des dispositifs d'aide à l'emploi mis en place par le gouvernement des États-Unis. L'objectif, d'ordre administratif, est d'effectuer une répartition statistique – basée sur l'âge, les contraintes familiales, la présence ou l'absence de handicap – entre les personnes qui seront affectées à un travail public et celles qui nécessitent une assistance (Gazier, 1989).

À partir des années 1950, diverses conceptions de l'employabilité se développent, l'usage du terme devient hétérogène mais reste intimement lié aux politiques publiques de lutte contre le chômage. L'utilisation de tests et indicateurs aboutit à l'établissement de multiples typologies permettant de diagnostiquer le degré d'employabilité des individus en fonction de leurs caractéristiques médico-sociales et des évolutions du marché du travail (employabilité différentielle). En parallèle, Ledrut (1966) développe une approche catégorielle de l'employabilité centrée sur le flux statistique (employabilité flux) ; l'appartenance à un groupe sociodémographique permet d'établir la « probabilité plus ou moins élevée que peut avoir une personne à la recherche d'un emploi d'en trouver un » (p. 68).

Ce bref préambule permet de constater qu'il n'existe pas de consensus sur la signification du mot «employabilité»; le sens qu'on lui donne est variable en fonction de la période et du pays considérés, du marché et de la politique du travail, du type d'emploi et des exigences des employeurs. La vision contemporaine de l'employabilité tend à prendre en compte ses dimensions individuelles (caractéristiques et compétences du candidat) et collectives (conjoncture économique et conditions de gestion des ressources humaines), et souligne son aspect évolutif. Définie comme la performance escomptée sur le marché du travail (Gazier, 1999), l'employabilité concerne désormais toute la population active, employée ou pas. Elle n'est plus explicitement rattachée à une orientation précise, c'est un processus dynamique et interactif d'adaptation au marché du travail qui dépend certes de la politique sociale des entreprises et de l'état du marché du travail, mais aussi de variables propres à chaque personne (y compris la capacité à «vendre» ses qualifications et compétences). Ainsi, la partition entre les «employables» et les autres n'est pas figée, elle est reconsidérée périodiquement en fonction des évolutions de ces paramètres.

De nos jours, une personne «employable» doit être capable d'obtenir un emploi initial, de conserver cet emploi, de mener des transitions entre les emplois et les rôles au sein d'une même organisation, et de trouver un autre emploi si nécessaire (Hillage & Pollard, 1998). Cette définition illustre la conception actuelle de l'employabilité dite «employabilité durable». Le glissement du terme «employabilité» à l'adjectif «employable» met, malgré un consensus formel autour de la conception interactive de l'employabilité, l'accent sur les caractéristiques individuelles. L'augmentation du chômage et la consolidation de la pensée néolibérale contribuent au renforcement de cette perspective individuelle; l'interactivité supposée être au centre du concept est remplacée par une focalisation sur l'individu et ses «compétences d'employabilité» (McQuaid & Lindsay, 2005).

## 2. Les compétences d'employabilité

Au cours des années 1990, les rapides évolutions du marché du travail et la montée du chômage ont amené les pays développés à réfléchir aux moyens d'améliorer l'employabilité des individus, une attention particulière étant accordée à l'identification des compétences[1] constitutives de cette employabilité. Dans cette approche, le mot compétence doit être compris comme un « savoir-agir » qui permet de mobiliser ou d'activer plusieurs savoirs, dans une situation et un contexte professionnel donnés (Le Boterf, 1994).

### Aux États-Unis

Le rapport SCANS (Secretary's Commission on Achieving Necessary Skills, 1991) identifie, sur la base d'entretiens avec des employés de cinq grands groupes industriels, huit compétences requises pour être employé ; trois compétences fondamentales (compétences de base, aptitudes cognitives et qualités personnelles) et cinq relatives à la capacité d'être productif dans un contexte de travail (compétences à mobiliser ressources, informations, outils, technologies et qualités relationnelles à des fins professionnelles). Les rapporteurs soulignent que le système éducatif, orienté vers l'enseignement général, ne propose pas de *curricula* en mesure de conférer aux étudiants les compétences nécessaires à leur insertion professionnelle. Diverses études convergent dans ce sens et permettent d'établir une liste des compétences recherchées par les employeurs (O'Neil *et al.*, 1997) : à un noyau de compétences universitaires, il convient d'ajouter des capacités cognitives permettant de s'adapter aux changements, de résoudre des problèmes, de prendre des décisions, d'apprendre à apprendre, d'être créatif ; des compétences relationnelles et pour le travail en équipe (savoir communiquer, coopérer, négocier, résoudre des conflits, diriger et faire face à la diversité des situations et des personnes) ; et des qualités personnelles.

---

1. Le mot « compétence » est celui utilisé dans la grande majorité des écrits sur le thème de l'employabilité. Nous ne discuterons pas le bien-fondé du choix de ce terme que nous avons également adopté dans la suite de cet ouvrage.

## Au Canada

La collaboration entre les établissements d'enseignement et les employeurs est traditionnellement restreinte. Néanmoins, au début de 1990, le gouvernement canadien met l'accent sur les compétences liées à l'employabilité et encourage les formations qui facilitent la transition de l'école à l'emploi. Le *Conference Board of Canada* (1992), parraine alors une série de projets qui tentent de répondre à une question primordiale : « Quelles sont les compétences recherchées par les employeurs ? »

Une analyse de consultations réalisées avec des dirigeants d'entreprises de toutes tailles, a permis au Conseil d'entreprises sur l'enseignement du *Conference Board* de cerner les capacités, attitudes et comportements que les employeurs recherchent chez leurs salariés et d'élaborer un « Profil des compétences relatives à l'employabilité »[2] qui les classe selon trois registres : compétences académiques, qualités personnelles et esprit d'équipe. Selon l'OCDE[3] (Organisation for Economic Cooperation and Development, 1998), cet outil a permis au système d'éducation canadien de redéfinir ses objectifs, ses méthodes et ses relations avec le monde environnant.

En 1998, le *Conference Board* diffuse un document élaboré par le Forum entreprise-éducation pour les sciences, la technologie et les mathématiques (Conference Board du Canada, 1998). Intitulé « La culture scientifique au travail », il recense les compétences requises pour : premièrement utiliser les sciences, la technologie et les mathématiques comme moyen de connaître, de communiquer et de prendre des décisions (fondations) ; deuxièmement comprendre l'utilité de ces matières en milieu de travail (compréhension de base) ; et troisièmement savoir en tirer parti (mise en pratique).

---

2. Cet outil a été diffusé simultanément en français et en anglais, langue dans laquelle il se nomme *Employability Skills Profile*.

3. L'Organisation de coopération et de développement économiques (OCDE, en anglais OECD : *Organisation for economic cooperation and development*) est une organisation internationale d'analyses économiques dont les pays membres, principalement des pays développés, ont en commun un système de gouvernement démocratique et une économie de marché.

Un référentiel publié en 2000, combine les deux documents pour adopter une approche unique. Le « Profil des compétences relatives à l'employabilité 2000+ » regroupe : des compétences issues de la formation ou compétences de base (communiquer, penser et apprendre, c'est-à-dire ne jamais cesser d'apprendre) ; des qualités personnelles faites d'attitudes et de comportements positifs (compétences personnelles en gestion), de sens de la responsabilité et d'adaptabilité (créativité) ; et l'esprit d'équipe (savoir travailler avec d'autres, participer aux projets et aux tâches).

Au total, les chercheurs ont identifié 56 compétences relatives à l'employabilité réparties en 11 catégories et trois groupes :

- 19 compétences de base qui permettent de communiquer (5), gérer l'information (2), utiliser les chiffres (3), réfléchir et résoudre les problèmes (9) ;
- 22 compétences personnelles en gestion : démontrer des attitudes et des comportements positifs (5), être responsable (5), être souple (6), apprendre constamment (5), travailler en sécurité (1) ;
- 15 compétences pour le travail en équipe : travailler avec d'autres (9) et participer aux projets et aux tâches (6).

Le *Conference Board* invite les étudiants, les enseignants, les parents, les employeurs, les syndicats, les dirigeants communautaires et les organismes gouvernementaux à utiliser cette liste à titre de piste de dialogue et d'action.

## En Grande-Bretagne

Selon Hillage et Pollard (1998), l'employabilité d'un individu repose sur ses connaissances, ses qualifications et ses attitudes. Ces éléments se répartissent en trois niveaux : les atouts de base, tels que les compétences fondamentales (écriture, calcul) et les attributs personnels essentiels (fiabilité, intégrité) ; les atouts intermédiaires, notamment les compétences propres à la profession, les compétences génériques (communication, résolution des problèmes) et les qualités personnelles (motivation, sens de l'initiative) ; et les atouts supérieurs, c'est-à-dire les compétences qui contribuent à la performance organisationnelle (travail en équipe, autonomie). Les compétences essentielles définies par Moser (1999) couvrent la communication, le calcul, la résolution de problèmes, les technologies de l'information, les compétences personnelles et la capacité à améliorer ses propres apprentissages et performances. La CBI (Confederation of British Industry, 2000) encourage leur valorisation et leur évaluation dans l'ensemble de la population active comme dans l'enseignement secondaire et les universités.

## Élaboration d'un cadre de référence pour les pays développés

Le programme DeSeCo[4] (lancé par l'OCDE en 1997) répertorie les compétences nécessaires aux individus pour faire face aux exigences de la vie moderne et de la mondialisation. Favoriser leur développement a pour enjeu la réussite individuelle (emploi rémunérateur, sécurité et santé, participation à la vie politique et aux réseaux sociaux), mais également, et surtout, la réalisation de bénéfices mesurables pour la vie économique et sociale du pays (Salganik *et al.*, 1999).

Identifier, malgré les différences de culture et de perspective, une série de compétences considérées comme essentielles dans tous les pays de l'OCDE a été une tâche ardue. Les experts ont fait valoir que les établissements scolaires ne sont pas les seules structures de socialisation au travers desquelles les individus peuvent acquérir des compétences et que le rôle des proches (famille, amis) ne devrait pas être négligé. Goody (1999) soutient que d'un point de vue anthropologique, le contexte culturel des individus définit ce qui doit être valorisé, et qu'en raison de ces différences culturelles, il n'est pas possible de trouver une définition universelle des compétences clés. S'il souligne l'importance de l'environnement social, le psychologue Haste (1999) n'est pas aussi radical. Il propose une liste de cinq compétences essentielles axée sur des paramètres intra- et interpersonnels (possession de compétences technologiques ; capacité à faire face à l'ambiguïté et la diversité ; capacité à trouver

---

4. Définition et sélection des compétences clés.

et à maintenir des liens communautaires; capacité à gérer ses motivations, ses émotions et ses désirs; sens de l'organisation et des responsabilités), et dont le haut niveau d'abstraction autorise une liberté d'interprétation.

Un consensus a été trouvé autour d'un nombre d'idéaux fondamentaux compatibles avec le cadre conceptuel du projet et une liste de compétences clés a ainsi pu être élaborée (Rychen & Salganik, 2003). En nombre restreint, ces compétences ne concernent pas un secteur d'activité défini, elles ne peuvent toutes être acquises durant la formation initiale mais se développent tout au long de la vie et permettent de se servir d'outils de manière interactive; de s'engager dans des relations avec autrui et d'interagir dans des groupes hétérogènes; de prendre des responsabilités et d'agir de façon autonome. Le cadre unique de référence ainsi défini s'applique tant pour les évaluations en milieu scolaire qu'à celles qui visent les adultes.

## Influence des formes de socialisation

Les nouveaux systèmes de travail nécessitent de coopérer avec le client, le groupe de travail, l'encadrement, etc. Dans ce contexte, pour être employable il faut bien sûr posséder des savoirs de l'ordre de la culture générale, mais aussi certaines références culturelles implicites concernant le temps, le vêtement, le savoir-vivre, l'argent, la causalité, la langue et surtout être en mesure d'échanger des informations (Toffler, 1991). L'intériorisation de normes, valeurs et conduites communautaires sont à la base des relations avec les autres et essentielles dans l'exercice d'un travail. Les notions de savoir-être et de qualifications sociales cherchent à rendre compte des «qualités» construites dans les processus de socialisation.

Ce type d'acquis va de pair avec la capacité d'entretenir des réseaux sociaux dont Granovetter (2000) souligne l'importance dans la recherche d'emploi. Quand un individu occupe des emplois successifs, il n'acquiert pas que du capital humain, il s'enrichit en sus de la connaissance de nombreux collègues, relations qui pourront être utiles dans le futur. Ainsi la situation d'un individu sur le marché du travail varie grandement selon le nombre de personnes avec qui il a été amené à travailler – et qui connaissent ses caractéristiques – et le nombre d'entreprises auxquelles ces personnes appartiennent. La capacité à entrer en contact avec autrui et à pratiquer une écoute active permet d'étoffer ce réseau qui pourra être mobilisé comme aide et support à la recherche ou à l'évolution dans l'emploi. Ainsi, outre les attributs liés à la santé et aux compétences, les formes de socialisation se révèlent, dans des économies de plus en plus orientées vers les services à la personne, des facteurs déterminants de l'employabilité individuelle.

## Le cadre de référence européen

Les «compétences clés pour l'éducation et formation tout au long de la vie» constituent un ensemble de connaissances, d'aptitudes et d'attitudes nécessaires à l'épanouissement et au développement personnels des individus, à leur inclusion sociale, à leur employabilité et à la citoyenneté active. Qualifiées d'essentielles dans une société fondée sur la connaissance, elles permettent de s'adapter plus rapidement à un monde en évolution constante et caractérisé par un degré d'interconnexion élevé. Elles sont un facteur essentiel d'innovation, de productivité et de compétitivité, et contribuent à la motivation et à la satisfaction des travailleurs ainsi qu'à la qualité du travail.

La recommandation du 18 décembre 2006 (Parlement européen & Conseil de l'Union européenne) définit et décrit huit compétences clés :

- la communication dans la langue maternelle qui est la faculté d'exprimer et d'interpréter des concepts, pensées, sentiments, faits et opinions oralement et par écrit, et d'avoir des interactions linguistiques appropriées à la situation ;
- la communication en langues étrangères qui implique les mêmes compétences de base que celles de la communication dans la langue maternelle, mais s'appuie en outre sur la compréhension d'autres cultures ;
- la compétence mathématique et les compétences de base en sciences et technologies, c'est-à-dire l'aptitude à développer

et appliquer un raisonnement mathématique en vue de résoudre divers problèmes de la vie quotidienne, et la maîtrise des connaissances et méthodologies servant à expliquer le monde du vivant;

- la compétence numérique qui implique l'usage sûr et critique des Technologies de la société de l'information (TSI), la maîtrise des Technologies de l'information et de communication (TIC);
- la capacité d'apprendre à apprendre qui permet d'entreprendre et d'organiser soi-même, et selon ses propres besoins, un apprentissage à titre individuel ou en groupe;
- les compétences sociales et civiques qui renvoient à la compréhension des codes de conduite et des usages et à l'adoption de comportements adaptés dans le cadre d'une société démocratique;
- l'esprit d'initiative et d'entreprise qui suppose créativité, innovation et capacité à mettre en œuvre des projets en vue de la réaliser ses objectifs;
- la sensibilité et l'expression culturelles qui impliquent la conscience de l'importance de l'expression artistique sous diverses formes (musique, arts du spectacle, littérature et arts visuels).

Selon les concepteurs, ces compétences sont aussi importantes les unes que les autres et étroitement liées entre elles. Leur maîtrise permet d'être capable d'une réflexion critique, d'évaluer des risques, de prendre des décisions et de gérer de façon constructive ses sentiments. Elles contribuent à la réussite des individus et devraient être acquises par les jeunes au terme de la période obligatoire d'enseignement et de formation les préparant à la vie d'adulte. Ainsi définies, les «compétences clés» offrent un cadre de référence pour les responsables politiques, professionnels de l'éducation, employeurs et apprenants.

Cette mise en place de standards, sous l'influence du modèle anglo-saxon, témoigne d'un renforcement du lien entre formation et impératifs économiques. L'université n'échappe pas à cette logique: avec le processus de Bologne et la création de l'EEES, elle se saisit du concept de compétence et affirme la nécessité d'une cohérence entre enseignement supérieur et marché du travail.

## 3. L'employabilité des étudiants

### Une mission des universités

Dès l'origine et dans la droite ligne de la stratégie de Lisbonne, le processus de Bologne se donne pour objectif d'améliorer l'employabilité des étudiants. Les ministres préconisent que le diplôme délivré à l'issue du premier cycle de l'enseignement supérieur corresponde à un niveau de qualification approprié pour l'insertion sur le marché du travail. L'adoption d'un système de diplômes comparables – notamment grâce à la délivrance d'un «supplément au diplôme»[5] – doit garantir dans toute l'Europe une reconnaissance du niveau acquis (Déclaration de Bologne, 1999). L'établissement d'un système de crédits (ECTS) visant à permettre la compatibilité des filières de formation européennes complète le dispositif. En outre, les universités sont invitées à développer des programmes «valorisant compétences académiques et professionnalisation durable» (Communiqué de Prague, 2001). Le nombre et la variété de ceux-ci doivent permettre «de s'adapter à la diversité des besoins individuels, académiques et du marché du travail». De plus, «afin que les étudiants puissent réaliser pleinement leurs potentialités en termes d'identité européenne, de citoyenneté et d'employabilité», l'apprentissage des langues – couronné par une période d'études à l'étranger – doit être encouragé (Communiqué de Berlin, 2003).

Malgré une volonté affichée de prendre en compte la notion d'employabilité dans la création de l'EEES, les textes officiels restent vagues concernant le sens donné au mot «employabilité» et les moyens concrets à mettre en œuvre pour la promouvoir; il s'agit plus de déclarations d'intentions que de plans d'action. Ce n'est qu'en 2007 que les ministres affirment la nécessité de collecter des données relatives à l'employabilité des diplômés et demandent au

---

5. Pour plus de précisions, se reporter au premier chapitre.

groupe de suivi (BFUG, *Bologna Follow-up Group*) «d'étudier plus
en détails comment améliorer l'orientation et l'insertion professionnelle» des étudiants (Communiqué de Londres, 2007). Il
apparaît pourtant que, dès 1999, cet aspect du processus a été mis
en avant, laissant naître chez les étudiants et leurs parents comme
chez les employeurs des attentes et des questions auxquelles les
institutions n'étaient pas préparées à répondre. Or, un écart entre
attentes et service rendu par les établissements est source d'insatisfaction (*gap model* – Parasuraman *et al.*, 1985), le public peut
ainsi être amené à porter un jugement négatif sur les réformes en
cours et à se détourner de l'université.

## Une insatisfaction latente

Selon le rapport *Bologna with student eyes* (Cacciagrano *et al.*,
2009), les étudiants européens déplorent le peu d'intérêt que les
établissements accordent aux besoins de la société. Ils déclarent
que les diplômes délivrés à l'issue du premier cycle de formation
ne sont pas adaptés à une insertion directe sur le marché du travail et considèrent que les ministres en charge du processus
de Bologne devraient inciter le développement de *curricula* qui
intègre davantage les compétences relatives à l'employabilité. Les
étudiants soulignent un défaut de communication concernant les
buts et les effets escomptés de la réforme des cycles et des programmes d'enseignements. Le rapport fait état du niveau de sen-
sibilisation à la nécessité de prendre en compte l'employabilité
dans les programmes d'études: cette préoccupation serait prioritaire
pour 71 % des étudiants, 65 % des gouvernements, 56 % du
grand public, 50 % des établissements et 18 % des enseignants.
Les employeurs potentiels disent avoir été mal informés sur le processus de Bologne (61 %), 45 % n'en ont qu'une vision floue et ils
demeurent de ce fait sceptiques quant à la valeur des diplômes de
premier cycle sur le marché du travail. Le document ne précise pas
le nombre de participants à cette enquête internationale publiée par
la Commission européenne, mais relevons tout de même la différence d'appréciation entre étudiants et enseignants; un tel con-
traste dans les points de vue ne peut que générer de l'insatisfaction

voire du mécontentement chez ceux qui s'attendent à ce que leurs professeurs aient un discours et des attitudes conformes aux objectifs de Bologne.

## Comment améliorer l'employabilité dans l'enseignement supérieur ?

C'est la question à laquelle essaie de répondre le groupe de travail sur l'employabilité dans le rapport présenté aux ministres de l'enseignement supérieur lors de la conférence de Louvain (Working group on employability, 2009). De « mini-enquêtes » menées fin 2007/début 2008 dans les pays participant au processus de Bologne ont permis de lister les principales préoccupations du public. Le rapport retient notamment de leur discours que l'augmentation du nombre de diplômés au cours des trois dernières décennies a créé, par comparaison aux offres d'emploi, un déséquilibre dans certains secteurs de l'économie. L'employabilité à la fin d'un premier cycle universitaire reste aléatoire ; ni les employeurs, ni les étudiants eux-mêmes ne jugent les qualifications adaptées pour l'emploi. Entreprises et universités collaborent rarement, parmi ces dernières certaines se demandent d'ailleurs dans quelle mesure elles doivent accepter d'inclure l'employabilité dans leurs missions. Partant de ces réflexions, le groupe de travail entreprend, à l'échéance des dix ans fixés pour créer l'EEES, de proposer pour la première fois une définition commune du mot employabilité !

« *The Bologna working group on employability defined employability as : the ability to gain initial meaningful employment, or to become self-employed, to maintain employment, and to be able to move around within the labour market* » (Bologna working group of European Higher Education in a Global Setting, 2009, p. 5). Cette définition, voisine de celle d'Hillage et Pollard (voir paragraphe, p. 58), correspond à une « employabilité durable » qui ne se limite pas à l'insertion professionnelle, mais inclut le fait de savoir conserver son emploi et d'être capable d'effectuer des transitions entre les emplois au sein du marché du travail. En outre, le premier emploi doit être « significatif », par opposition à un *job* d'étudiant ou un travail dit «alimentaire», et la possibilité de créer son propre emploi[6] est envisagée. Dans ce contexte la mission de l'université est tout d'abord de doter les étudiants des connaissances, compétences et qualifications[7] nécessaires pour intégrer le monde du travail, et ensuite de leur donner la possibilité de mettre à jour ces acquis et de continuer à se former durant toute leur période d'activité.

## Compétences relatives à l'employabilité des étudiants

Le groupe de travail préconise que durant leur cursus les étudiants acquièrent des compétences génériques, transférables dans une situation de travail, telles la résolution de problèmes, la capacité à travailler en autonomie, en équipe ou sans consignes précises, l'adaptabilité, la réflexivité, l'utilisation des TIC, la maîtrise de langues étrangères, etc. Il souligne l'importance d'une collaboration entre universités et entreprises afin d'identifier la manière dont les cours et les programmes peuvent donner aux étudiants l'occasion de développer des compétences relatives à l'employabilité.

### Compétences acquises durant le parcours universitaire

À l'université l'étudiant acquiert ou consolide des compétences transversales relatives à la maîtrise de l'expression orale et écrite, à la compréhension de situations complexes, au travail collaboratif et à la prise de décisions. Il apprend à s'adapter à divers outils, méthodes et situations de travail. Les compétences mises en action (Tardif, 1992) dans le cadre des études ne peuvent, selon Alava (1999), se concevoir isolées les unes des autres. Elles se classent en quatre catégories :

---

6. Le mot auto-entrepreneur, traduction littérale de l'anglais, est apparu récemment, officialisé par les aides publiques à la création d'entreprise. Il témoigne d'une volonté politique d'encourager cette démarche qui concorde avec la prise en compte de cette éventualité dans la définition proposée.
7. Dans le cadre du processus de Bologne, le terme connaissances correspond aux savoirs disciplinaires, celui de compétences aux savoirs transversaux, la qualification étant attestée par le diplôme.

■ des habiletés cognitives qui regroupent l'ensemble des tâches intellectuelles et matérielles nécessaires à la gestion des connaissances, à leur traitement cognitif et à la mémorisation de ces nouveaux savoirs (savoir s'organiser, savoir adapter ses méthodes aux différentes modalités d'enseignement, être capable de participer);

■ des habiletés documentaires et informationnelles pour réunir et traiter les informations nécessaires à l'apprentissage;

■ la capacité à gérer ses études (flux des cours, choix modulaires);

■ des compétences sociales (négocier sa place dans une nouvelle institution, un groupe, une collectivité).

Parmi ces compétences nécessaires à l'exercice du « métier d'étudiant », Coulon (2005) distingue la maîtrise de la recherche documentaire dont il a démontré l'effet positif sur la poursuite des études. Savoir tisser des liens sociaux avec d'autres pairs est essentiel; l'étudiant « doit découvrir les règles sociales implicites et entrer en interaction afin de participer à la co-construction de ces mêmes règles » (Alava, 1999, p. 11). C'est l'intégration personnelle et contextuelle d'un ensemble de techniques et d'habiletés qui va permettre au sujet de réaliser les tâches auxquelles il sera confronté au cours de sa formation, puis plus tard dans ses activités professionnelles.

## Conditions nécessaires au transfert de compétences

Selon Tardif (1999, p. 58), le transfert des apprentissages « fait essentiellement référence au mécanisme cognitif qui consiste à utiliser dans une tâche cible une connaissance construite ou une compétence développée dans une tâche source ». Pour les étudiants, il s'agit de réinvestir des apprentissages réalisés à l'université pour une action se situant dans un contexte professionnel. Cependant, la tâche exacte à réaliser n'est pas définie au départ; le sujet doit mettre à profit ce qu'il a appris pour identifier les éléments du problème et agir adéquatement en fonction de ceux-ci. Le transfert englobe ainsi la définition d'une tâche et sa réalisation. Cette dynamique ne dépend pas uniquement, loin s'en faut, des capacités individuelles des sujets mais également des pratiques pédagogiques et de l'environnement de travail.

Au niveau individuel, l'influence de la motivation à opérer le transfert a été démontrée (Axtell *et al.*, 1997; Tardif, 1999). Le sentiment d'efficacité personnelle (voir p. 48) est lui aussi un déterminant majeur de ce processus; plus les apprenants ont confiance en leur capacité à utiliser leurs nouvelles compétences et à lever les difficultés qui pourraient les en empêcher et plus le transfert est élevé (Devos *et al.*, 2006). Enfin, des attitudes positives envers l'activité professionnelle exercée (implication, perspectives de carrière) favoriseraient ce processus (Colquitt *et al.*, 2000).

La manière dont sont dispensés les enseignements influe aussi sur la « transférabilité » des acquis; il semble que les formations intégrant des techniques préparant au transfert (détermination d'objectifs précis; exemples de transfert possibles; identification des obstacles au succès du transfert; manière de surmonter ces obstacles) favorisent les applications ultérieures (Gist *et al.*, 1990; Richman-Hirsch, 2001). Tardif (1999) insiste sur l'importance pour les enseignants de bien connaître les processus constitutifs de la dynamique du transfert et les stratégies que les apprenants doivent mettre en œuvre afin de pouvoir en tenir compte dans la construction de leurs cours. Ces considérations et préconisations paraissent encore éloignées des réalités universitaires. Certes, le processus de Bologne encourage les « formations interdisciplinaires et le développement de compétences transférables » et prévoit que chaque cycle universitaire soit caractérisé par des « descripteurs fondés sur des résultats de formation[8] et des compétences » (Communiqué de Bergen, 2005, Communiqué de Louvain, 2009), mais les enseignements comme les examens restent en majorité centrés sur des savoirs disciplinaires.

---

8. Cette traduction française de « *learning outcomes* » n'est qu'approximative, aussi le communiqué de Louvain (« Communiqué de Louvain », 2009, p. 2) précise que « la notion de formation, liée à l'acte d'apprendre, est ici entendue dans son acception la plus large; les résultats (« *outcomes* ») s'apprécient en termes de connaissances, compétences et aptitudes ».

## Comment évaluer l'employabilité des étudiants ?

Puisqu'il entre désormais dans les attributions de l'université de veiller à l'employabilité des étudiants, il devient nécessaire pour les institutions de disposer d'outils permettant d'évaluer celle-ci. L'employabilité des étudiants est évaluée indirectement en fonction du taux d'insertion des diplômés. Une autre approche possible de l'employabilité consiste à se tourner vers les compétences sur lesquelles elles se fondent ; les compétences transférables transmises par les enseignements, mais également générées au contact des pairs sur le campus et le cas échéant au cours de stages en milieu professionnel participent à l'employabilité «durable» de l'étudiant ambitionnée par le processus Bologne. L'appréciation de ces compétences donnerait des indications essentielles sur le potentiel d'employabilité des étudiants. Mesurer les compétences relatives à l'employabilité s'avère toutefois malaisé ; il convient tout d'abord de les identifier – le groupe de travail sur l'employabilité missionné par le processus de Bologne encourage un travail collaboratif entre les universités et les entreprises – puis de choisir le cadre et les modalités de l'évaluation.

### A. LA MISE EN SITUATION PROFESSIONNELLE

Pour évaluer les compétences des étudiants, les formations professionnalisantes (formation en soins infirmiers par exemple) ont recours à des mises en situation lors de stages obligatoires. Ce type de pratiques s'avère difficilement généralisable sur une grande échelle (nombre d'étudiants élevé, coût pour l'entreprise, coût pour l'institution). L'évaluation peut aussi être confiée directement à l'entreprise qui accueille le stagiaire, mais sans garantie de la fiabilité du résultat (personnel non formé, plus ou moins impliqué dans ce travail supplémentaire, multiplicité des évaluateurs rendant les comparaisons impossibles), sans compter que de nombreux cursus n'intègrent pas de période de stage en premier cycle.

### B. L'AUTO-ÉVALUATION

À partir du «profil des Compétences relatives à l'employabilité 2000+», une équipe de chercheurs canadiens a créé, dans le cadre d'une étude auprès de jeunes diplômés, un outil qui permet d'établir un score d'employabilité (Lin *et al.*, 2003). L'évaluation se base sur la mesure de la possession, de l'acquisition et l'exploitation de six compétences relatives à l'employabilité : la possession reflète la conviction qu'ont les diplômés de posséder ces compétences, l'acquisition se réfère au sentiment qu'ils ont acquis ces compétences grâce à leurs études universitaires, l'exploitation se rapporte aux occasions d'appliquer ces compétences dans leurs tâches ou emploi actuels. Pour chaque compétence l'étudiant est invité à noter, sur une échelle allant de un à quatre, ses degrés de possession, d'acquisition et d'exploitation. Les scores offrent de multiples possibilités d'analyse selon que l'on s'intéresse au score synthétique d'employabilité, à celui de chaque compétence, etc.

## C. Le portefeuille de compétences

Le portefeuille de compétences ou *portfolio* est un outil bien connu dans le cadre de l'enseignement secondaire. Il se présente fréquemment sous forme d'un classeur rassemblant des traces d'apprentissages concernant une tâche donnée (par exemple direction d'un groupe de pairs dans le cadre d'un travail collaboratif), sélectionnées et organisées par l'étudiant pour rendre compte de sa progression. Le travail réflexif initié par cette réalisation permet à l'apprenant de prendre conscience des compétences acquises comme de celles à améliorer, et l'aide surtout à les formaliser afin de pouvoir les « dire » à autrui. Le *portfolio* autorise en outre une évaluation par l'enseignant, grâce à une discussion avec l'étudiant sur la base du document produit.

Cette démarche exige, pour être efficace, l'entière adhésion du sujet qui accepte de rendre des comptes sur son processus d'apprentissage – et pas seulement sur les résultats – et de porter un regard critique sur celui-ci. Cet outil a été utilisé avec succès dans le cadre de l'évaluation d'élèves ingénieurs en Belgique (Postiaux *et al.*, 2005).

L'intérêt croissant porté aux compétences transférables des étudiants ne doit pourtant pas faire perdre de vue que l'employabilité dépend de multiples facteurs ; les variables environnementales liées aux conditions de vie et d'études des apprenants comme leur ressenti à ce sujet nécessitent d'être prises en considération. Une étude menée au Luxembourg auprès d'étudiants inscrits en troisième année du premier cycle en sciences sociales et éducatives permet d'évoquer l'existence d'un lien entre une acquisition moindre des compétences relatives à l'employabilité et une moins bonne qualité de vie (Amara & Alzahouri, 2008). Parallèlement, dans une enquête menée auprès de jeunes Suédois, la qualité de vie des étudiants apparaît comme moins bonne que celle des jeunes travailleurs du même âge (Vaez *et al.*, 2004). L'auteur met ces résultats en relation avec les pressions liées à la vie universitaire, en particulier les choix de carrière. Les étudiants de première année sont particulièrement exposés ; ils doivent s'adapter à leur nouvel environnement (social et d'apprentissage) et, dans le même temps, faire face aux attentes – de leur famille comme de l'institution – en matière de réussite aux examens et aux interrogations concernant leur avenir professionnel (Disch *et al.*, 2000). Ces multiples exigences peuvent alors inciter les plus fragiles à un abandon prématuré des études.

## chapitre 4

# Le décrochage universitaire

L'obtention d'un diplôme de fin d'études secondaires, délivré à l'issue de formations qui préparent à suivre des études supérieures, est devenue la norme dans la plupart des États-membres de l'Union européenne, et l'université s'est ouverte à un large public. Les élèves sont doublement encouragés à poursuivre leurs études, par leurs parents soucieux d'assurer leur employabilité d'une part et par les gouvernements affichant une double volonté de compétitivité et d'équité sociale d'autre part. Dans un contexte de marché scolaire et avec l'avènement de la société du savoir, les diplômes sont valorisés, « aller à l'université n'est même plus une ambition, mais une nécessité sociale » (Romainville, 2000, p. 60). De nombreux élèves s'engagent alors dans l'enseignement supérieur sans préparation ni réelle vocation, n'obtiennent pas ce qu'ils souhaitent de l'université et finissent par en sortir sans diplôme ni qualification.

## 1. Décrochage : un mot nouveau pour des réalités anciennes

### Décrochage et décrocheurs

Le vocable décrochage désigne à la fois le processus qui mène le jeune à quitter l'établissement avant d'avoir validé le cursus dans lequel il est engagé et le résultat, c'est-à-dire l'abandon des études, par exemple lorsqu'on calcule un taux de décrochage. Cette notion, proche de celle de déscolarisation, est plus volontiers mobilisée lorsqu'il est question d'élèves ayant dépassé l'âge de la scolarité obligatoire. La légitimité de leur décision n'est pas remise en cause, mais l'accent est mis sur les critères de ce choix – en particulier les pressions subies – et les conséquences d'une sortie sans diplôme du système scolaire (Janosz & Leblanc, 1996; Janosz *et al.*, 1998). Par glissement, sont qualifiés de décrocheurs universitaires, les étudiants qui abandonnent leur cursus avant la fin du premier cycle et l'obtention de l'examen le sanctionnant (licence, bachelor, etc.).

L'usage du mot décrochage dans le contexte scolaire ou universitaire est tellement répandu qu'on en oublie sa récente apparition. Au Québec, où il a vu le jour, ce terme est utilisé depuis quelques décennies par les autorités publiques – il serait apparu dans les années 1980 – et le nombre de «décrocheurs» fait l'objet d'un recensement annuel dans chaque établissement d'enseignement secondaire comme post-secondaire depuis 1990 (Assemblée Nationale, 2009). En Europe, la montée en force de ces expressions dans les textes officiels comme leur apparition dans les journaux ou à la télévision témoigne d'un regain d'intérêt pour ce qu'on appelait jusqu'à peu l'abandon des études (Esterle-Hedibel, 2006).

## Le décrochage dans l'Union européenne

### Une préoccupation liée au contexte socio-économique

Si le mot est nouveau, le décrochage ne l'est pas, loin s'en faut, cependant jusqu'à la fin des années 1970, ce phénomène n'était en Europe un centre d'intérêt majeur ni pour les politiques publiques, ni pour les institutions. Selon Glasman (2000, 2003), l'émergence de cette thématique est liée à une pluralité d'éléments caractérisant le contexte des années 1980/1990, notamment les difficultés d'insertion sociale et professionnelle des jeunes non qualifiés et le renforcement de la scolarisation de masse jusqu'à un âge avancé. Le marché du travail a longtemps pu offrir un emploi aux jeunes qui sortaient sans diplôme du système éducatif, l'insertion professionnelle étant moins liée au niveau scolaire qu'à la volonté de travailler. Sans conséquence directe sur la probabilité de chômage, l'abandon des études était moins visible socialement et n'était pas perçu avec la même gravité qu'aujourd'hui. En parallèle, les gouvernements de l'UE ont voulu, dans un désir d'équité sociale et pour faire face aux nouveaux besoins de l'économie, élever le niveau général de qualification et démocratiser l'enseignement. Dans ce contexte, la lutte contre l'échec scolaire – et quitter l'école sans diplôme est considéré comme tel – est devenue une priorité européenne, ainsi l'un des objectifs de la stratégie de Lisbonne est de protéger les jeunes du décrochage pour leur éviter d'être «en marge de la société de la connaissance» (Conseil de l'Union européenne, 2004).

## Classification internationale type de l'éducation

Afin de faciliter la compréhension du lecteur, il convient de rappeler les codes adoptés au niveau international pour décrire les parcours scolaires et universitaires des individus. La Classification internationale type de l'éducation (CITE) est l'instrument officiel proposé par l'UNESCO pour la collecte des statistiques sur l'éducation au niveau international (UNESCO, 2006). Elle couvre deux variables de classification croisées: les domaines d'études et les niveaux d'enseignement, des distinctions supplémentaires étant effectuées en fonction de l'orientation (générale, professionnelle, préprofessionnelle) et de la transition vers le marché du travail. La version actuelle comprend sept niveaux d'enseignement allant de CITE 0 à CITE 6:

- éducation préprimaire (CITE 0);
- enseignement primaire (CITE 1);
- enseignement secondaire inférieur (CITE 2);
- enseignement secondaire supérieur (CITE 3);
- enseignement postsecondaire non supérieur (CITE 4);
- premier cycle de l'enseignement supérieur (CITE 5);
- deuxième et troisième cycles de l'enseignement supérieur (CITE 6).

Concernant l'enseignement supérieur, précisons que la condition minimale d'admission au niveau CITE 5 (entrée à l'université par exemple) est d'avoir achevé avec succès le niveau 3. Le niveau CITE 5 se divise en deux catégories: le niveau 5A regroupe les programmes qui sont fondés sur la théorie et préparent à la recherche (histoire, philosophie, mathématiques, etc.) ou qui permettent d'accéder à des professions exigeant de hautes compétences (médecine, pharmacie, architecture, etc.) ; le niveau 5B correspond aux programmes techniques préparant à un métier précis. Le niveau CITE 6 est réservé aux programmes d'enseignement supérieur qui conduisent à l'obtention d'un titre de chercheur hautement qualifié.

## Panorama européen

Les États membres de l'UE considèrent comme décrocheur scolaire tout individu âgé de 18 à 24 ans qui n'a pas de diplôme de l'enseignement secondaire supérieur (CITE 2) et ne suit aucun programme éducatif pour le moment (Youth Forum Jeunesse, 2008). Toutefois, les parcours éducatifs sont plus individualisés et dynamiques qu'autrefois et le nombre de personnes dans cette situation reste difficile de quantifier ; être inscrit dans une formation n'implique pas nécessairement d'être assidu et inversement quitter l'école n'exclut pas de passer un examen en « candidat libre » ou de s'y réinscrire plus tard.

Selon les données Eurostat[1] (2010), un jeune européen sur six – 14,9 % des 18-24 ans – entrent dans la catégorie des « décrocheurs ». Une analyse rapide fait apparaître des disparités entre les chiffres qui varient de 5 % pour la Pologne à 39 % pour Malte ; le Portugal (35,4 %) et l'Espagne (31,9 %) et dans une moindre proportion l'Italie (19,7 %) dépassent la moyenne des 27 pays de l'UE. Toutefois, en l'absence de données précises sur les systèmes d'enseignement et en particulier l'âge où prend fin l'obligation scolaire, toute comparaison demeure hasardeuse.

Dans la grande majorité des pays européens, l'enseignement obligatoire à temps plein dure neuf ou dix ans – onze années au Luxembourg, à Malte, en Angleterre, au Pays de Galles et en Écosse, douze années aux Pays-Bas et en Irlande du Nord, et treize années en Hongrie – et se poursuit au moins jusqu'à l'âge de 15

---

1. Eurostat est l'Office statistique de l'Union européenne. Basé à Luxembourg, il est chargé de fournir à l'UE des statistiques au niveau européen permettant des comparaisons entre les pays et les régions.

ou 16 ans. Les parcours scolaires sont généralement identiques pour tous les jeunes jusqu'à la fin du secondaire inférieur, c'est-à-dire jusqu'à 14 ou 15 ans. Au cours de ces dernières années, des réformes visant à réduire les taux d'abandon scolaire ont été entreprises dans plusieurs pays. La scolarité obligatoire à temps plein a ainsi été prolongée d'un an à Chypre et en Pologne (soit respectivement jusqu'à 15 ans et 18 ans) depuis 2004/2005 et au Danemark depuis 2008 (16 ans), ceci étant peut-être un élément explicatif de la performance de la Pologne. Depuis l'année scolaire 2007/2008, les élèves d'Italie et des Pays-Bas doivent rester dans le système scolaire jusqu'à l'obtention d'un certificat de base (Commission européenne, 2009).

Dans le cadre du processus de Lisbonne, les États membres de l'UE font du décrochage scolaire une priorité pour 2020. Afin de contribuer à faire en sorte qu'un nombre maximal d'apprenants achèvent leur cursus d'éducation et de formation, ils se fixent pour objectif d'atteindre à cette échéance une proportion de jeunes en décrochage scolaire inférieure à 10 % (Conclusions du Conseil concernant un cadre stratégique pour la coopération européenne dans le domaine de l'éducation et de la formation – éducation et formation 2020, 2009).

## Genèse du décrochage

Le décrochage se construit entre l'institution et les individus, c'est un processus de désadhésion progressive par rapport au système (Blaya & Hayden, 2004) qui aboutit à une démobilisation, c'est-à-dire à un renoncement aux efforts nécessaires pour poursuivre les apprentissages et/ou pour passer un examen avec un espoir raisonnable de réussite (Guigue, 1998). Au contraire de la démission ou de l'exclusion qui actent pour la première le départ volontaire de l'individu, pour la seconde le renvoi de celui-ci par une autorité compétente, la sortie de l'institution ne fait pas nécessairement l'objet d'une information explicite.

Selon Broccolichi (1999), l'abandon final procède d'un décrochage cognitif qui peut être antérieur et s'être développé de façon silencieuse, voire insidieuse. Le jeune ne manifeste pas de signes de rejet de l'institution (indiscipline, absentéisme, incivilités), c'est au contraire celle-ci qui entérine l'écart entre les demandes des enseignants et la culture des élèves (culture de référence, langage, comportements), faisant de ces derniers des « exclus de l'intérieur » (Bourdieu & Champagne, 1992). Pour Bautier (2003), le décrochage scolaire est l'aboutissement d'une accumulation de difficultés hétérogènes ; c'est l'interaction à un moment donné de facteurs, certes de registres (social, cognitif, langagier, subjectif), mais en relation étroite chez l'individu concerné, qui enclenche cette dynamique.

## Les déterminants du décrochage

Le décrochage est le résultat d'un cumul de situations : scolaires, relationnelles, sociales et/ou personnelles. Les frontières du phénomène sont difficiles à distinguer, la même logique fabriquant les décrocheurs et les non décrocheurs (Glasman, 2000). Identifier les éléments favorisant l'apparition de troubles ou difficultés chez des individus dans un contexte donné permet toutefois de mieux renseigner et orienter l'intervention. Cette approche par facteurs de risque, interprétée à tort comme une approche déterministe, est la plus usitée (Fortin *et al.*, 2006). Il ne s'agit pas de stigmatiser des sujets « à risque » mais plutôt de tenter d'isoler des facteurs de protection, des éléments en mesure de prévenir l'apparition du problème étudié et/ou permettant la résilience chez certains sujets (Blaya, 2007). Facteurs de risque ou de protection ne doivent pas être traités isolément car ils interagissent et se combinent entre eux, la difficulté est de déterminer ces différentes combinaisons afin de préciser les actions souhaitables (Small & Luster, 1994).

Bien que les problèmes de délinquance soient fréquemment mis en exergue, seuls 7 % des décrochages y seraient liés (Pain 2000). À l'inverse de bons résultats scolaires auraient une influence positive sur des conduites déviantes (violence, consommation de drogues, fugues, tentatives de suicide, etc.) qui vont de pair avec l'abandon (Ballion, 1999). Parmi les déterminants du décrochage, les difficultés d'apprentissage sont fréquemment évoquées. Elles se traduisent par une moindre participation aux activités scolaires, peu d'attention en classe, un fléchissement de l'assiduité (Millet & Thin, 2005) et une valorisation du travail rémunéré par rapport aux études (Bushnik, 2003). L'absentéisme est plus marqué chez les sujets ayant redoublé plusieurs fois comme parmi ceux qui se considèrent comme de « mauvais élèves » et vivent une contradiction entre une forte envie de réussir et le sentiment de ne pas avoir les moyens d'y parvenir. Il résulte parfois d'une orientation ressentie comme stigmatisant ou peu valorisante (sections technique ou professionnelle, choix ne correspondant pas aux aspirations de l'élève ou des parents, etc.) ou d'une perte de confiance dans l'école, notamment lorsque les parents ou les aînés doivent accepter des emplois peu qualifiés après de longues études (Assemblée Nationale, 2009).

L'influence de facteurs sociaux n'est plus à démontrer, notons parmi ceux-ci : vivre dans une famille désunie ou désorganisée ; avoir des parents au chômage, bénéficiaires des minima sociaux, en invalidité, en longue maladie ou contraints à une mobilité source de déménagement et/ou de ruptures ; rencontrer des difficultés d'intégration (notamment familles immigrées) ; avoir un faible support familial pour les devoirs (parents peu scolarisés ou ayant une vision négative de l'école), etc. (Fortin *et al.*, 2006).

Enfin, les violences subies, en particulier au sein de l'établissement – y compris la maltraitance dite institutionnelle – ou à proximité (racket, coups, insultes, humiliations, etc.) figurent parmi les premières causes de souffrance dont le décrochage est une expression (Assemblée Nationale, 2009).

## Le vocabulaire du décrochage

Avec le développement de la thématique du décrochage, de nouveaux mots émergent dans le discours des pédagogues, soucieux de comprendre et d'expliquer ce phénomène, comme des administratifs qui s'efforcent de le quantifier. Les termes employés et leur filiation diffèrent sensiblement en fonction de l'origine du discours et des objectifs visés.

## Des mots venus du Canada

Comme souligné précédemment, le mot «décrochage» tend à remplacer, dans la littérature scientifique comme dans les écrits professionnels ou les médias, celui d'abandon. D'aucuns critiqueront l'influence des écrits canadiens ou un phénomène de «contagion verbale». On peut aussi n'y voir qu'une forme d'asepsie verbale consistant à éviter un mot connoté négativement (abandon d'enfant, jardin à l'abandon, abandon de poste, etc.). Mais il semblerait que l'évolution du vocabulaire signe un déplacement du regard sur l'action même de quitter l'institution et sur celui qui la commet: l'abandon est volontaire et définitif alors que le décrochage peut être involontaire; même si l'auteur en demeure responsable, il peut – à l'image d'un alpiniste – avoir commis une «fausse manœuvre» ou une erreur de parcours. Il lui sera possible de rectifier sa trajectoire et de «raccrocher», terme de plus en plus utilisé dans le domaine de l'enseignement[2]. Soulignons que l'utilisation du vocable décrocheur a également fait l'objet de critiques, ce mot tendrait en effet «à individualiser le phénomène et adopter une démarche de stigmatisation» (Blaya & Hayden, 2003, p. 6).

S'ils sont peu usités en Europe, les termes «persévérance» ou «persistance» – qui désignent la poursuite d'un programme d'études en vue de l'obtention d'une reconnaissance des acquis (diplôme, certificat, attestation d'études, etc.) – et «persistant» – qui qualifie le sujet qui continue sa scolarité – n'en sont pas moins éloquents. Ces mots induisent la durabilité, mais aussi la ténacité, la constance, la patience voire l'obstination, ils laissent entendre que le parcours de l'apprenant est long et semé d'embûches. Le terme «persistants» est d'ailleurs employé en botanique pour qualifier les arbres dont le feuillage résiste aux intempéries de l'hiver. Comme eux les élèves (ou les étudiants) persistants savent surmonter les difficultés et trouvent dans leur environnement les ressources pour se développer et atteindre leurs objectifs. Pour filer la métaphore, les décrocheurs seraient les arbres dont les feuilles tombent, plus précisément ceux qui «laissent tomber» la

---

2. Pour exemple, un DVD intitulé «Élèves décrocheurs / raccrocheurs» a été édité par le Centre régional de documentation pédagogique (CRDP) des Pays de la Loire (2008).

formation ou, selon le point de vue, ceux que le système «laisse tomber».

Si les scientifiques optent pour un vocabulaire imagé qui rend compte de leur volonté de comprendre et de décrire le comportement des apprenants en évitant la discrimination, les responsables institutionnels empruntent le leur à l'économie.

## L'influence du monde de l'entreprise

L'analyse statistique du décrochage s'appuie sur un vocabulaire économique: taux d'attrition, de rétention et de survie caractérisent l'efficacité interne d'un système d'éducation. Pour une entreprise, l'attrition exprime la déperdition de clients sur une période donnée, à l'inverse la rétention correspond à la fidélisation de ceux-ci. Le taux de survie des entreprises à $n$ années est la proportion d'entreprises créées (y compris reprises) une année donnée qui ont atteint leur $n^e$ anniversaire. Par analogie, dans le domaine de l'enseignement, le taux d'attrition représente le pourcentage de décrocheurs sur une période donnée (en général une année) par rapport au nombre total d'élèves (ou d'étudiants) au début de cette période. Le taux de rétention est le pourcentage d'élèves (ou d'étudiants) persistants sur une période donnée. Enfin, le taux de survie par année d'étude est le pourcentage d'une cohorte d'élèves (ou étudiants) inscrits dans la première année d'un cycle qui atteint les années successives d'études. Il illustre la situation relative à la rétention d'élèves (ou étudiants) d'une année d'études à l'autre, et inversement la magnitude d'abandon par année d'études. Un taux de survie approchant 100 % indique un niveau élevé de rétention et une faible fréquence des cas d'abandon.

Les expressions mises en œuvre montrent que les décideurs institutionnels – sans doute influencés par les critères d'excellence imposés par les processus de Bologne et de Lisbonne – entendent adopter un fonctionnement de type entrepreneurial et raisonner en termes d'efficacité, de performance, de rentabilité. Mais les apprenants (et leurs parents) sont-ils considérés comme des clients dont on doit assurer la satisfaction? Les mots employés ne suggèrent-ils pas qu'il s'agit surtout de les «retenir» dans un environnement qui peut être perçu comme hostile par les plus fragiles, plutôt que d'assurer une certaine qualité de vie au sein de l'établissement?

## 2. Le décrochage universitaire : une préoccupation récente

### Pourquoi lutter contre le décrochage universitaire ?

L'abandon des études universitaire ne rentre pas *stricto sensu* dans la définition européenne du décrochage puisque l'entrée à l'université est conditionnée par la possession d'un diplôme de l'enseignement secondaire supérieur. Cependant, les pouvoirs publics qui s'étaient dans un premier temps focalisés sur la démocratisation de l'accès aux études supérieures et l'accroissement des effectifs en premier cycle, se concentrent maintenant sur l'accompagnement jusqu'au diplôme. Le rapport *Regards sur l'éducation* de l'OCDE (2009) confirme que l'élévation du niveau de formation ouvre davantage l'accès à l'exercice de professions qualifiées ; en moyenne, dans les pays de l'OCDE, environ 25 % des individus qui ne sont pas titulaires d'un diplôme de fin d'études tertiaires réussissent à trouver un emploi qualifié, alors que plus de 80 % de ceux qui le sont (niveaux CITE 5 ou CITE 6) y parviennent. Les jeunes diplômés en particulier gardent de bonnes chances de trouver un emploi correspondant à leurs qualifications en Hongrie, au Luxembourg, aux Pays-Bas, en Slovaquie, en République Tchèque et en Slovénie. Dans ces pays, 85 % au moins des diplômés de l'enseignement supérieur âgés de 25 à 34 ans occupent un emploi qualifié, ce qui montre que leur profil reste demandé.

La raison majeure évoquée par les gouvernements pour justifier les actions entreprises dans le but d'améliorer la persistance universitaire est relative à l'avenir professionnel des étudiants : quitter l'université sans avoir validé un cursus complet hypothèque leurs chances d'une insertion réussie sur le marché du travail. L'enquête *Génération 2004* du Centre d'études et de recherches sur les qualifications (Céreq) montre par exemple que si 44 % des jeunes Français sortant sans diplôme de l'université ont eu un accès rapide et durable à l'emploi, 17 % d'entre eux étaient encore au chômage trois ans après leur sortie, contre 7 % des diplômés (Calmand & Hallier, 2008). En parallèle, le corps enseignant déplore une perte de temps et d'énergie dans des efforts vainement déployés pour soutenir la persévérance des étudiants. Du point de vue de l'université, la réduction des effectifs liée aux abandons se traduit par une perte financière et de mauvais résultats en termes statistiques (Coulon, 2005). Pour la société, enfin, des taux d'attrition élevés signifient une perte de potentiel en matière de productivité et de compétitivité qui va à l'encontre des objectifs de l'agenda de Lisbonne.

## Statistiques européennes

### De la difficulté d'étudier le décrochage

Si le décrochage universitaire fait partie des préoccupations majeures des universités, ce phénomène est difficile à mesurer ; il est en effet malaisé de distinguer abandon et poursuite prolongée du cursus, le taux d'attrition étant pour plus de facilité associé au complément mathématique du taux de survie c'est-à-dire comme le pourcentage d'une cohorte d'étudiants inscrits dans la première année d'un cycle qui n'atteint pas les années successives d'études dans les délais prévus. Le chiffre obtenu correspond, non pas aux décrocheurs seuls, mais aux décrocheurs effectifs et aux redoublants. Par ailleurs, la durée théorique des études de premier cycle variant d'un pays à l'autre et, au sein d'un même pays, entre les différents programmes, toute comparaison doit être effectuée avec précaution. Les chercheurs sont de plus confrontés à la difficulté de se procurer des données européennes ou nationales récentes sur ce sujet. Les dernières statistiques officielles publiées concernent en effet l'année universitaire 2003/2004 (Commission des Communautés européennes, 2007), la base de donnée d'Eurostat[3]

---

3. http://epp.eurostat.ec.europa.eu/portal/page/portal/education/data/database.

fournit des chiffres de 2005 (dernière mise à jour le 03/05/2010), de même que la dernière publication de l'OCDE sur l'éducation (2009). Enfin, à l'échelon local, les universités sont réticentes à fournir ce type d'informations (Tremblay, 2005).

## Analyse des données disponibles

Dans le premier cycle de l'enseignement supérieur, le taux d'attrition ou de retard présente de grandes variations entre les pays et, dans chaque pays, selon le type de programme (CITE 5A ou 5B). Si l'on considère uniquement les pays dont les chiffres de 2005 sont accessibles (Tableau 3, p. 99), le pourcentage d'étudiants n'arrivant pas au terme de leurs études type CITE 5A est de 27.9 % dans l'UE et 28.8 % parmi les participants au processus de Bologne[4]. Pour comparaison la moyenne des pays de l'OCDE est de 31.1 %. Ces chiffres, au demeurant proches, ont tendance à gommer des disparités importantes : les valeurs vont pour l'Europe de 13 % à Malte à 54.7 % en Italie, le taux international le plus faible (9 %) étant détenu par le Japon. Ainsi, dire qu'un tiers des étudiants européens n'achèvent pas leur cursus universitaire est une approximation courante, mais erronée. De plus, il convient d'être prudent dans les comparaisons entre pays : les taux d'attrition ne peuvent être considérés seuls, mais doivent être rapportés aux différents taux d'accès à l'université c'est-à-dire à la probabilité de voir les individus entamer une formation de ce niveau. Moins l'accès est sélectif, plus des jeunes d'horizons divers sont encouragés à s'inscrire pour une première année dans l'enseignement supérieur à l'issue de parcours les y préparant plus ou moins bien, ce qui multiplie les risques d'abandon. Deux pays peuvent afficher des taux d'attribution identiques (Grèce et Royaume Uni par exemple), mais des taux d'accès différents (respectivement 43 et 51) ; ce qui doit les amener à adopter des stratégies différentes pour améliorer leur efficience interne.

Au sein de chaque pays, les taux de survie aux niveaux CITE 5A et CITE 5B sont globalement semblables, mais dans des pays

---

4. Les chiffres 2005 sont disponibles pour 24 (sur 30) pays de l'OCDE, 24 (sur 27) pays de l'UE et 30 (sur 46) pays du processus de Bologne.

| Pays | Taux d'accès à l'université ( %) | Taux d'attrition ( %) |
|---|---|---|
| Allemagne | 36 | 23 |
| Autriche | 37 | 29 |
| Belgique | 33 | 24 |
| Bulgarie | m | 20 |
| Chypre | m | 14 |
| Danemark | 57 | 20 |
| Espagne | 43 | 26 |
| Estonie | 55 | 33 |
| Finlande | 73 | 28 |
| France | m | 36 |
| Grèce | 43 | 21 |
| Hongrie | 68 | 43 |
| Irlande | 45 | 17 |
| Italie | 56 | 55 |
| Lituanie | m | 27 |
| Malte | m | 13 |
| Pays-Bas | 59 | 29 |
| Pologne | 76 | 37 |
| Portugal | m | 27 |
| République Tchèque | 41 | 32 |
| Royaume-Uni | 51 | 21 |
| Slovaquie | 59 | 30 |
| Slovénie | 40 | 36 |
| Suède | 76 | 31 |
| **Moyenne UE\*** | **53** | **28** |
| Anc. Rép. Yougoslave de Macédoine | m | 48 |
| Turquie | 27 | 26 |
| Islande | 74 | 34 |
| Norvège | 76 | 33 |
| Suisse | 37 | 30 |
| Fédération de Russie | 40 | 21 |
| **Moyenne participants Bologne\*** | **52** | **29** |
| Canada | m | 25 |
| États-Unis | 64 | 44 |
| Japon | 44 | 9 |
| Australie | 82 | 28 |
| Nouvelle Zélande | 79 | 39 |
| **Moyenne OCDE\*** | **55** | **31** |

**TABLEAU 3 : Taux d'accès et d'attrition au niveau CITE 5A pour l'année 2005**
m  données non disponibles
\*   moyennes calculées sur les données disponibles
Sources : base de données Eurostat (2010) & OCDE (2009)

comme la Grèce ou la Lituanie, le pourcentage d'étudiants diplômés dans les délais théoriquement prévus (par exemple licence ou bachelor en trois ans) est bien supérieur au niveau CITE 5B qu'au niveau CITE 5A. La situation est inverse en ce qui concerne le Royaume-Uni et Chypre (Tableau 4, p. 101). Ainsi le pourcentage de d'abandons ne semble pas directement lié aux perspectives professionnelles qu'offre le diplôme, mais plus au contexte national et à la proportion d'étudiants qui s'engage dans chaque type de formation. Au sein même d'un pays, une vigilance s'impose quant aux statistiques sur l'enseignement supérieur et à leur interprétation ; on ne peut parler globalement du décrochage universitaire, il est important de préciser à quelle formation et à quel public on s'intéresse.

Les statistiques internationales sont en mesure d'orienter les réflexions des décideurs, mais la lutte contre décrochage universitaire ne peut se résumer à quelques mesures si pertinentes soient-elles. Quitter l'université est avant tout un choix personnel et multifactoriel, c'est une prise de risque à recontextualiser dans le cadre de la fin de l'adolescence. Si l'environnement universitaire joue un rôle indéniable dans cette décision, les étudiants invoquent de nombreuses causes d'ordre personnel, familial, économique, etc.

## Causes d'abandon des études supérieures

Comme chez les écoliers, le décrochage est rarement soudain et relève davantage du processus que de l'événement ; entre le moment où les étudiants entrent dans un cursus et celui où ils abandonnent définitivement l'université, il peut s'écouler des mois voire des années (Gury, 2007). Il ne s'agit pas d'une décision brutale, c'est le résultat d'un désengagement progressif dont les causes sont multiples : les uns prennent conscience qu'ils se sont trompés de domaine ou de filière, ou encore découvrent que les formations proposées ne sont pas à la hauteur de leurs attentes et/ou de leurs aspirations professionnelles ; d'autres, notamment dans les filières dont les critères d'accès sont les moins sélectifs, réalisent qu'ils n'ont pas le niveau exigé par l'établissement ; enfin, face à la

| Pays | CITE 5A | | CITE 5B | |
|---|---|---|---|---|
| | Taux d'accès (%) | Taux de survie (%) | Taux d'accès (%) | Taux de survie (%) |
| Allemagne | 37 | 73 | 15 | 79 |
| Autriche | 37 | 65 | 9 | m |
| Belgique | 34 | 74 | 35 | 85 |
| Bulgarie | m | 80 | m | 71 |
| Chypre | m | **86** | m | 49 |
| Espagne | 44 | 74 | 22 | 79 |
| Estonie | m | 52 | m | 59 |
| France | m | 64 | m | 78 |
| Grèce | 35 | 79 | 24 | **98** |
| Irlande | 44 | 84 | 17 | 69 |
| Italie | 55 | 88 | 1 | m |
| Lituanie | m | 73 | m | **95** |
| Lettonie | m | 45 | m | 48 |
| Malte | m | 87 | m | 80 |
| Pays-Bas | 56 | 76 | m | m |
| Pologne | 71 | 66 | 1 | 74 |
| Portugal | m | 68 | m | 58 |
| Rép. tchèque | 38 | 65 | 10 | 61 |
| Royaume-Uni | 52 | **78** | 28 | 53 |
| Slovaquie | 47 | m | 2 | 77 |
| Slovénie | m | 63 | m | 62 |
| Suède | 79 | 60 | 8 | 68 |

**TABLEAU 4 : Taux d'accès et de survie au niveau CITE 5A pour l'année 2004**
m  données non disponibles
Sources : Chiffres clés de l'enseignement supérieur en Europe (2007) & OCDE (2009)

longueur des études, le besoin ou l'opportunité d'un emploi salarié peuvent pousser à décrocher (OCDE, 2009).

En France, une enquête qualitative réalisée auprès de soixante étudiants ayant décroché entre 2002 et 2006 donne un éclairage sur les causes de leur défection (Beaupère & Boudesseul, 2009). Certains ont choisi cette orientation par défaut, en fonction de représentations erronées de la discipline et sans se préoccuper du contenu des enseignements ni même des débouchés. Le travail universitaire, ses exigences et la liberté apparente que laisse l'emploi du temps sont aussi évoqués; il leur a été difficile de repérer les codes, d'identifier les tâches à réaliser et de développer des méthodes de travail adaptées. Le dernier motif de décrochage touche aux activités extra-universitaires qui concurrencent les études: activités culturelles ou sportives, mais surtout salariat. Celui-ci se substitue progressivement et insidieusement aux études quand les étudiants prennent conscience de l'indépendance financière et de l'autonomie qu'il procure vis-à-vis des parents d'une part et d'autre part, de la difficulté de concilier travail universitaire et emploi. Il constitue une voie de secours en cas d'échec aux examens.

Aux causes directement liées à l'expérimentation de la vie d'étudiant, et qui peuvent d'ailleurs se combiner entre elles, il convient d'ajouter les contraintes économiques et la nécessité de travailler (Callender & Kemp, 2000; Davies & Elias, 2003; Long & Hayden, 2001), sans oublier l'influence des facteurs personnels (santé physique ou mentale), interpersonnels (isolement social, rejet des pairs), environnementaux (niveau socio-économique, influence de la communauté), familiaux (désunion, isolement, attitudes des parents face aux études), etc. Les recherches menées sur les conditions d'accès aux études supérieures, les raisons et les facteurs d'abandon (Christie *et al.*, 2004; Conway, 2001; Legendre, 2003) ou encore la persévérance des étudiants (Bourdages, 2001) mettent en évidence l'influence du type de formation et de scolarité (temps plein ou partiel), du sexe, de l'âge lors de la première inscription, du diplôme d'enseignement secondaire obtenu, de l'origine géographique et de la position sociale des parents. Le décrocheur type serait un étudiant de sexe masculin, dont les parents n'ont pas fait d'études supérieures, plus âgé que la moyenne des étudiants, titulaire d'un diplôme de fin d'études secondaires professionnel ou technique, inscrit dans un établissement universitaire et suivant une scolarité à temps partiel.

## Taxonomie des décrocheurs

Nombre de chercheurs ont tenté de catégoriser les décrocheurs scolaires ; parmi les classifications proposées, une des plus citées est celle de Janosz (Janosz *et al.*, 2000) qui identifie quatre types de décrocheurs en fonction de la nature et de l'intensité des difficultés scolaires, et de leur adaptation psychosociale : Les «décrocheurs inadaptés» se caractérisent par une situation d'échec scolaire, des problèmes de comportement et un faible soutien familial. Ils affichent de l'indifférence vis-à-vis de leurs résultats, ont une attitude négative, sont sujets à l'absentéisme et consomment de l'alcool et d'autres drogues. Les «décrocheurs discrets ou silencieux» ont un profil proche de ceux qui obtiendront leur diplôme car ils sont engagés dans leurs apprentissages, mais ils éprouvent des difficultés et ont un faible rendement. Les «décrocheurs désengagés» n'ont pas de problèmes comportementaux, leurs résultats sont dans la moyenne, mais ils n'aiment tout simplement pas l'école. Les «décrocheurs sous-performants» sont aux prises avec des problèmes d'apprentissage. Ils se disent désengagés de leur scolarisation et fréquentent l'école pour passer le temps. Si on peut retrouver les mêmes comportements chez les étudiants, une telle typologie ne peut réellement rendre compte de leur situation, tout d'abord parce qu'ils ne sont plus contraints à une obligation scolaire et que les études entrent en concurrence avec le monde du travail, ensuite parce qu'ils ont – au moins en théorie – choisi leur filière d'inscription, enfin et surtout parce qu'ils ont en perspective leur avenir professionnel.

Le décrochage universitaire peut prendre des formes variées : l'étudiant peut décider de ne pas se réinscrire l'année ou le semestre suivant, d'interrompre ses études de façon volontaire en ayant l'intention de les reprendre plus tard, de changer d'établissement, etc. Il est libre de ses choix comme de ses relations avec l'établissement qu'il informe ou non de sa décision, d'où les difficultés de mesure de l'attrition évoquées précédemment. La multiplicité des situations laisse deviner qu'il existe différents types de décrocheurs. Une première distinction schématique peut être effectuée entre «décrocheurs» et «décrochés» (Glasman, 2000), c'est-à-dire entre ceux qui choisissent délibérément de quitter un cursus qui ne répond pas à leurs attentes ou leurs besoins actuels, et ceux qui glissent progressivement vers l'abandon (échecs répétés aux examens, difficultés d'apprentissage, perte de confiance en soi, difficultés d'intégration aux groupes de pairs).

Beaupère et Boudesseul (2009) proposent une typologie qui classe les décrocheurs en quatre catégories en fonction de la valeur qu'ils accordent aux diplômes et de l'anticipation de leur insertion professionnelle : « studieux pris au dépourvu », les « décrocheurs en errance », les « opportunistes » et les « raccrocheurs ». Parmi les décrocheurs focalisés au départ sur le diplôme, les premiers sont des « studieux » qui, confrontés à un échec qu'ils n'avaient pas prévu, ont beaucoup de mal à envisager des alternatives. Ils se trouvent désemparés face à la nécessité de devoir réajuster leurs ambitions professionnelles et souhaitent revenir plus tard à l'université. Les seconds « en errance » ont déjà changé plusieurs fois d'orientation et multiplient les expériences sans parvenir à s'engager pleinement ni dans les études, ni dans un travail salarié. Ils ne parviennent pas à trouver leur voie à l'université, mais ne peuvent se résoudre à s'installer dans la vie professionnelle, ainsi ils restent en marge de ces deux mondes. Au nombre des décrocheurs soucieux de leur insertion, on trouve tout d'abord les « opportunistes » qui ont saisi par une occasion d'entrer dans la vie active – souvent en acceptant un emploi précaire ou peu qualifié – et justifient ainsi leur sortie prématurée. Ils décrivent leur inscription à l'Université comme une phase de transition, une expérience parmi d'autres. Pour ces jeunes, avoir décoché un *job* est une satisfaction à court terme. Quant aux « raccrocheurs », déjà investis dans des activités professionnelles ou en recherche d'une réorientation, ils ne vivent pas leur sortie sans diplôme comme un échec. Ils tiennent à obtenir au plus vite une qualification et recherchent une formation professionnelle, si possible en alternance.

# 3. Le décrochage, une déviance?

## Traitement social du décrochage

### *De l'échec au décrochage: construction d'un cadre normatif*

Dans les années 1960/1970, de nombreux élèves, dits «en échec scolaire», quittent le système éducatif sans diplôme, cette situation étant constatée voire admise par les pouvoirs publics comme la conséquence des difficultés qu'éprouvent les enfants des classes populaires à suivre les programmes scolaires. Néanmoins, le phénomène n'est pas érigé en problème public si ce n'est en termes d'inégalité ou d'injustice vis-à-vis des publics socialement défavorisés (Bernard, 2007). Pour mémoire, selon Bourdieu (1966), l'inégalité des chances de réussite à l'école résulte de la possession ou la non-possession des normes et des valeurs propres au milieu scolaire. Or, ce sont les parents qui transmettent à leurs enfants le système de valeurs qui contribue à définir leurs attitudes à l'égard de l'institution scolaire. L'échec provient de la distorsion entre la culture familiale et la culture privilégiée par l'école, c'est-à-dire celle de la classe dominante (Baudelot & Establet, 1972; Bourdieu & Passeron, 1964, 1970). Par ailleurs, plus l'élève vit dans une classe économiquement défavorisée, moins il a des aspirations et des attentes élevées par rapport à l'école (Boudon, 1973). Ainsi l'échec scolaire est plus considéré comme un problème social (notion de capital culturel, de ressources, etc.) que comme un problème du système éducatif lui-même et le marché du travail absorbe discrètement la main-d'œuvre peu qualifiée que constituent ceux qui quittent prématurément l'école.

À partir des années 1980, le contexte économique fait, avec la montée du chômage, surgir la question de l'insertion professionnelle des jeunes et, en pointant l'écart entre le modèle scolaire et les réalités du monde du travail, agit comme un déterminant de l'action des pouvoirs publics. La démocratisation scolaire n'est dès lors plus entendue comme une obligation de moyens (offrir à tous les enfants d'une classe d'âge les mêmes conditions d'études) mais comme une obligation de performances, l'affirmation d'un droit à la réussite. En établissant clairement la relation entre formation et monde du travail, les gouvernements placent l'école au centre de la politique de l'emploi. Le système éducatif a le devoir de s'adapter aux enjeux économiques et d'opérer un rapprochement avec les besoins de recrutement des employeurs. Les années 1990 voient ainsi la notion de décrochage se substituer à celle d'échec et la catégorisation des décrocheurs comme un «groupe à risque» (Bernard, 2007). Quitter l'école sans diplôme, «décrocher», n'est plus seulement la conséquence tolérée d'une inadaptation à la norme scolaire, mais devient un problème public, celui de rester en marge de l'économie de la connaissance.

### Améliorer la participation à l'enseignement supérieur : un objectif stratégique du processus de Lisbonne

Les pays industrialisés considèrent les études universitaires comme un aspect déterminant de leur santé économique et sociale. Sous l'influence des orientations politiques précédemment décrites, la plupart des formations du deuxième cycle de l'enseignement secondaire – tant celles des filières générales que préprofessionnelles ou professionnelles – préparent les élèves à suivre un cursus postsecondaire. L'obtention d'un diplôme de niveau CITE 3 est devenue la norme dans l'OCDE et les taux d'accès à l'enseignement supérieur de type A et de type B ont augmenté en conséquence (OCDE, 2009). Alors que dans un premier temps, les efforts des pouvoirs publics ont visé à démocratiser l'accès aux études supérieures et à accroître les effectifs en premier cycle, leurs efforts se concentrent sur l'accompagnement jusqu'au diplôme.

Dans le cadre du programme de travail «Éducation et formation 2020» du processus de Lisbonne, les ministres de l'Éducation ont fixé les objectifs stratégiques suivants :

- premièrement, faire en sorte que l'éducation et la formation tout au long de la vie et la mobilité deviennent une réalité ;
- deuxièmement, améliorer la qualité et l'efficacité de l'éducation et de la formation ;
- troisièmement, favoriser l'équité, la cohésion sociale et la citoyenneté active ;

■ quatrièmement, encourager la créativité et l'innovation, y compris l'esprit d'entreprise, à tous les niveaux de l'éducation et de la formation.

L'un des critères de référence pour le deuxième objectif est d'atteindre d'ici 2020 une proportion d'au moins 40 % d'adultes entre 30 et 34 ans ayant un diplôme d'enseignement supérieur (niveaux 5 et 6 de la CITE) (Conseil de l'Union européenne, 2009).

## Un mode d'évaluation stigmatisant pour les universités qui n'atteignent pas les objectifs

Les États membres du processus de Lisbonne sont évalués par leurs pairs (*peer pressure*), la Commission européenne jouant seulement un rôle de supervision de cette Méthode ouverte de coordination (MOC). L'adoption de lignes directrices et d'objectifs communs, puis la production de statistiques comparables permet de mettre en œuvre un *benchmarking*, mot que l'on pourrait traduire en français par «étalonnage» et qui est un emprunt au domaine économique. Cette technique de gestion de la qualité consiste à étudier et à analyser l'organisation et le mode de fonctionnement des entreprises afin de s'en inspirer pour obtenir de meilleurs résultats. L'amélioration des performances est obtenue par un processus continu d'analyses comparatives, de recherche, d'adaptation et d'implantation des pratiques les plus efficaces. L'observation des résultats de l'entreprise qui a réussi le mieux dans un secteur donné permet d'établir des indicateurs chiffrés (*benchmark*) qui servent de référence aux concurrents.

La pratique du *benchmarking* intergouvernemental soumet les États membres à une compétition constante afin d'obtenir une place honorable dans les classements internationaux (Bruno, 2009) et de ne pas être pointé du doigt comme «mauvais élève». Ce système qui distingue publiquement les meilleurs du palmarès, stigmatise dans le même temps les retardataires, méthode résumée en anglais par *naming, faming, shaming*[5]. Par rebond, les gouverne-

---

5. Pour mémoire *to name* signifie nommer, *to fame* mettre en lumière et *to shame* faire honte.

ments incitent les dirigeants des universités à concevoir et à piloter leurs établissements comme des organisations concurrentielles en subordonnant leur financement à certaines performances ou/et en encourageant la prise en compte des critères des classements européens – dans le cas présent, la proportion de diplômés de l'enseignement supérieur – dans leurs plans et calculs.

### Influence sur les politiques universitaires

Selon les critères de Lisbonne, le non-achèvement des études supérieures peut être interprété comme une inefficacité du système, un signe montrant que le système d'éducation ne répond pas aux besoins de ses bénéficiaires, un gaspillage de talents et de potentiels (Bennett, 2003). À l'inverse, le taux de rétention est considéré comme un indicateur majeur de l'efficacité des universités (Mortiboys, 2002). Ainsi, le décrochage universitaire est vécu comme un échec par les établissements d'enseignement supérieur, certains mettent même en place des «dispositifs anti-décrochage»[6] (tutorat, aide à la construction de projets, remise à niveau, réorientation, adaptation des cursus, etc.) dans l'objectif déclaré d'aider les étudiants à obtenir un sésame indispensable à leur insertion professionnelle, mais aussi pour éviter une évaluation médiocre qui aurait un impact négatif sur leur réputation.

## Le décrochage : une transgression de la norme

### Du décrochage aux décrocheurs : caractérisation de la déviance

Par la mise en place d'actions spécifiques destinées à limiter l'abandon universitaire, l'institution désigne un groupe cible, les décrocheurs. Les établissements s'efforcent de repérer puis de «retenir» ceux qui auraient la velléité de «déserter». Quant à ceux qui «s'évadent», ils sont étiquetés comme non conformes et deviennent

---

6. L'adresse suivante donne quelques exemples d'activités mises en place en France : Étudiants «décrocheurs», les universités se mobilisent, http://www.educpros.fr/detail-article/h/8be441ed31/a/etudiants-decrocheurs-des-universites-se-mobilisent.html [page consultée le 30 janvier 2010].

sujets d'études destinées à expliquer les causes de leur défection. Ce faisant, les universités comme les médias ont tendance à confondre l'échec de l'institution, qui faillit dans la tâche que lui confient les pouvoirs publics d'amener les étudiants à obtenir leur premier diplôme universitaire, et l'échec de l'individu lui-même. Avec les transformations contemporaines des systèmes d'enseignement, le rapport aux études s'est individualisé (Dubet, 2000); les lycéens qui accèdent facilement à l'enseignement supérieur, se considèrent en contrepartie seuls responsables de leur parcours d'étudiant. Alors que, comme nous l'avons établi précédemment, l'abandon des études supérieures est conditionné par de nombreux déterminants, ils sont poussés à l'assumer individuellement et évoquent par exemple leur incapacité à travailler de façon autonome (Legendre, 2003).

Dans une perspective interactionniste, la déviance est une propriété non du comportement lui-même, mais de l'interaction entre la personne qui commet l'acte et celles qui réagissent à cet acte. Selon Becker (1985) c'est par le regard d'autrui qu'un acte sera déviant ou non. Par sa lutte explicite contre l'abandon des études universitaires, c'est l'institution elle-même qui désigne les jeunes qui choisissent de quitter l'université comme déviants. En passant d'un problème individuel à la catégorisation d'un groupe qualifié «décrocheurs», elle singularise et marque ces individus aux yeux de la société, elle les stigmatise. Les médias en qualifiant le décrochage de «plaie de l'université» et les étudiants qui décident de quitter l'université de «largués»[7] cautionnent ce discours et incitent les parents comme une partie des décrocheurs à porter un regard négatif sur eux-mêmes.

## Décrocher n'est pas échouer

Ne pas s'interroger sur la nouvelle norme qui semble faire loi, c'est ignorer le paradoxe qui consiste à ne considérer qu'une réussite possible: l'obtention du diplôme visé, raisonnement qui ne

---

7. «Le décrochage, plaie de l'université», *Le Nouvel Observateur*, 6 décembre 2007. Il faut sauver les largués de la fac, http://hebdo.nouvelobs.com/hebdo/obs/p2248/articles/a361801-.html [page consultée le 13 juin 2008].

prend pas en compte le point de vue des principaux intéressés et le regard qu'ils portent sur ce parcours avorté. L'abandon du cursus engagé n'est pas nécessairement lié à des difficultés d'ordre scolaire (Romainville, 2000), une proportion considérable d'étudiants qui abandonnent des études supérieures de type A se réorientent avec succès vers l'enseignement de type B ; 15 % en France, 3 % au Danemark et en Nouvelle-Zélande pour l'année 2005. À l'inverse, 22 % des Islandais et 9 % des Néo-Zélandais achèvent un cursus de type A après avoir décroché d'une formation de type B. En outre, il est possible de suivre des cours dans un programme de type A à titre de développement personnel, sans intention d'obtenir le diplôme. Enfin, un étudiant peut réussir certaines parties d'une formation, mais ne pas valider la totalité du parcours. Les compétences acquises ne seront pas nécessairement perdues, mais pourront être valorisées sur le marché du travail ou même permettre une reprise ultérieure des études engagées comme l'autorise par exemple le système suédois (OCDE, 2009). Le temps passé à l'université peut aussi être l'occasion d'engagements associatifs ou syndicaux qui, lors de l'arrêt des études, pourront se concrétiser par une opportunité d'entrer sur le marché du travail grâce au réseau développé durant cette activité (Beaupère & Boudesseul, 2009).

Notons, qu'avec l'hypothèse – réaliste dans la plupart des pays développés selon l'OCDE – d'une forte expansion de l'enseignement supérieur durant la prochaine décennie, la réussite des études risque d'être plus encore valorisée sur le marché du travail. Les avantages que procure actuellement le fait d'entamer des études supérieures sans obtenir au moins un diplôme de premier cycle diminueront, une perspective qui risque d'entériner le regard que porte à ce jour la société sur le décrochage universitaire.

chapitre 5

# Cadre européen de l'étude et démarche méthodologique

## 1. Massification des effectifs et conséquences

### Massification de l'enseignement supérieur en Europe

Au cours du dernier tiers du XX$^e$ siècle, l'enseignement supérieur enregistre, dans les pays industrialisés, une hausse d'effectif sans précédent. En Europe, l'augmentation du nombre d'étudiants commence au milieu des années 1960, avec l'arrivée des enfants du *baby boom* d'après-guerre. Ainsi, entre 1955 et 1986, le nombre des inscriptions est multiplié par 15 en Espagne, 9.7 en Suède, 9.4 en Autriche et 6.7 en France (Eicher & Chevaillier, 2002). Conséquence mécanique d'une natalité accrue, cette croissance ne s'accompagne pas de changement notable de la proportion des jeunes d'une classe d'âge poursuivant leur cursus après le diplôme de fin d'études secondaires. En revanche, au milieu des années 1980, l'écho démographique du *baby boom*[1] se conjugue avec un accroissement massif de la part des jeunes qui accède à l'université[2]. Le choc n'est pas seulement de nature démographique et comportementale, il va de pair avec une modification du salariat et s'inscrit dans une transformation profonde de l'économie, désormais fondée sur la connaissance et l'innovation (Gaffard, 2007). Afin de maintenir leur rang au niveau international et de retrouver leur

---

1. Les enfants des *baby boomers* sont en âge d'entrer eux-mêmes à l'université.
2. Pour rappel, dans les textes européens, le mot « université » est utilisé au sens large pour désigner un établissement d'enseignement supérieur.

dynamisme économique, les pays européens doivent augmenter leur productivité en adoptant de nouvelles technologies et en fournissant à l'industrie une main-d'œuvre hautement qualifiée, mais également en développant le domaine de la recherche. Ces nouveaux besoins contribuent à créer un climat favorable à la croissance des dépenses en faveur de l'enseignement supérieur et alimentent une augmentation du nombre d'étudiants. L'enseignement supérieur se transforme alors radicalement; jusque-là élitiste, il devient, selon l'expression de Trow (1972), un enseignement «de masse» c'est-à-dire s'adressant à plus de 15 % d'une classe d'âge[3]. Ce point a été atteint en France en 1974, vers 1978 en Allemagne et au milieu des années 1980 en Grande-Bretagne (Neave, 2003).

## Massification et démocratisation

Massification et démocratisation sont deux notions complémentaires dans l'analyse des transformations contemporaines de l'université, cependant la première repose uniquement sur des critères quantitatifs et n'entraîne pas systématiquement la seconde, à savoir la promotion des catégories sociales les plus modestes. Ainsi, la croissance du nombre d'étudiants est d'autant plus forte que la catégorie sociale est basse, mais la réussite à l'université reste socialement inégalitaire (Romainville, 2000); apprendre le «métier d'étudiant» s'avère d'autant plus difficile que les codes, les normes et les discours sont éloignés de l'environnement culturel dans lequel l'individu a grandi (Coulon, 2005).

Améliorer l'équité dans l'accès à l'enseignement supérieur est un objectif majeur des processus de Lisbonne et de Bologne. Le rapport *Eurostudent* pour la période 2005-2008 présente une évaluation de la sélectivité sociale par pays basée sur une comparaison de l'origine sociale des étudiants avec celle des hommes âgés de 40 à 60 ans dans la population active (Vourc'h & Zilloniz, 2008). Plus le *ratio* est proche de 1, plus l'accès à l'université est consi-

---

3. Selon l'auteur, l'enseignement est élitiste s'il rassemble moins de 15 % d'une classe d'âge; de masse lorsqu'il concerne 15 à 40 % de celle-ci; universel au-delà.

déré comme égalitaire. Selon cette analyse, les étudiants issus des classes populaires sont peu représentés dans l'enseignement supérieur en Europe (*ratio* inférieur à 1) : le *ratio* varie de 0.4 pour la Bulgarie à 0.9 pour la Finlande. Il est de 0.5 en France, en Grande-Bretagne et en Espagne ; de 0.6 en Allemagne et 0.7 en Italie, Roumanie et Suède. La comparaison est particulièrement intéressante pour les pays où les proportions d'ouvriers parmi les hommes actifs sont proches, comme la Bulgarie (80 %) et la Roumanie (81 %), ou encore la France (47 %) et la Suède (46 %). Parmi les diplômés de l'enseignement supérieur européens, plus de la moitié ont des parents ayant eux-mêmes fait des études supérieures, contre un septième dont les parents ont au maximum été jusqu'au secondaire inférieur (Tableau 5, p. 114). Cette tendance globale est vraie dans toute l'UE, mais elle ne rend pas compte des disparités entre les pays ; si l'écart est moindre en Finlande où les diplômés dont les parents n'ont pas achevé le secondaire sont deux fois et demie « seulement » moins nombreux que ceux dont les parents sont allés à l'université, les inégalités sont beaucoup plus marquées en République tchèque avec un rapport de un pour onze, un pour dix en Pologne et en Hongrie.

Enfin, la répartition des jeunes dans les différentes filières reste socialement différenciée. Une étude menée aux Pays-Bas permet de faire l'hypothèse que cette forme d'inégalité « horizontale » (Van de Werfhorst & Luijkx, 2006) liée au choix des domaines d'études serait même renforcée du fait de la massification. En France, par exemple, les possibilités pour les jeunes de suivre des études supérieures ont été multipliées par 2.2 en moyenne entre 1984 et 2005. Pour les enfants d'ouvriers, elles ont été multipliées par 3.7 ce qui réduit leur retard relatif par rapport aux autres catégories. Pourtant, les statistiques de l'année universitaire 2008/2009 montrent que l'origine socioculturelle demeure source d'inégalité quant au type d'études suivies (Direction de l'Évaluation de la Prospective et de la Performance, 2009). Les enfants de parents cadres ou exerçant une profession intellectuelle supérieure représentent une proportion des inscrits en Classes préparatoires aux grandes écoles (CPGE) supérieure à celle de l'ensemble des étudiants ; ils forment en effet près de la moitié des effectifs de

| Niveau d'études des parents | CITE 0 – 2 | | CITE 3 – 4 | | CITE 5 – 6 | | Total |
|---|---|---|---|---|---|---|---|
| Pays | En milliers | En % du total | En milliers | En % du total | En milliers | En % du total | En milliers |
| **Union européenne (25 pays)** | **16.5** | **15** | **31.7** | **29** | **62.5** | **56** | **111.1** |
| Autriche | 12.7 | 14 | 25.3 | 27 | 54.4 | 59 | 92.8 |
| Belgique | 21.4 | 14 | 50.2 | 33 | 78.2 | 52 | 150.3 |
| Chypre | 18.7 | 12 | 52 | 35 | 79.4 | 53 | 150.6 |
| Danemark | 19 | 19 | 26.8 | 27 | 53.6 | 54 | 99.9 |
| Espagne | 21.1 | 15 | 49.6 | 35 | 71.2 | 50 | 142.4 |
| Estonie | 18.8 | 18 | 30.7 | 30 | 54 | 52 | 104.0 |
| Finlande | 25.6 | **21** | 39.7 | 32 | 57.9 | **47** | 123.7 |
| France | 19.8 | 14 | 47.1 | 34 | 70.8 | 51 | 138.2 |
| Grèce | 15.3 | 13 | 42.7 | 35 | 63.8 | 52 | 122.3 |
| Hongrie | 6.1 | **7** | 18.7 | 23 | 57.6 | **70** | 82.7 |
| Irlande | 20.6 | 14 | 54.9 | 36 | 76.7 | 50 | 152.7 |
| Islande | 12.5 | 14 | 27.5 | 30 | 52.5 | 56 | 92.9 |
| Italie | 7.7 | 8 | 32.6 | 32 | 60.7 | 60 | 101.4 |
| Lettonie | 9.5 | 11 | 23 | 27 | 52.6 | 62 | 85.5 |
| Lituanie | 15.3 | 14 | 29.9 | 28 | 62.2 | 58 | 107.8 |
| Malte | 6.7 | 9 | 27.9 | 36 | 43.9 | 56 | 78.9 |
| Norvège | 16.3 | 16 | 30.8 | 30 | 54.9 | 54 | 102.5 |
| Pays-Bas | 22.9 | 17 | 41.4 | 31 | 68 | 51 | 132.8 |
| Pologne | 6.2 | **7** | 22.1 | 23 | 66.6 | **70** | 95.2 |
| Portugal | 10.2 | 8 | 53.7 | 43 | 61.4 | 49 | 125.8 |
| République tchèque | 4.4 | **7** | 11.4 | 17 | 50.9 | **76** | 66.9 |
| Royaume-Uni | 26.9 | 20 | 42.5 | 31 | 67.3 | 49 | 137.2 |
| Slovaquie | 7.5 | 10 | 18.3 | 24 | 51.2 | 66 | 77.3 |
| Slovénie | 4.4 | 7 | 19.3 | 29 | 42.4 | 64 | 66.5 |
| Suède | 22.6 | 18 | 45.1 | 36 | 59.1 | 46 | 127.3 |

**TABLEAU 5 : Diplômés (CITE 5 – 6) par niveau d'étude des parents (2005)**
Source : base de données Eurostat (2010)

CPGE, alors qu'ils représentent moins du tiers de tous les étudiants. Cette proportion d'un tiers est elle-même largement supérieure à la part que les enfants de parents cadres ou exerçant une profession intellectuelle supérieure représentent dans l'ensemble des jeunes. Autrement dit, les jeunes issus des catégories sociales les plus favorisées sont surreprésentés parmi les étudiants et tout particulièrement parmi ceux qui sont inscrits dans les filières longues sélectives.

## 2. Évolution des effectifs depuis le début du processus de Bologne

En 2007, presque 19 millions d'étudiants de l'Union européenne[4] étaient inscrits dans l'enseignement supérieur (CITE 5 – 6), soit une hausse de 18 % depuis 1999 (Tableau 6, p. 117). Cette évolution globale doit être considérée avec précaution car elle s'avère inégale en fonction des pays. Les pays nordiques (Danemark, Finlande, Suède) sont proches de la moyenne européenne. L'accroissement de la population estudiantine est massif – de l'ordre de 40 % en moyenne – dans les Pays d'Europe Centrale et Orientale[5] (Estonie, Hongrie, Lettonie, Lituanie, Pologne, République Tchèque, Roumanie, Slovaquie, Slovénie), avec un taux maximum de 56 % en Roumanie. Les transformations consécutives à la chute du mur de Berlin, puis la mise en conformité avec les normes de Bologne jouent probablement un rôle dans ce phénomène. La position particulière de la Bulgarie dont l'effectif est quasiment stable sur la période trouve une explication dans le mode de sélection des étudiants ; la majorité des universités recrute en effet sur concours[6]. En Europe de l'Ouest (Allemagne, Autriche, Belgique, Espagne, France, Italie, Portugal, Royaume Uni), la hausse est

---

4. Dernières données disponibles sur la base de données européenne Eurostat (mise à jour 01-06-2010).
5. Depuis les années 1990, l'expression Pays d'Europe Centrale et Orientale (PECO) désigne les anciens pays communistes du centre et de l'Est de l'Europe, mise à part la République Démocratique Allemande (RDA).
6. Source : site de l'ambassade de France en Bulgarie http://www.ambafrance-bg.org/spip.php ?article41 [page consultée le 19 juillet 2010].

modérée (inférieure ou égale à 12 %), l'Espagne affiche même une légère baisse. La croissance de 36 % des effectifs grecs s'explique sans doute par la suppression des examens d'entrée à l'université en 2000[7].

## 3. Cadre universitaire de la recherche

Quatre universités européennes ont participé à tout ou partie de la recherche présentée ici. Ce sont, par ordre alphabétique, l'université d'Iasi en Roumanie, l'université de Liège en Belgique, l'université du Luxembourg, l'université de Nancy 2 en France. Afin de faciliter la compréhension du lecteur, il convient préciser quelques éléments les concernant.

### Au niveau national

#### Conditions d'accès à l'enseignement supérieur

Partout en Europe, l'exigence minimale pour accéder à l'enseignement supérieur est un diplôme de l'enseignement secondaire supérieur ou son équivalent. Dans la plupart des pays, d'autres éléments s'ajoutent à cette règle : réussite d'un examen ou d'un concours d'entrée, sélection sur dossier de candidature, ou encore entretien de motivation. Ces procédures visent à garantir l'adéquation entre le nombre des inscrits et la capacité d'accueil des établissements, mais aussi à évaluer la capacité des candidats à suivre la formation souhaitée. Les approches adoptées dans les pays de UE sont sensiblement les mêmes pour tous les domaines d'études (Commission européenne, 2009). En Belgique toutefois, la tradition de l'accès libre est fortement ancrée, le diplôme de l'enseignement secondaire est le seul élément requis pour l'admission dans un établissement. En France, les candidats à une première inscription à l'université sont invités à enregistrer plusieurs vœux, classés par ordre de préférence, dans l'établissement de leur

---

7. Source : site du bureau de presse et de communication de l'ambassade de Grèce http://www.ambafrance-bg.org/spip.php ?article41 [page consultée le 19 juillet 2010].

| PAYS | 1999 | 2000 | 2001 | 2002 | 2003 | 2004 | 2005 | 2006 | 2007 | Évolution entre 1999 et 2007 |
|---|---|---|---|---|---|---|---|---|---|---|
| Union européenne (27 pays) | 15569.5 | 15920.8 | 16517.3 | 17139.3 | 17761.8 | 18232.9 | 18530.2 | 18782.5 | 18884.2 | +018 % |
| Allemagne | 2087.0 | 2054.8 | 2083.9 | 2159.7 | 2242.4 | 2330.5 | 2268.7 | 2289.5 | 2278.9 | + 8 % |
| Autriche | 252.9 | 261.2 | 264.7 | 223.7 | 229.8 | 238.5 | 244.4 | 253.1 | 261.0 | + 3 % |
| Belgique | 351.8 | 355.7 | 359.3 | 367.0 | 374.7 | 386.1 | 389.5 | 394.4 | 393.7 | + 11 % |
| Bulgarie | 270.1 | 261.3 | 247.0 | 228.4 | 230.5 | 228.5 | 237.9 | 243.5 | 258.7 | – 4 % |
| Chypre | 10.8 | 10.4 | 11.9 | 13.9 | 18.3 | 20.8 | 20.1 | 20.6 | 22.2 | + 51 % |
| Danemark | 190.0 | 189.2 | 190.8 | 195.3 | 201.7 | 217.1 | 232.3 | 228.9 | 232.2 | + 18 % |
| Espagne | 1786.8 | 1829.0 | 1833.5 | 1832.8 | 1840.6 | 1839.9 | 1809.4 | 1789.3 | 1777.5 | – 1 % |
| Estonie | 48.7 | 53.6 | 57.8 | 60.6 | 63.6 | 65.7 | 67.8 | 68.3 | 68.8 | + 29 % |
| Finlande | 262.9 | 270.2 | 279.6 | 283.8 | 291.7 | 299.9 | 306.0 | 309.0 | 309.2 | + 15 % |
| France | 2012.2 | 2015.3 | 2031.7 | 2029.2 | 2119.1 | 2160.3 | 2187.4 | 2201.2 | 2179.5 | + 8 % |
| Grèce | 387.9 | 422.3 | 478.2 | 529.2 | 561.5 | 597.0 | 646.6 | 653.0 | 602.9 | + 36 % |
| Hongrie | 279.4 | 307.1 | 330.5 | 354.4 | 390.5 | 422.2 | 436.0 | 438.7 | 431.6 | + 35 % |
| Irlande | 151.1 | 160.6 | 166.6 | 176.3 | 181.6 | 188.3 | 186.6 | 186.0 | 190.3 | + 21 % |
| Italie | 1797.2 | 1770.0 | 1812.3 | 1854.2 | 1913.4 | 1986.5 | 2015.0 | 2029.0 | 2033.6 | + 12 % |
| Lettonie | 82.0 | 91.2 | 102.8 | 110.5 | 118.9 | 127.7 | 130.7 | 131.1 | 129.5 | + 37 % |
| Lituanie | 107.4 | 121.9 | 135.9 | 148.8 | 167.6 | 182.7 | 195.4 | 198.9 | 199.9 | + 46 % |
| Luxembourg | 2.7 | 2.4 | 2.5 | 3.0 | 3.1 | : | : | 2.7 | : | |
| Malte | 5.8 | 6.3 | 7.4 | 7.3 | 8.9 | 7.9 | 9.4 | 8.9 | 9.8 | + 41 % |
| Pays-Bas | 469.9 | 487.6 | 504.0 | 516.8 | 526.8 | 543.4 | 565.0 | 579.6 | 590.1 | + 20 % |
| Pologne | 1399.1 | 1579.6 | 1775.0 | 1906.3 | 1983.4 | 2044.3 | 2118.1 | 2145.7 | 2146.9 | + 35 % |
| Portugal | 356.8 | 373.7 | 387.7 | 396.6 | 400.8 | 395.1 | 380.9 | 367.3 | 366.7 | + 3 % |
| République tchèque | 231.2 | 253.7 | 260.0 | 284.5 | 287.0 | 318.9 | 336.3 | 337.4 | 362.6 | + 36 % |
| Roumanie | 407.7 | 452.6 | 533.2 | 582.2 | 643.9 | 685.7 | 738.8 | 835.0 | 928.2 | + 56 % |
| Royaume-Uni | 2081.0 | 2024.1 | 2067.3 | 2240.7 | 2287.8 | 2247.4 | 2287.5 | 2336.1 | 2362.8 | + 12 % |
| Slovaquie | 122.9 | 135.9 | 143.9 | 152.2 | 158.1 | 164.7 | 181.4 | 197.9 | 218.0 | + 44 % |
| Slovénie | 79.1 | 83.8 | 91.5 | 99.2 | 101.5 | 104.4 | 112.2 | 114.8 | 115.9 | + 32 % |
| Suède | 335.1 | 346.9 | 358.0 | 382.9 | 414.7 | 429.6 | 426.7 | 422.6 | 413.7 | + 19 % |

TABLEAU 6 : **Évolution du nombre d'étudiants dans l'enseignement supérieur (en milliers)**
: données non disponibles
Source : base de données Eurostat (2010)

choix. À la fin de la période de préinscription, les demandes sont validées en fonction de la date d'enregistrement des dossiers, dans la limite des places disponibles. En Roumanie, chaque établissement fixe ses propres procédures de sélection et le nombre de places disponibles, le gouvernement définit le nombre de places qu'il subventionne. Au Luxembourg, une procédure de sélection existe dans la plupart des domaines d'études (*numerus clausus*, examen écrit et/ou oral). L'enseignement étant au minimum bilingue, la maîtrise des langues – français, allemand, anglais, selon les disciplines – est essentielle.

## Comparaison des effectifs par pays

Les hausses relatives d'effectifs évoquées précédemment ne rendent pas compte du nombre d'étudiants accueillis dans les différents pays. Ainsi les universités françaises, à la croissance modérée, en comptent au total plus de 2.2 millions; les universités roumaines en plein essor dépassent les 900 000 inscrits et les universités belges frôlent les 400 000. Le Luxembourg possède une seule université dont la création date de 2003, ainsi les étudiants recensés auparavant étudiaient en majorité dans les pays limitrophes (Allemagne, Belgique ou France). Le nombre d'étudiants au Luxembourg est lui aussi en pleine croissance.

## Les universités[8]

### Université de Iasi

Créée en 1860, l'université *Alexandru Ioan Cuza*[9] est la plus ancienne institution d'enseignement supérieur de Roumanie. Après une période de plein essor durant laquelle les responsables se sont efforcés de mettre en place des cursus en adéquation avec les besoins de la société roumaine et avec le progrès européen de l'époque, le nouvel ordre social imposé par le régime communiste

---

8. Sauf précision contraire, les informations sur les établissements universitaires proviennent des sites institutionnels et éventuellement des documents (rapports d'activité) mis à disposition sur ceux-ci.
9. http://www.uaic.ro/uaic/bin/view/Main/?language=fr.

à la fin de seconde guerre mondiale a engendré des changements radicaux dans tout le système d'enseignement. De nombreuses disciplines ont été censurées ou éliminées, les programmes soumis à une rigidité extrême et la liberté académique restreinte. À la chute du régime totalitaire, en 1989, les universités se sont engagées dans des réformes radicales. La liste de spécialisations universitaires a été rendue compatible avec la liste de spécialités des universités de l'UE et les études ont été restructurées en conformité avec la Déclaration de Bologne (Marga, 2002). Composée de quinze facultés, l'université *Alexandru Ioan Cuza* accueille plus de 38 000 étudiants – 38 140 en 2008/2009 – dont 70 % sont inscrits en licence. La faculté de philosophie et sciences sociopolitiques offre sept licences – dont une en sociologie et une en assistance sociale – et regroupe au total près de 4500 inscrits.

## Université de Liège

La fondation de l'université de l'État de Liège date de 1817. Son histoire est liée à celle du pays ; née sous régime hollandais, elle voit la naissance de la Belgique, puis sa transformation progressive en État fédéral. En 1967, l'université est partiellement transférée en dehors de la ville, sur le campus du Sart Tilman où se situe la majeure partie de ses activités. Elle prend le nom d'*Université de Liège*[10] (ULg) le 1er janvier 1989, date à partir de laquelle elle relève de la Communauté française. Constituée de neuf facultés, un institut et une école, l'ULg est forte de près de 20 000 étudiants. Elle propose trente-huit bacheliers[11] dont deux (bachelier en sociologie et anthropologie, bachelier en sciences humaines et sociales) dépendent de l'Institut des Sciences Humaines et Sociales (ISHS)[12].

## Université du Luxembourg

La jeune *Université du Luxembourg*[13] (UL), fondée en 2003, est la première et unique institution du genre au Grand-duché du

---

10. http://www.ulg.ac.be/cms/c_5000/accueil.
11. Diplôme de type CITE 5, équivalent du bachelor ou de la licence.
12. http://www.ishs.ulg.ac.be/.
13. http://wwwfr.uni.lu/.

Luxembourg, petit État niché entre la France, l'Allemagne et la Belgique. Étant l'un des plus récents établissements d'enseignement supérieur d'Europe, elle s'est directement construite sur la base du système de Bologne et revendique multilinguisme et mobilité. Ainsi, selon les disciplines et les modules, les cours sont dispensés en allemand, anglais, français ou plus rarement luxembourgeois. De plus tous les étudiants en bachelor doivent passer au moins un semestre à l'étranger.

L'UL est composée de trois facultés accueillant à ce jour – semestre hiver 2010/2011 – près de 5200 étudiants dont 3000 inscrits dans onze bachelors. Le nouveau site de la cité des sciences d'Esch/Belval vise à terme la réunion de la majorité des activités, actuellement réparties sur quatre campus. À quelques kilomètres de Luxembourg-ville, Walferdange accueille la Faculté de Lettres, Sciences Humaines et Sciences de l'Éducation (FLSHASE). Elle compte 1200 étudiants en bachelor, 500 en première année dont une centaine en Sciences Sociales.

## Université de Nancy 2

Située au cœur de la Lorraine, la ville de Nancy compte trois universités qui regroupent quatorze facultés et Unités de Formation et de Recherche (UFR), dix écoles d'ingénieurs, cinq Instituts Universitaires de Technologie (IUT) et cinq instituts, répartis sur toute l'agglomération. Ces différentes structures forment au total chaque année plus de 40 000 étudiants. Près de 18 000 sont inscrits à l'*Université Nancy 2*[14] qui a adopté le système LMD en septembre 2005.

Installé près du centre-ville, le campus Lettres et Sciences Humaines est, avec ses 6500 étudiants, la composante la plus importante de l'*Université Nancy 2*. L'UFR «Connaissance de l'Homme» comprend quatre sections – philosophie, psychologie, sociologie, sciences de l'éducation – qui offrent une trentaine de licences. Sur le millier d'inscrits en première année en 2010/2011, environ trois cents étudient la sociologie.

---

14. http://www.univ-nancy2.fr/.

# 4. Approche méthodologique : du discursif aux faits

Si le choix d'une approche de recherche repose en partie sur la sensibilité du chercheur, ce sont d'abord le thème et les objectifs de l'étude qui dictent la méthodologie adéquate. Explorer le point de vue des étudiants et leur vécu est essentiel dans le travail qui vise à déterminer les composantes de l'identité sociale d'étudiant, c'est une approche de type qualitatif qui semble découler de cet objectif. Par ailleurs, dans la perspective du processus de Bologne, cerner l'employabilité des étudiants consiste à mesurer les compétences constitutives de cette employabilité durable, démarche d'ordre quantitatif. Enfin, la création de l'EEES est un élément de la problématique qui doit être pris en compte dans sa dimension internationale, en faisant appel des données provenant de plusieurs pays. Ces différentes facettes de l'étude ne peuvent être abordés de manière satisfaisante à l'aide d'une seule méthode, d'où le choix une recherche multi-méthodes s'appuyant la combinaison de divers types d'outils et reposant sur une logique qui intègre progressivement en fonction des objectifs différentes données, d'abord qualitatives puis quantitatives.

Concrètement, la recherche a été développée selon deux axes : l'un concernant les décrocheurs, l'autre les persistants (Figure 4, p. 122). La phase exploratoire visait à recenser, grâce à des *focus groups* réalisés avec des primo-inscrits à l'université, les aspects des concepts d'identité sociale d'étudiant et d'employabilité exprimés par les étudiants. Sur la base de cette approche qualitative, des entretiens téléphoniques ont recueilli auprès des décrocheurs à l'aide d'un guide comportant des questions ouvertes et des échelles d'évaluation sur l'identité sociale d'étudiant, les compétences relatives à l'employabilité, la satisfaction à l'égard des services rendus par l'université et les causes de leur décrochage. Leurs réponses aux questions fermées ont été comparées à celles des persistants. À partir de ces deux enquêtes, la version finale du questionnaire a été proposée à trois populations d'étudiants européens.

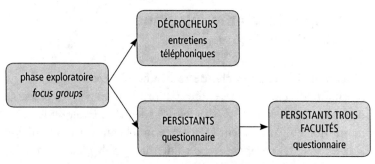

FIGURE 4 : Déroulement schématique de la recherche

## Mise en œuvre du concept de triangulation

La démarche adoptée se réfère au concept de triangulation tel que développé par Denzin (1978). La triangulation est généralement conçue comme la comparaison d'au moins deux points de vue sur la réalité étudiée, permettant de mieux rendre compte de sa complexité. L'auteur distingue la triangulation des données (périodes, espaces, personnes) ; la triangulation des chercheurs ; la triangulation théorique et la triangulation des méthodes (triangulation à l'intérieur d'une méthode ou entre méthodes). Comme précisé auparavant, notre travail s'appuie sur plusieurs enquêtes de type qualitatif et quantitatif (triangulation des méthodes), menées dans des lieux géographiquement distincts (triangulation des données). La triangulation est avant tout une stratégie inductive qui évolue, à partir d'une problématique et d'objectifs de recherche précis, en fonction du terrain de recherche. « Elle peut être définie comme une procédure de va-et-vient problématisé et dynamique entre opérations de recueil, d'analyse et de conceptualisation. Il s'agit d'un aller-retour constant entre "terrain" et "analyse" basé sur le principe de la réinjection, sous forme de questionnement et d'hypothèses, des observations de façon à concevoir et à réaliser des nouvelles opérations empiriques visant à construire une "théorie plausible" à propos d'un phénomène particulier et situé » (Apostolis, 2006, p. 214). Ainsi cette recherche qui conjugue des méthodes issues du « qualitatif » et du « quantitatif » se veut intégrative et progressive, chacune des enquêtes s'appuyant sur les analyses précédentes.

## Recours aux focus groups

Si les entretiens de groupe connaissent un regain d'intérêt en sociologie, leur usage reste plus confidentiel que celui de l'entretien individuel, aussi une brève présentation de la technique du *focus group* semble utile à une meilleure compréhension de la démarche utilisée.

### Les origines

Initialement considéré comme une simple technique de collecte d'information, le *focus group*[15] a été développé dans les années 1940 aux États-Unis, grâce aux travaux de Lazarsfeld et Merton dans le domaine du marketing. Requérant moins de temps et d'argent que les sondages – ou autres enquêtes alors en usage dans ce secteur – et bénéficiant des répercussions des recherches de Lewin sur le groupe et sa dynamique, il connaît un vif succès au cours des années 1950 à 1970, même si des critiques s'élèvent concernant la crédibilité de la méthode et la validité scientifique des données recueillies. Durant la décennie suivante, ce dispositif connaît des développements dans le champ de la démographie ou encore dans les programmes d'aide au développement. Paraissent alors les premiers écrits, en particulier ceux de Morgan[16], qui défendent l'intérêt scientifique du *focus group* et le présentent comme un outil au service de la recherche qualitative. Le domaine de la santé et celui de la communication s'emparent de cette méthode qui réintègre son contexte disciplinaire d'origine – à savoir les sciences sociales – et jouit d'une nouvelle popularité en psychologie sociale et en sociologie (Baribeau, 2010 ; Touré, 2010).

### Usage en sciences sociales

À ses débuts, le *focus group* s'inscrit dans le cadre de recherches expérimentales ; le chercheur soumet les participants à des *stimuli*

---

15. *Focused interview* dans son appellation d'origine. Le terme *focus* indique que la discussion est centrée sur un sujet précis.
16. Morgan, D.L., & Spanish, M.T. (1984). Focus groups : A new tool for qualitative research. *Qualitative sociology*, 7, 253-270 ; Morgan, D.L. (1993). *Successful focus groups. Advancing the state of the art*. Newbury Park, CA : Sage.

(films, publicités), compare leurs réactions à celles attendues et tente d'expliquer les facteurs à l'origine de l'écart observé. L'objectif est de valider des données quantitatives, de les interpréter en vue de leur généralisation ou et de vérifier des hypothèses (Touré, 2010).

Les *focus groups* ont ensuite conquis le domaine de la recherche-action. Simard (1989) décrit leur intérêt pour l'analyse des besoins de la population, la planification et l'évaluation des actions dans les domaines de la santé et de l'éducation. En France, Touraine les a utilisés dans ses recherches centrées sur l'intervention sociologique (mouvements étudiants, lutte anti-nucléaire, régionalisme). Pour celui-ci «parler d'intervention et non d'expérimentation, c'est poursuivre une action en même temps qu'un but de connaissance» (Touraine, 1978, p. 188); dans cette optique, les *focus groups* n'ont pas pour seule fin la collecte d'information, ils sont potentiellement générateurs d'un changement social (Chiu, 2003).

Les chercheurs font appel aux focus groups dans leurs études exploratoires pour mieux saisir le point de vue d'une population (sentiments, attitudes, attentes) sur un sujet qui les concerne. Ce sont les catégories émergeant du discours qui permettent poser des hypothèses sur le phénomène considéré et de construire un cadre de référence ou un modèle théorique (Deslauriers, 1997; Thomas, 2006). Cette démarche inductive est celle choisie dans la recherche présentée ici.

### Intérêt et mise en œuvre

La technique du *focus group* permet, en prenant appui sur la dynamique de groupe, d'explorer et de stimuler différents points de vue par la discussion; la liberté d'expression des uns peut lever les inhibitions des autres (Kitzinger, 1995). Les échanges produits permettent de préciser et de clarifier les pensées, les priorités, les valeurs en jeu (aspects socioculturels, normes du groupe). Ce type d'entretien collectif est utile pour prendre connaissance et évaluer la diversité des vues et opinions sur un sujet; mettre en évidence des différences de perspective entre divers groupes d'acteurs ou inversement déterminer le degré de consensus existant; objectiver les facteurs associés aux opinions et aux comportements; donner aux participants la possibilité d'exposer et d'expliquer leurs besoins, leurs attentes et leurs demandes ; évaluer leur satisfaction ; faire émerger ou tester des idées nouvelles ; recueillir de l'information utile à la préparation ou à l'interprétation des résultats d'une étude quantitative (Baribeau, 2010).

En pratique, les groupes sont constitués de six à douze personnes, soit un nombre suffisamment important pour générer une dynamique dans les interactions, mais limité afin que chacun puisse s'exprimer et qu'il ne se crée pas de sous-groupe (Simard, 1989). Les sujets sélectionnés doivent présenter des caractéristiques spécifiques choisies en fonction des objectifs de l'étude (statut professionnel, âge, sexe). À ce critère d'homogénéité doit s'ajouter celui de compatibilité ; il convient de vérifier qu'il existe entre eux une communauté d'intérêt et d'écarter les antagonismes. Les participants sont conviés dans un lieu neutre autour d'un animateur[17], et le cas échéant, d'un secrétaire chargé de prendre en note les échanges, un enregistrement peut être prévu. La discussion est conduite à partir d'un guide d'entretien succinct qui indique les points essentiels à aborder s'ils ne le sont pas spontanément au cours de la discussion. À partir d'une question ou thème, chacun explicite son point de vue dans son propre langage – les spécificités de vocabulaire méritent parfois d'être recueillies – réagit, se situe par rapport aux opinions et aux affirmations des autres, défend ses priorités, ses préférences, ses valeurs. Ainsi la mise en place de *focus groups* donne la possibilité de dégager une multiplicité de positions et de sentiments. L'animateur ne se prononce pas sur le contenu, il garantit un droit à la parole égal pour tous, relance la discussion si besoin ou rappelle le thème général en cas de digression (Krueger & Casey, 2000).

Les participants regroupant des volontaires ne sont aucunement des échantillons représentatifs des populations concernées et les informations recueillies sont uniquement d'ordre qualitatif. En raison du caractère public de l'expression, la présence de certains participants peut limiter l'expression des autres, en particulier s'il existe des liens hiérarchiques entre eux. La tendance naturelle

17. Encore appelé « facilitateur » ou « modérateur », ce peut être le chercheur lui-même ou bien une personne qu'il aura formée en vue de ce travail précis.

dans un groupe à répondre dans le sens de la majorité plutôt que d'exprimer des opinions minoritaires est un biais qu'il faut signaler (Simard, 1989).

## Le choix de l'auto-évaluation

L'auto-évaluation est la méthode retenue pour mesurer les compétences relatives à l'employabilité des étudiants. Les résultats obtenus sont le reflet de l'image que le répondant a de lui-même en tant qu'apprenant ou comme futur salarié/entrepreneur. La confiance qu'il s'accorde est essentielle pour savoir gérer ses études, les mener à terme, puis les valoriser auprès d'un employeur/financeur. La capacité subjective intervient dans la représentation que le sujet a de lui-même, mais aussi dans celle qu'il a des autres et confère au sujet une capacité d'agir, phénomène que Costalat-Fourneau (1999) résume par les effets capacitaires du «je peux». Favoriser l'émergence ou le renforcement des compétences ne suffit pas, il est nécessaire pour les étudiants de savoir reconnaître leurs propres capacités afin d'être en mesure de les mettre en œuvre dans des contextes différents (transférabilité). «Certains étudiants échouent [donc], non pas parce qu'ils n'ont pas les capacités de réussir, mais parce qu'ils pensent ne pas les posséder» (Romainville, 2000, p. 53).

La recherche présentée ci-après se compose de cinq enquêtes (trois de type qualitatif et deux de type quantitatif) menées successivement, liées entre elles dans la perspective inductive décrite précédemment. La partie qui suit présente la méthodologie et les résultats de chacune d'entre elles en la resituant dans le cadre de cette réflexion sur l'identité étudiante, et en présentant les liens éventuels avec l'acquisition de compétences relatives à l'employabilité, dans le contexte de réformes lié à la construction de l'EEES.

partie **2**

# Enquêtes en Europe

## chapitre 1

# Projet de recherche initial

## 1. Employabilité et qualité de vie universitaire en Europe

Au début de la recherche, le processus de Bologne est engagé depuis sept ans et les actions mises en œuvre sont essentiellement centrées sur l'attractivité et la compétitivité des établissements européens d'enseignement supérieur ainsi que sur les moyens de garantir l'employabilité des diplômés au sein d'un marché européen ouvert. Dans cette optique les ministres de l'éducation préconisent que le diplôme délivré à l'issue du premier cycle de l'enseignement supérieur corresponde à un niveau de qualification approprié pour l'insertion sur le marché du travail («Déclaration de Bologne», 1999). Les universités sont invitées à développer, en nombre et variété suffisant pour s'adapter aux besoins individuels et au marché du travail, des programmes permettant une professionnalisation durable des étudiants (Communiqué de Prague, 2001). Dans nombre d'États de l'Espace européen de l'enseignement supérieur, les débats théoriques sur les fins de l'université sont encore vifs, mais le principe d'une adaptation des formations dispensées à l'université aux besoins sectoriels du marché de l'emploi semble acquis partout. Les nouveaux cursus s'efforcent de tenir compte des besoins des étudiants en matière d'information, d'orientation, de découverte du monde du travail (par le biais de stages par exemple) et de compétences à acquérir pour leur insertion professionnelle (Guégnard *et al.*, 2008 ; Martin, 2007). Relativement récentes, ces initiatives n'ont pas encore véritablement donné lieu à évaluation. De plus, là où les formations générales sont traditionnellement valorisées, les réformes ne devraient pas inverser brutalement la tendance, deux raisons pour s'intéresser aux compétences relatives à l'employabilité des étudiants.

Si les étudiants demandent dès 2001 (Communiqué de Prague) une meilleure prise en compte la dimension sociale dans la construction de l'EEES, les communiqués suivants ne font pas état d'avancées majeures dans ce domaine. À Berlin, « les ministres soulignent la nécessité pour les étudiants de bénéficier de conditions de vie et d'études appropriées afin qu'ils puissent accomplir leurs études avec succès dans une période de temps donné sans se heurter à des obstacles dus à leur position sociale et économique » (« Communiqué de Berlin », 2003, p. 5). À cet effet, ils encouragent les différents pays à recueillir des données comparables sur la situation économique et sociale des étudiants. À Bergen, la dimension sociale du processus de Bologne est présentée comme « un élément constitutif de l'EEES et une condition nécessaire à l'attractivité et à la compétitivité de cet espace » (« Communiqué de Bergen », 2005, p. 3), mais celle-ci est réduite à une question d'accessibilité financière et culturelle, assimilée en quelque sorte à la notion de démocratisation. Alors que la première enquête officielle sur la qualité de vie des Européens date de 2003 (Fahey *et al.*, 2004) et que l'économie du bien-être social est en plein essor, ce sujet reste en 2006 curieusement absent des communiqués de Bologne. Ce constat est corroboré par l'analyse de McInnis (2004) qui compare les approches anglo-saxonne (États-Unis, Australie) et européenne dans les études sur la vie étudiante. Les enquêtes américaines s'intéressent à l'expérience universitaire, à la vie sur les campus (services fournis, ressources), aux conditions de socialisation et d'intégration des étudiants (épanouissement personnel, relations avec les pairs, les enseignants), en somme à la qualité de vie dans les établissements d'enseignement supérieur. Les européens, en revanche, sont préoccupés par les répercussions de la massification et donnent la priorité à l'identification des obstacles (économiques, culturels) à l'accès et à la réussite universitaires.

En arrivant à l'université, les étudiants sont soumis à de multiples pressions, ils doivent s'adapter à l'environnement, adopter de nouveaux rythmes, apprendre le métier d'étudiant, etc. En parallèle, les discours européens, amplement relayés par les médias et les responsables universitaires, sont axés sur la nécessité de devenir rapidement employable, mobile, flexible, de maîtriser des langues étrangères, les TIC, etc. Quelle est l'influence de ces multiples injonctions sur la qualité de vie universitaire des nouveaux inscrits ? Comment comprennent-ils la notion d'employabilité[1] ? À quelles conditions peut-on concilier qualité de vie et acquisition de compétences relatives à l'employabilité ? Peut-on d'un point de vue éthique, miser sur la réussite universitaire en prenant le risque d'hypothéquer la qualité de vie des futurs diplômés (Amara, 2007) ? Seraient-ils alors réellement employables ? En mesure d'exercer un emploi et de participer à la compétitivité nationale ? Tel est le questionnement à l'origine de la recherche présentée ici.

## 2. Sélection des populations enquêtées

La problématique décrite ci-avant concerne des étudiants qui découvrent l'université, c'est-à-dire des «primo-inscrits», ce fut le premier critère de sélection. Le deuxième découle du constat que les contextes sociaux, environnementaux et économiques peuvent varier considérablement entre les pays. Il était donc intéressant d'obtenir la collaboration de plusieurs facultés européennes : la Faculté des Lettres Sciences Humaines Arts et Sciences de l'Éducation (FLSHASE) de Walferdange (Luxembourg) et l'Unité de Formation et de Recherche «Connaissance de l'Homme» de Nancy (France) se sont imposées d'emblée comme des terrains d'enquêtes favorables (proximité géographique, possibilité de mener les enquêtes en français, possibilité de recourir à des soutiens internes), la jeunesse de l'université du Luxembourg et le multilinguisme imposé dans les formations apportant en outre un élément contextuel intéressant. Une revue de la littérature sur la qualité de vie universitaire en Europe a guidé le choix d'inclure dans cette recherche une faculté d'Europe de l'est. Il existe en effet des disparités socio-économiques et de santé importantes entre étudiants de l'ouest et de l'est. À titre d'exemples, les étudiants y présentent

---

1. Concept qui, rappelons-le, n'est pas encore à cette date défini clairement dans le cadre du processus de Bologne.

de faibles niveaux de satisfaction à l'égard de la vie (Wardle *et al.*, 2004) ; comparés à leurs homologues de l'ouest, ils bénéficient d'un faible soutien social et d'une moins bonne santé (Steptoe & Wardle, 2001).

Le troisième élément de sélection concerne les formations : en fonction du type de cursus (académique ou professionnel), la prise en compte de l'employabilité et des compétences associées qui y sont diverge.

Enfin, le choix des filières a été guidé par le constat que « les étudiants en sciences sociales n'ont pas vraiment bonne presse : les études ont la réputation d'être peu exigeantes, un peu futiles (…). Cette image négative est parfois lourde à porter »[2]. Si l'on en croit le discours de certains enseignants sur « l'image négative et biaisée qu'ont les employeurs potentiels de la sociologie » (Legrand *et al.*, 1996), leur employabilité en est affectée. Sans compter qu'une image altérée ne peut que nuire à la construction d'une identité sociale d'étudiant valorisante.

L'ensemble de ces conditions a amené à sélectionner quatre facultés européennes, trois de la Grande Région et une d'Europe de l'est, et quatre populations d'étudiants suivant pour une moitié une formation académique et pour l'autre une formation professionnelle (Tableau 7, p. 133).

## 3. Logique des enquêtes

Cinq études ont été planifiées dans une approche progressive s'efforçant de tenir compte des étudiants persistants comme des décrocheurs, de ceux inscrits dans des formations de type académique comme de ceux ayant choisi un cursus à visée professionnelle et de mettre en perspective les points de vue d'étudiants d'Europe de l'est et de l'ouest (Figure 5, p. 134).

La phase exploratoire, constituée de deux études, avait pour but d'appréhender une diversité de points de vue concernant l'identité sociale d'étudiant, les compétences relatives à l'employabilité

---

2. Discours d'un étudiant de bachelor en sciences sociales : http://www3.unil.ch/wpmu/aessp/etudier-en-ssp/temoignages-detudiants/sciences-sociales/.

| Faculté | Université | Pays | Formation | Type |
|---|---|---|---|---|
| Faculté des Lettres Sciences Humaines Arts et Sciences de l'Éducation (FLSHASE) | Université du Luxembourg | Luxembourg | bachelor en sciences sociales et éducatives | professionnel |
| Unité de Formation et de Recherche «Connaissance de l'Homme» | Université Nancy | France | licence de sociologie | académique |
| Institut des Sciences Humaines et Sociales[3] | Université de Liège | Belgique | bachelier en sciences humaines et sociales | académique |
| Département de Sociologie et de l'Assistance Sociale | Université «AI.I. Cuza» d'Iasi | Roumanie | licence d'assistance sociale | professionnel |

TABLEAU 7 : Populations des enquêtes

des étudiants et la qualité de vie universitaire. Le deuxième volet de la recherche prend appui sur une enquête téléphonique menée auprès de décrocheurs et vise à distinguer ce qui singularise les «décrocheurs» des «persistants», c'est-à-dire de ceux qui poursuivent leur cursus. La troisième partie s'appuie sur la comparaison de populations d'étudiants suivant des cursus comparables dans trois facultés européennes, les réponses étant analysées en fonction des contextes universitaires et socio-économiques.

---

3. Les contacts avec les universités de Iasi et de Liège ont été établis grâce à une démarche prospective dans des colloques internationaux.

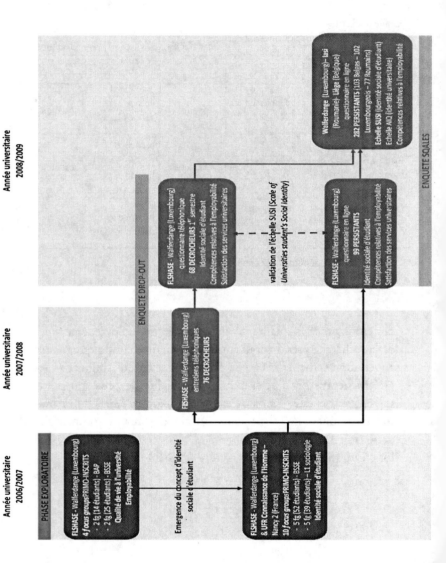

FIGURE 5 : Objet et enchaînement des 5 enquêtes

## chapitre 2

# Émergence d'un questionnement autour de la notion d'identité étudiante

Centrée sur le vécu des étudiants, la recherche se devait de prendre appui sur leurs expériences, points de vue et jugements, aussi ont-ils dans un premier temps été consultés. L'objectif de la phase exploratoire, qui fait l'objet de cette première partie, est double : analyser les perceptions des étudiants sur leur qualité de vie universitaire, leurs représentations de l'employabilité et leurs attentes à l'égard de l'université dans ces domaines ; identifier les facteurs qui, selon les étudiants, interviennent sur leur qualité de vie à l'université et leur employabilité.

## 1. Méthodologie

Cette étude qualitative transversale prend appui sur des entretiens de groupe de type semi-directif menés selon la technique du *focus group*, méthode retenue comme convenant à cette phase exploratoire ; à partir de quelques questions de départ, elle permet de s'adapter au discours des participants par des relances adaptées et de les convier à expliciter le sens de leurs propos afin de lever les ambiguïtés. La relation est égalitaire au niveau de la discussion et de l'expression des idées. Appartenant à une même et petite promotion, les étudiants se connaissent et peuvent parler librement, la dynamique de groupe encourageant la prise de parole. Soulignons que l'existence d'un groupe déjà constitué facilite les échanges entre les participants mais peut mettre en jeu des rapports de force ou des oppositions ignorées au départ.

Les participants ont été recrutés parmi les étudiants inscrits en premier semestre de bachelor en sciences sociales et éducatives (BSSE) à la Faculté des Lettres Sciences Humaines Arts et Sciences de l'Éducation (FLSHASE) de l'université du Luxembourg au cours de l'année 2006/2007. Dans ce cursus, les langues d'enseignement sont l'allemand et le français, langues que les Luxembourgeois apprennent dès l'âge de six ans pour la première, sept ans pour la seconde. Dans l'enseignement primaire et durant les premières années de l'enseignement secondaire, la plupart des matières sont enseignées en allemand. Puis la langue véhiculaire pour tous les cours – hormis ceux de langue – devient le français dans l'enseignement secondaire classique, tandis que l'allemand demeure prédominant dans l'enseignement technique[1].

La promotion comptait 36 étudiants, en majorité de sexe féminin (30/36), dont 32 de nationalité luxembourgeoise. Leur âge moyen était de 23 ans [19 ; 44] et 32 vivaient au domicile des parents. Une seule personne était boursière. La majorité a obtenu un diplôme de fin d'études secondaire au Luxembourg (filière générale pour 16 d'entre eux, filière technique pour les 15 autres), 5 ont des diplômes étrangers (dont un hors Union européenne). Les plus représentés sont issus d'une formation générale en sciences humaines et sociales (7/36) ou d'une formation technique d'éducateur (7/36). La plupart (20/36) ont obtenu leur diplôme de fin d'études secondaires une ou plusieurs années avant leur inscription au bachelor et 13 d'entre eux avaient déjà fréquenté l'université.

Les étudiants ont été informés oralement des objectifs et des modalités de l'enquête. Les volontaires ont donné leur accord par écrit en signant une lettre de consentement.

Les *focus groups* ont été animés par deux facilitateurs et enregistrés. D'une durée d'une heure trente environ, ils ont été menés en français. L'un des animateurs étant luxembourgeois, il a pu traduire les mots ou expressions dont le sens échappait à l'une des per-

---

1. Pour de plus amples informations, voir le Portail du Grand-Duché de Luxembourg : http://www.luxembourg.public.lu/fr/culture/typiquement-letz/langue-nationale/utilisation-langues/index.html [page consultée le 22 mai 2010].

sonnes présentes, étudiant comme co-animateur. Le guide d'entretien comportait huit questions regroupées en trois thèmes : qualité de vie à l'université ; employabilité ; demandes et propositions. Ces interrogations ont servi d'amorce à la discussion, les modérateurs ayant pour consigne de pousser les participants à s'exprimer autour de celles-ci en vue de faire émerger leurs préoccupations et centres d'intérêt. Des relances étaient prévues pour garantir des échanges suffisamment fournis pour l'analyse ultérieure.

À l'issue des entretiens collectifs, les étudiants ont anonymement indiqué sur un document prévu à cet effet, leurs sexe, âge, nationalité et expérience universitaire (primo-inscrit ou non).

Les discours des étudiants, intégralement retranscrits, ont été soumis à une analyse de contenu thématique catégorielle réalisée par quatre analystes qui ont travaillé en tandem, puis ont été vérifié par un cinquième chercheur. Après identification des *verbatim*, c'est-à-dire des unités de sens, leur regroupement a abouti à la formulation d'*items* (phrases synthétisant l'idée maîtresse de la catégorie), à savoir des phrases ou expressions résumant le contenu de la catégorie. Le vocabulaire de ces libellés a été, dans la mesure du possible, choisi parmi les expressions des participants. La mise en commun des analyses a conduit à la validation des catégories puis à la labellisation finale sur le principe du consensus. Le recours au logiciel *N'vivo* a facilité et accéléré le codage, et a permis une comparaison rapide des catégories construites.

## 2. Résultats

Deux *focus groups* ont été réalisés fin octobre 2006, soit un mois après l'entrée des étudiants à la faculté. Sur les 36 étudiants concernés, 25 (dont 3 de sexe masculin) ont participé aux entretiens collectifs. La plupart (21 sur 25) effectuaient leur première rentrée universitaire, leur âge moyen était de 22 ans [min : 19 ans ; max : 34 ans]. Notons que les consultations ont eu lieu après le dernier cours, la veille d'un week-end prolongé. Le taux de participation d'environ 70 % est l'expression d'un intérêt certain pour les thèmes abordés.

Les discours se regroupent autour de trois thèmes : la qualité de vie à l'université ; les compétences relatives à l'employabilité ; l'*empowerment*.

## Qualité de vie à l'université

L'analyse discursive permet de classer les *verbatim* en dix-sept catégories regroupées selon deux dimensions (Figure 6, p. 143).

### La qualité de vie selon les étudiants

Les étudiants donnent une définition générale de la qualité de vie proche de celle de l'Organisation mondiale de la Santé[2] (OMS) qui conçoit celle-ci comme « la façon dont les individus perçoivent leur position dans la vie, dans le contexte de la culture et du système de valeurs dans lesquels ils vivent et en relation avec leurs buts, attentes, normes et préoccupations » (WHOQOL Group, 1995, p. 1403). Les participants décrivent une qualité de vie multidimensionnelle, variable selon les individus, selon l'environnement physique et humain, et selon le moment de la vie.

La qualité de vie repose sur un certain confort matériel, elle dépend du cadre de vie et des ressources financières, mais le soutien social (famille, amis) est essentiel, surtout dans les moments difficiles.

> *L'aspect financier est important, comme ça on n'a pas de souci à se faire...*
> *La qualité de vie c'est également les besoins nécessaires, d'avoir une maison, du matériel.*
> *Les amis et la famille c'est important. C'est eux qui nous aident quand ça va pas, quand on n'a pas le moral. C'est eux qui nous disent de continuer, de s'accrocher.*

Chacun forge sa propre conception de la qualité de vie, en fonction notamment de son patrimoine culturel et de l'endroit où il vit, mais aussi de ses traits de caractère. Enfin, les priorités évoluent avec l'âge et les événements qui jalonnent la vie.

---

2. En anglais, World Health Organization (WHO).

*En fait la qualité de vie ça dépend de la culture qu'on vit.*
*Pour moi faire du sport c'est important et il y en a d'autres qui préféreront la musique.*
*Avec les années, la qualité de vie change, on veut atteindre une autre qualité de vie, parce que les besoins changent. La qualité de vie change avec le temps, le développement de soi-même.*

## Qualité de vie à l'université

Les participants évoquent une diminution de leur qualité de vie depuis la rentrée universitaire. Ce phénomène est lié à des préoccupations d'ordre économique et pratique (organisation, logement).

*On n'a pas tous les moyens d'imprimer, ça coûte cher en papier et en encre.*
*C'est cher d'avoir un appartement à Luxembourg et il n'y a pas de place dans les résidences universitaires.*

La nécessité de changer de rythme de vie, de prendre nouvelles marques, de s'organiser de façon autonome affecte de façon importante leur bien-être. Dans ces circonstances, le soutien des amis est essentiel.

*On n'a plus le temps de faire les activités qu'on faisant avant.*
*Moi j'ai l'impression d'être perdu. La première semaine j'avais l'impression d'être écrasé.*
*Ce n'est vraiment pas clair, au niveau de ce qu'on attend de nous.*
*Pour nous, comme étudiants, l'amitié, les conditions de vie selon lesquelles on vit sont importantes pour le bien-être.*

Notons que les dimensions physique et psychique de la santé qui apparaissent, dans la plupart des enquêtes comme des déterminants majeurs de la qualité de vie, n'entrent pas dans la définition qu'en donnent les étudiants. Ces facteurs n'apparaissent qu'après une relance de l'animateur. Si l'influence est réelle, elle semble moins perturber les étudiants dans leur adaptation à l'université que les aspects relationnels et environnementaux.

*Concernant la santé on n'a plus beaucoup de temps de s'occuper de soi-même parce qu'on a tellement de choses à organiser pour l'école.*

*On ne peut pas manger à heures fixes (…) c'est difficile de faire des repas équilibrés.*

*J'ai recommencé de fumer à cause du stress.*

*Des fois j'ai du mal à dormir, parce que je pense au cours du lendemain.*

## Besoins et attentes

D'un point de vue général, les étudiants expriment leur désir d'avoir plus d'informations pratiques sur les possibilités de logement ou les aides financières. Les personnes qui ne sont pas familières des institutions luxembourgeoises sont particulièrement démunies dans ce domaine. Par ailleurs, le rôle du Service des études et de la vie étudiante (SEVE) ne leur semble pas explicite ; en dehors de l'inscription, ils ne savent pas quoi en attendre.

> *Concernant le SEVE, on le connaît pour l'inscription, mais ils font quoi en plus alors ? (…) Pas d'idée de ce qu'on peut en attendre.*
>
> *Concernant des aides, bourses, les logements… non on n'a pas eu d'informations.*
>
> *Les autres qui viennent de l'étranger, en venant ici, eux ils ne savent pas qu'il existe un CEDIES[3] ou des institutions qui donnent des informations.*
>
> *Pour le logement, c'est même pas la peine de leur demander. Il faut se débrouiller tout seul.*

Concernant les études, les informations reçues lors de l'accueil se révèlent insuffisantes, elles ne correspondent pas à leurs attentes, aux questions qu'ils se posent ; les participants auraient aimé être mieux informés sur la formation et son déroulement. Rester en lien avec le « parrain » chargé de faciliter leur intégration s'avère difficile.

> *On voudrait, en arrivant ici, avoir des informations sur le déroulement (…) ce qu'on attend de nous, quels sont les domaines les plus importants, et aussi savoir le déroulement des modules.*

---

3. Le Centre de documentation et d'information sur l'enseignement supérieur fournit des informations et des conseils sur l'enseignement supérieur luxembourgeois et international et sur les métiers (brochures, centre de documentation, organisation de la Foire de l'étudiant). Il administre également les aides financières de l'État pour ces études. Son site fournit le détail de ses activités : http://www.cedies.public.lu/fr/index.html.

> *On nous donne trop tard les infos (…) on voudrait avoir des explications, des précisions.*
> *Les examens en janvier, on ne sait pas encore dans quel domaine et comment tout va se dérouler.*
> *L'accueil ici: c'était une réunion la première journée, avec pleines de choses qui n'intéressaient personne.*
> *On a parlé un peu avec eux mais pour le reste… Le parrainage ne fonctionne plus, on n'a plus de contact*
> *Je suis encore en contact avec mon parrain, au café ou par téléphone, transport public. On discute sur des projets, des difficultés, mais pas si à cause des horaires.*

Les participants se disent satisfaits du cadre et les conditions de travail sur leur campus. En revanche, ils déplorent le manque de lien entre les différents campus, la pauvreté des offres de loisirs (activités sportives en particulier) et aimeraient une vie étudiante plus animée à l'université comme aux alentours de celle-ci. Prolixes à ce sujet, ils laissent entendre leur déception; en s'inscrivant à l'université, ils attendaient plus qu'une formation, ils voulaient accéder à la «vie étudiante».

> *On ne connaît pas les étudiants des autres campus, il n'existe pas d'interactions entre les étudiants.*
> *Il manque des trucs sportifs, loisirs, des visites d'institutions.*
> *Il n'existe pas d'activités sportives entre les étudiants, il n'y a pas d'activités proposées de l'université.*
> *Il n'y a pas (…) de soirées organisées, ni rien du tout.*
> *On ne fait jamais de rencontres entre les étudiants, de fêtes, de choses comme ça.*
> *Il y a pas d'endroits, de café ou de fast food, aux alentours de l'université. Je sais pas moi un endroit où on pourrait se retrouver entre étudiants après les cours ou entre deux cours.*
> *La vie d'étudiant nocturne n'existe pas ici au Luxembourg, ça me manque. Mêmes les loisirs d'étudiant n'existent pas non plus.*
> *On ne peut pas comparer la vie d'étudiant à Luxembourg avec celle à l'étranger.*
> *À l'étranger c'est différent: avant, j'étais à Munich, on faisait des fêtes presque toutes les semaines ou on sortait en ville, on allait au cinéma ou autre chose.*

Le statut d'étudiant ne leur semble pas suffisamment défini, ni reconnu. Cette reconnaissance passe en particulier par des avantages financiers. L'État aurait un rôle essentiel à jouer dans l'amélioration de leur qualité de vie en tant qu'étudiant.

> *Au Luxembourg il n'existe pas de vie d'étudiant, on n'a pas de statut d'étudiant, pas de tarifs pour les étudiants, on est des élèves mais pas des étudiants.*
> *À Luxembourg, un étudiant ou un lycéen c'est pareil.*
> *On n'a pas d'avantage à être à l'université. Il n'y a pas de tarifs pour les étudiants.*
> *L'État aussi, il faudrait qu'il fasse quelque chose pour les étudiants, pour la vie étudiante à Luxembourg.*

L'image du campus intervient également dans ce domaine ; pour se sentir étudiants, les participants disent l'importance d'un lieu clairement identifié comme un établissement d'enseignement supérieur par leur entourage. Les espaces et les équipements ne sont pas en rapport avec ce qu'ils attendent d'une université ; le campus souffre de la comparaison avec ceux qu'ils ont connus à l'étranger. Les proches ont parfois du mal à comprendre le choix de l'étudiant compte tenu de la proximité de l'Allemagne, de la Belgique et de la France, pays où les étudiants luxembourgeois peuvent, grâce à leur maîtrise de l'allemand et du français, suivre des cursus équivalents.

> *Moi je dis toujours je vais à l'école, je ne dis jamais je vais à l'université. Cela a l'air d'une école.*
> *Ici c'est tout petit, on n'a pas le sentiment d'être à l'université.*
> *Ce qui m'a étonné quand je suis arrivé, c'est qu'il y a un seul amphi.*
> *Dans mon entourage, ils me disent que je ferais mieux d'aller étudier ailleurs, en Allemagne ou en France. Pour eux, l'université du Luxembourg n'est pas une vraie université.*

## Employabilité

Sur le thème de l'employabilité, la prise de parole n'est pas spontanée. La discussion, encouragée par les relances des animateurs, a néanmoins permis de dégager des compétences transférables liées au travail universitaire (Figure 7, p. 144).

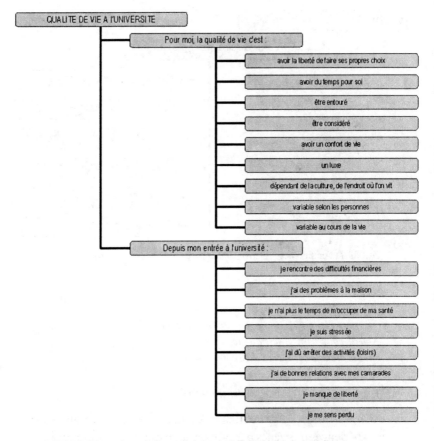

FIGURE 6 : **Dimensions de la qualité de vie à l'université des étudiants**

La définition de l'employabilité que donnent les participants est laconique : « *l'employabilité, c'est trouver du travail quand on sortira d'ici* », aucune précision concernant le lien avec l'obtention du diplôme ou le type d'emploi n'est donnée. Dans cette logique, c'est surtout grâce aux stages que les étudiants espèrent se préparer aux exigences du monde professionnel et s'informer sur les débouchés de leur formation universitaire.

*C'est seulement à partir des stages qu'on peut s'informer dans des différents domaines.*

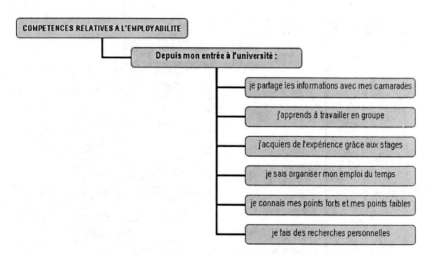

FIGURE 7 : Compétences relatives à l'employabilité mises en œuvre
à l'université

> *Je veux avoir plus de stage pour me faire une idée. Même si c'est seule-*
> *ment pour voir, je sais que lors d'un stage on ne peut jamais apprendre*
> *tout, mais je veux voir des choses plus précises.*

## Compétences acquises à l'université

À ce moment de leur parcours, les étudiants semblent focalisés sur
les expériences nouvelles par rapport au lycée et leur apprentissage
du métier d'étudiant. Les participants disent éprouver des difficultés à gérer leur emploi du temps. Ils considèrent que les cours
doivent leur apporter toute l'information dont ils ont besoin ; alors
que les programmes prévoient du travail personnel et en tiennent
compte dans l'organisation des modules comme dans la comptabi-
lisation des ECTS, les participants présentent leur travail personnel
comme empiétant sur leur temps libre. La découverte du travail
autonome est décrite comme une expérimentation complexe qui
leur permet de découvrir peu à peu leur style d'apprentissage.

> *Le rythme de travail est vraiment trop... je n'arrive pas à faire ce que*
> *je devrais faire.*
> *Le contenu des cours est bien, mais on n'a pas la chance de développer*
> *tout. Il faut y aller dans notre temps libre pour nous informer.*

*On nous demande de s'organiser soi-même.*
*Moi j'ai l'impression que j'ai quand même plus de temps que les années passées. On a cours le matin, le reste on peut utiliser et partager comme on veut.*
*Ce n'est pas le but de l'uni de nous montrer toutes les possibilités, je pense que c'est à nous de trouver nos points forts et faibles.*

Les travaux de groupes sont mis en avant par les participants comme une activité nouvelle par rapport au lycée, difficile à mettre en œuvre, mais dont la maîtrise facilitera leur intégration professionnelle.

*On a beaucoup de projets, de travaux en groupe, en autonomie, c'est ça ce qui est différent qu'au lycée.*
*On nous dit de travailler en groupe, mais on n'a pas de temps pour ça.*
*On n'est pas toujours sur place et c'est difficile de se rencontrer.*
*Ici on nous impose de travailler en groupe (...) c'est enrichissant...*
*Les travaux de groupe (...) c'est une expérience qui est importante si on veut travailler dans le secteur social, là il n'y a que du travail en groupe.*

## Besoins et attentes

Les participants s'inquiètent au sujet de leur insertion profession-nelle future alors que les modalités de leur formation, récemment intégrée à l'université dans le cadre du processus de Bologne, ont radicalement changé. Ils se demandent comment ils seront acceptés par les professionnels en poste, quelles seront leurs tâches, leurs fonctions, leur statut. Ils aimeraient que les enseignants discutent avec eux de ce sujet et leur apportent des éclaircissements. De manière générale, ils aimeraient en savoir plus sur le monde du travail.

*La formation a aussi changé et on ne sait pas clairement et on est un peu inquiet ce qui sera après les 3 ans.*
*Nous on sera rien. On aura un bachelor. On a l'impression d'aller dans le noir.*
*Les professeurs ne nous parlent jamais de notre avenir.*
*On ne voudrait pas nécessairement savoir plus sur les autres secteurs, mais plutôt si nous serons intégrés parmi les autres professions avec notre diplôme.*

*Je trouve qu'on ne reçoit pas assez d'informations précises et concrètes. Je voudrais savoir plus sur le champ de travail.*

*On est angoissé par le futur, on ne sait pas encore ce qu'on fera. Notre situation est un peu floue.*

Les étudiants désirent un accompagnement personnalisé, dans une perspective de développement personnel incluant la maturation d'un projet professionnel. Pour eux une formation de qualité devrait tenir compte de ce paramètre.

*Je suis énervée que chacun doit faire la même chose, on n'est pas libre de choisir des projets par soi-même (…) ce n'est pas qualité.*

*Pendant les 3 années, on ne peut pas se développer soi-même, mais en troisième on devra quand même choisir une direction.*

## Expression de l'empowerment

Les participants expérimentent l'*empowerment* (Figure 8 ci-dessous) au travers de leurs relations avec les enseignants, de leur implication dans la vie universitaire, et de leurs statuts d'étudiant et de futur professionnel.

Les étudiants apprécient que les enseignants les encouragent à prendre des initiatives. Ils estiment que c'est une forme de reconnaissance de leur nouveau statut d'adulte.

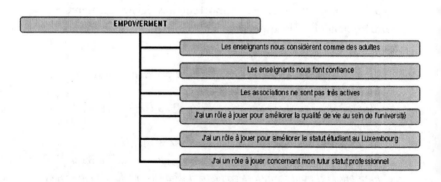

FIGURE 8 : Expression de l'*empowerment* à l'université

> *On nous considère autrement qu'au lycée (…) ici on nous considère plus matures.*
> *C'est le but du truc, pour nous éduquer, pour nous forcer à être responsables, autonomes, à nous informer nous-mêmes…*

Si les associations sont critiquées pour leur manque de dynamisme, les participants reconnaissent leur responsabilité collective dans l'amélioration de la qualité de vie sur le campus. Ils déplorent le manque de relations avec leurs pairs inscrits dans les années supérieures et avouent ne pas connaître ceux qui suivent d'autres formations.

> *Il n'existe pas de discours avec les étudiants des autres sections (…) on ne connaît personne. On ne les a vus que le premier jour.*
> *On ne voit pas les autres promos (…) on ne les croise pas (…) on n'a pas d'échanges avec eux.*
> *(les étudiants des autres formations) pour les rencontrer ou faire leur connaissance, il ne faudrait que faire une fête.*
> *La Sandkaul[4] (…) n'est pas fréquentée.*
> *Les associations d'étudiants, je les connais pas. Ils sont pas très actifs.*
> *Pour améliorer notre qualité de vie au sein de l'université, il faudra agir nous-mêmes.*

De la même manière, les participants se disent conscients du rôle qu'ils ont à jouer pour une meilleure reconnaissance de leur statut en tant qu'étudiants, puis en tant que jeunes diplômés. Les réformes liées au processus de Bologne sont peut-être une opportunité d'agir dans ce sens, mais pour cela il faudrait se fédérer et faire entendre un discours commun…

> *Ça dépend de nous peut-être… Il faudrait peut-être qu'on se bouge un peu, qu'on se prenne en main pour faire bouger les choses.*
> *(Insertion professionnelle) peut-être c'est un avantage si tout n'est pas trop fixé, décidé…, peut-être qu'on peut avoir une certaine influence, plutôt que si tout est déjà fixé.*
> *Il n'y a pas de voix commune, c'est difficile pour avoir des changements.*

---

4. Salle gérée par le Cercle des Étudiants de la Faculté Trois (CEFT) où les étudiants peuvent travailler ou se détendre.

## 3.  Limites

Lors de ces *focus groups* qui avaient pour thèmes la qualité de vie à l'université et l'employabilité des étudiants, ceux-ci ont largement discouru autour de la notion d'identité et ce malgré les relances des animateurs pour recentrer l'entretien. Des éléments contextuels peuvent éclairer les remarques des étudiants, en effet leurs inquiétudes sont liées à l'inscription de tous les cursus dans le cadre de la réforme LMD/BMD : ils évoquent leur incertitude quant à la valeur sur le marché de l'emploi de ce nouveau diplôme bachelor (pour eux de type professionnel) et craignent de ne pas être reconnus. Ils semblent aussi avoir du mal à imaginer une suite à leur parcours, notamment la poursuite de leurs études par un master, et voient peu d'intérêt à obtenir un diplôme universitaire reconnu dans toute l'Union européenne alors que la majorité n'envisage pas de travailler ailleurs qu'au Luxembourg.

## 4.  Point de vue des étudiants en psychologie

Le BSSE ayant plutôt une orientation professionnelle, cette première approche a été complétée en recueillant le point de vue d'étudiants inscrits en bachelor académique de psychologie (BAP) dans le même campus.

### Méthodologie

La méthode utilisée est identique à celle de l'enquête réalisée précédemment. La population (63) était constituée des étudiants inscrits au second semestre. En majorité de sexe féminin (49/63) et de nationalité luxembourgeoise (34/63), vivant au domicile des parents (54/63), ils avaient plus de 20 ans [18 ans ; 31 ans], seuls 4 étaient boursiers.

La plupart possèdent un diplôme de fin d'études secondaires luxembourgeois général (31) ou technique (9 dont 2 d'infirmier), et 23 un diplôme étranger, obtenu l'année de leur inscription au bachelor (43/63). Parmi les autres, 12/20 avaient déjà fréquenté une université auparavant.

Les discours intégralement retranscrits ont été soumis à une analyse de contenu thématique catégorielle. Les *verbatim* retenus ont été classés dans les catégories précédemment identifiées afin de mettre en évidence les points de convergence ou de divergence des discours en fonction des formations.

## Résultats

Sur les 63 étudiants concernés, une quarantaine était présente le jour de nos interventions et 14 (dont quatre jeunes hommes) ont participé aux deux entretiens collectifs organisés. Âgés d'environ 22 ans [min : 20 ; max : 31], ils étaient en majorité résidents luxembourgeois (12/14).

Globalement, le discours des étudiants du BAP diffère peu de celui des étudiants du BSSE. S'ils n'ont pas d'inquiétude au niveau de la reconnaissance de leur diplôme sur le marché du travail luxembourgeois, ils s'inquiètent tout de même de leur insertion professionnelle et adressent les mêmes critiques à l'université.

## 5. Émergence du concept d'identité d'étudiant

### Les dimensions de la qualité de vie universitaire et de l'employabilité selon les étudiants

Les enquêtés ont une idée précise de ce qui préside au bien-être sur le campus ; ils décrivent une qualité de vie universitaire multidimensionnelle, dépendant de facteurs psychosociaux et/ou économiques d'ordre individuel (événements de vie qui peuvent les affecter, soutien dont ils bénéficient ou non de la part de leur entourage, cadre de vie, ressources financières, aides reçues), mais aussi de déterminants sociaux, psychologiques, informationnels, relationnels en lien avec leur nouvel environnement universitaire (rythme de vie imposé par les cours, changement des habitudes alimentaires, stress lié aux examens, informations disponibles, image du campus, vie étudiante). Si l'environnement physique du campus reçoit une appréciation globalement positive, la communication sur le fonctionnement des structures universitaires, les cursus, l'organisation et le déroulement des formations, pourrait encore être améliorée.

Moins diserts au sujet de l'employabilité, qu'ils assimilent sommairement au fait de trouver un emploi, les participants reconnaissent qu'il existe un ensemble de compétences à maîtriser pour intégrer le monde du travail. Leur formation universitaire leur permet de conforter celles en partie acquises au cours des études secondaires (rédaction, expression orale) et d'en acquérir d'autres (être en mesure de travailler en groupe, être capable de gérer son emploi du temps). Les stages sur le terrain sont unanimement considérés comme une période d'exercice pratique nécessaire pour asseoir leur employabilité sur des bases issues d'une réalité sociale. Néanmoins les étudiants doutent de la valeur concrète sur le marché du travail du diplôme qu'ils préparent (adéquation entre la formation reçue et les tâches à accomplir, adéquation entre le niveau du diplôme et la rémunération effective, reconnaissance des professionnels en poste, etc.). Ils déclarent en outre manquer d'information au sujet des métiers et soulignent la nécessité de construire et/ou de préciser un projet professionnel durant leur cursus. L'employabilité des étudiants est aux yeux des participants conditionnée par la construction d'un projet professionnel, tâche dans laquelle ils souhaitent être accompagnés voire guidés. Ils expriment aussi le désir d'être rassurés quant à la valeur de leur nouveau diplôme sur le marché du travail.

## L'identité sociale d'étudiant, déterminant majeur de la qualité de vie universitaire et de l'employabilité

Les propos des étudiants ont permis de dégager les principaux déterminants de leur qualité de vie à l'université et de leur employabilité. Les participants ont fait part de leur difficulté à effectuer la transition lycée-université et à s'adapter à leur nouvelle vie; il leur semble compliqué d'assumer leur rôle d'étudiant dans un environnement qui ne ressemble pas à ce qu'ils imagi-

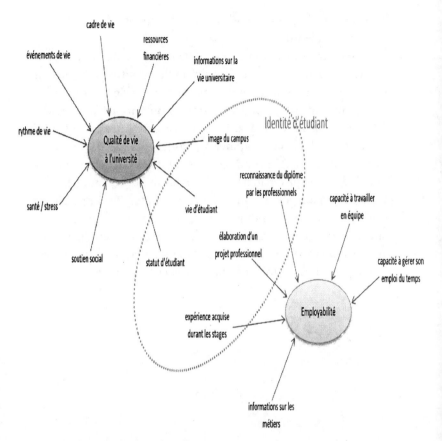

**FIGURE 9 : Principaux déterminants de la qualité de vie à l'université et de l'employabilité évoqués par les étudiants**

naient et qu'ils ne comprennent pas. Les enquêtés avouent ne pas toujours savoir ce que l'on attend d'eux et se posent de nombreuses questions quant à leur avenir professionnel. Ce qu'ils décrivent correspond au questionnement identitaire habituel à cet âge de la vie (Erikson, 1972), mais leurs incertitudes sont sans doute amplifiées par les attentes réelles ou supposées de leur environnement (familial, amical, universitaire). Selon Erikson, c'est de l'immersion du sujet dans un contexte exigeant de lui des réponses à des demandes explicites ou implicites que naît la crise identitaire. Confrontés aux questions « qu'ai-je fait » et « où vais-je ? », les étudiants ne sont-ils pas à ce stade de leur développement confrontés une «crise d'identité»?

Les différents éléments influant sur leur qualité de vie universitaire d'une part, et sur leur employabilité d'autre part peuvent être regroupés au sein d'une même catégorie (Figure 9, p. 151) centrée sur l'identité d'étudiant: identité du campus, identité des filières avec la mise en place des nouveaux bachelors, identité d'étudiant au Luxembourg, identité professionnelle future.

L'identité d'étudiant apparaît comme un déterminant commun à la qualité de vie universitaire et à l'employabilité des étudiants. Le choix méthodologique d'une démarche inductive imposait de considérer cet élément nouveau et de mener une réflexion approfondie sur ce que représente pour les jeunes «être étudiant». La phase exploratoire s'est poursuivie par l'organisation d'autres *focus groups*, portant cette fois sur l'identité sociale d'étudiant.

## chapitre 3

# L'identité étudiante vue par les étudiants

Le témoignage d'étudiants de Nancy et de l'université du Luxembourg (UL) a permis d'explorer différents aspects de la vie étudiante afin de définir les traits qui caractérisent l'identité sociale d'étudiant et de déterminer les facteurs susceptibles d'influer sur son développement.

## 1. Méthodologie

Les participants ont été recrutés parmi les étudiants de première année de bachelor en sciences sociales et éducatives (Walferdange) et de licence en sociologie (Nancy)[1].

Pour les raisons évoquées précédemment et compte tenu du déroulement satisfaisant des premiers entretiens collectifs, le recours à des *focus groups* a été maintenu. Informés oralement lors d'un cours magistral des objectifs et des modalités de l'enquête, les volontaires ont donné leur accord par écrit.

Les entretiens collectifs, d'une durée d'une heure trente environ, ont été animés en français par un (Nancy) ou deux facilitateurs (dont un pouvant faire office de traducteur, Walferdange) et enregistrés. Le guide d'entretien comportait treize questions regroupées en trois thèmes : les représentations de l'étudiant ; la vie étudiante ; les attentes et propositions. À l'issue des *focus groups*, les étudiants ont anonymement indiqué sur un document prévu à cet effet, leurs sexe, âge et nationalité.

---

1. Pour mémoire, le BSSE est un bachelor à visée professionnelle, tandis la licence en sociologie est de type académique.

L'analyse de contenu a été réalisée selon la méthode décrite au chapitre précédent. Après construction des catégories de *verbatim*, le logiciel *N'vivo* a permis de vérifier que le discours tenu concernait l'ensemble des étudiants ou bien était spécifique à l'une ou l'autre des populations.

## 2. Résultats

Dix *focus groups*, ont été organisés au cours du second semestre 2006/2007. Ils ont rassemblé 91 étudiants en sciences sociales (52 à Walferdange, 39 à Nancy), d'âge moyen 21 ans et à 70 % de sexe féminin (taux représentatif de la fréquentation de ces filières). Notons que les étudiants de Nancy sont plus jeunes (20 ans en moyenne), écart qui s'explique vraisemblablement par la différence de durée des études secondaires, plus longues d'un an au Luxembourg.

L'ensemble des analyses confirme la structure en trois axes (juvénile, scolaire, professionnel) du développement de l'identité étudiante décrite par Erlich (2004). Les discours des étudiants nancéiens et luxembourgeois étant proches, ils ne seront pas systématiquement distingués dans la présentation, mais les points particuliers qui concernent spécifiquement l'un ou l'autre des groupes seront signalés. Aucune différence n'a pu être attribuée au type de formation suivi (programme professionnel ou académique).

### Identité juvénile

Les primo-inscrits viennent de quitter le lycée, ils sont encore attachés à leur famille d'une part et à leur cercle d'amis d'autre part. Mais leur jeunesse leur donne aussi le goût du risque et ils sont animés par l'envie de faire des expériences nouvelles et d'élargir leur horizon (Figure 10, p. 158).

#### Relations avec les parents

Être étudiant implique pour une grande majorité, rester dépendant de ses parents. Cette situation mal vécue est en contradiction avec le statut légal d'adulte que leur confère leur âge; l'obligation d'obéir aux règles familiales ou de recevoir de l'argent des parents met des limites à leur autonomie. À cet égard, les jeunes qui ont choisi d'exercer une activité salariée à plein temps leur semblent favorisés. Compte tenu du coût des études et de l'incertitude des débouchés, certains parents les poussent d'ailleurs dans ce sens. Leur incapacité à définir un projet professionnel est source de tensions familiales; si les parents respectent leur travail et sont prêts à faire des sacrifices pour financer leurs études, ils attendent un «retour sur investissement».

> *Le statut d'étudiant nous maintient dans un état de dépendance vis-à-vis des parents.*
>
> *Dans la majorité des cas, il y a un écart entre le fait qu'on est censé être autonomes, adultes et le fait qu'on est dépendants des parents.*
>
> *Ici à l'université du Luxembourg on habite chez ses parents. On doit demander l'accord des parents si on veut inviter ses amis à la maison.*
>
> *Mes amis qui ne sont pas à l'université, ils ont de l'argent pour sortir, pour le cinéma… et ils n'ont pas besoin de demander aux parents.*
>
> *Mes parents font des sacrifices pour me payer des études, des livres et tout ça, alors je dois réussir (…) ils attendent que j'arrive.*
>
> *Ils disent qu'il est temps de finir parce que ça devient cher quand même.*

Pour ceux qui vivent en cité universitaire ou en appartement, le retour au domicile familial le week-end ou durant les vacances est perturbant. L'environnement familial est peu propice aux apprentissages (relations conflictuelles, impossibilité de s'isoler, bruit), et concilier études et activité rémunérée s'avère difficile, les impératifs du salariat prenant le pas sur les apprentissages.

> *La différence entre la semaine à Nancy où on est autonomes et où on travaille par nous-mêmes et après de rentrer chez ses parents ça fait bizarre (…) c'est plus nous qui fixons les règles.*
>
> *Si on se comprend bien avec les parents c'est impeccable. Mais si on a des problèmes à la maison, on n'arrive pas à étudier (…) il y a trop de monde, trop de bruit.*
>
> *J'ai une amie qui est étudiante salariée, quand je l'entends parler, quand je la vois vivre, je la vois plus comme une salariée étudiante que comme une étudiante salariée. Il y a des étudiants dont leurs études, c'est une partie infime de leur vie.*

Au sein de la famille, le statut d'étudiant peut aussi être valorisant, surtout si faire des études supérieures n'est pas habituel parmi les proches. C'est une forme de réussite sociale qui vaut aux jeunes le soutien des parents et leur fierté.

> *Quand je le dis à mes grands-parents, je sais que ça va faire son effet, ils disent que l'université, c'est bien.*
>
> *Moi, quand je parle dans mon entourage, à ma famille qui sont des personnes qui n'ont jamais été à l'université, quand je leur dis je suis inscrite en licence de sociologie, là tout de suite c'est merveilleux.*
>
> *Dans ma famille je suis la seule à faire des études supérieures, ça me donne un statut un peu particulier, c'est valorisant. Mon frère est en BEP, il m'appelle l'intellectuelle.*
>
> *Ils (mes parents) me donnent tout le support qu'ils peuvent parce qu'ils n'ont pas eu la possibilité eux-mêmes de faire des études universitaires.*

## Influence des amis

Pour ne pas quitter leur cercle familial et leurs amis, certains choisissent d'étudier dans l'université la plus proche, faisant fi de tout autre critère (réputation de l'université, options proposées, valeur du diplôme sur le marché du travail).

> *Moi je suis resté au Luxembourg pour pouvoir garder mes amis, ma copine, ma famille et mes animaux.*
>
> *Je n'ai pas besoin d'autres contacts, je suis déjà bien enraciné.*
>
> *En restant sur place, on peut entretenir les contacts sociaux, garder ses amis d'avant…*

Pourtant, en tant que jeunes, le point de vue des amis, du groupe demeure primordial, aussi les jugements négatifs portés sur l'orientation choisie blessent les étudiants et les font parfois douter de leur décision. Ils souffrent en outre de l'image de fêtards et de fainéants qui leur est attribuée. Certains se heurtent aux critiques de ceux qui, déjà entrés dans la vie active, comprennent mal les finalités de leur engagement universitaire et comment, en ce temps de «crise», on peut perdre son temps à étudier au lieu de chercher un emploi qui permettrait d'être autonome et d'accéder à la «vraie vie».

> *Mes copains, pour eux l'université du Luxembourg c'est bof… ils demandent pourquoi je ne suis pas parti à l'étranger à l'université…*

*Il y en a qui disent : « Ah, tu aurais dû aller dans une université avec une meilleure réputation ! »*
*Dire que vous faites de la sociologie, par exemple quand je dis à mes amis que je fais de sa sociologie... ils ne me prennent pas au sérieux.*
*Quand les gens parlent de l'université, ils disent que les étudiants ont beaucoup d'amusements après les cours, qu'ils font des fêtes le soir.*
*Les copains qui travaillent ont l'impression que les étudiants sont des fainéants, qu'ils ne font que faire la fête et qu'ils ne travaillent rien.*
*J'ai un ami qui travaille, qui est marié. À chaque fois qu'il me voit, il dit : « Quand est-ce que tu rentres dans la vraie vie ? »*

## Le temps des expériences

L'université, c'est aussi l'attrait de la nouveauté et une partie des jeunes s'y inscrit est guidée par la curiosité, l'envie d'expérimenter quelque chose de nouveau, de différent du lycée. Rencontrer des personnes appartenant à des cultures ou des milieux divers peut également être enrichissant.

*S'inscrire à l'université, c'est voir autre chose que le lycée, ne serait-ce que par curiosité.*
*Ça permet de voir plusieurs horizons, plusieurs façons de penser. Pour moi, c'est un monde qui me permet de m'ouvrir à une certaine culture.*
*Il y a peu d'étrangers qui viennent au lycée alors qu'à l'université je peux rencontrer et fréquenter des personnes venant d'autres pays.*

Dans cette perspective, l'obtention du diplôme n'est pas indispensable, le temps passé à l'université est vu comme une phase de maturation intellectuelle, voire un moyen de retarder le moment d'intégrer le monde du travail. Être étudiant, c'est prendre du recul par rapport aux événements, prendre le temps de poser un regard critique sur le monde, de découvrir d'autres points de vue, les analyser et élaborer ses propres jugements. Pouvoir se consacrer à cette réflexion est une opportunité qu'autorise l'absence d'obligations professionnelles et familiales.

*Même si on est en échec, qu'on a du retard, c'est enrichissant de savoir un peu ce que c'est...*
*Pour moi être étudiante, c'est un peu un intermède où je peux commencer à me construire ma propre vision des choses, une vision un peu*

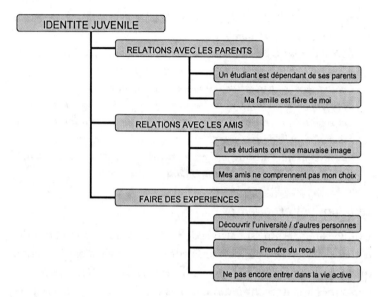

FIGURE 10: Dimensions de l'identité juvénile des étudiants

*plus critique. C'est plutôt ça, c'est faire l'expérience de choses que je ne connaissais pas avant quand j'étais élève, ado.*
*Un étudiant n'a pas encore envie de travailler.*
*C'est commencer à découvrir les choses, mais avoir en plus la chance de se consacrer à ça, parce que je me dis que quand on est dans le monde du travail, on peut plus.*
*Après, on est dans sa voie et en plus on construit sa famille dans le meilleur des cas, donc en rentre dans une routine qui fait que on n'a plus vraiment le temps de regarder vraiment les choses.*

## Identité académique

L'essentiel du discours des étudiants porte sur vie à l'université et les rapports qu'ils entretiennent avec leur environnement (Figure 11, p. 172). Pour qualifier le type d'identité évoqué ici, l'adjectif «académique» dans son sens anglo-saxon de «relatif à l'université» a été préféré à celui d'universitaire, plus juste mais qui aurait pu prêter à confusion.

## Relation aux études

Être étudiant, c'est d'abord acquérir de nouvelles connaissances dans le domaine de son choix, une perspective enthousiasmante pourtant modérée par le dur apprentissage du «métier d'étudiant». L'entrée à l'université est déstabilisante, l'étudiant découvre un fonctionnement radicalement différent de celui du lycée, des enseignants qu'il ne connaît pas, des cours dont il ne comprend pas bien les objectifs. Il faut apprendre à s'organiser, à travailler de façon autonome. La vie étudiante est éloignée de ce qu'il imaginait, en particulier dans son aspect festif, le temps disponible pour les loisirs s'amenuise d'ailleurs au fil de l'année. Les efforts déployés pour comprendre et se conformer aux règles – énoncées ou implicites – du travail universitaire génère un stress important et les participants avouent se sentir perdus.

> *Il y a vraiment un trou, un grand fossé entre le lycée et l'université.*
> *Ce qui fait que je suis étudiant, c'est tout ce que j'ai appris. Quand je dis que je suis étudiant ça veut dire que j'apprends des choses qu'on n'apprend pas ailleurs qu'à la fac.*
> *Ici, j'étudie dans le domaine que j'ai choisi.*
> *Pour s'inscrire tout simplement, je comprenais rien, on m'a dit qu'il faut faire des stratégies pour coupler les matières, mais je comprends rien.*
> *On passe beaucoup de temps à comprendre ce que les professeurs veulent de nous.*
> *Moi, le premier semestre j'étais vraiment perdu à l'université parce qu'on avait tous les cours, les professeurs que j'ai jamais vus…*
> *Je m'imaginais la vie universitaire plus relax. Je pensais que c'était plus relax par rapport à maintenant… car on a beaucoup à faire…*
> *(par rapport au premier semestre) On sait mieux s'organiser, mais on n'a plus trop de temps pour faire la fête.*
> *L'université on doit travailler différemment, être plus autonome (…) on doit tout savoir de nous-mêmes.*
> *Les deux premiers mois, on ne sait pas… C'est stressant. Très stressant.*
> *Je me sens perdue ici à l'université. Je suis toujours stressée d'organiser tout.*

Le peu d'heures de cours et l'absence d'obligation formelle d'y assister donnent une trompeuse apparence de liberté. Le temps en dehors des enseignements est qualifié de «temps libre», expression qui évoque plus les loisirs que le travail en autonomie. Les participants soulignent la nécessité de trouver en eux-mêmes la motivation pour se rendre régulièrement à l'université. Cette prise de conscience de leur responsabilité individuelle dans les apprentissages présente un revers, celle de la culpabilisation en cas d'échec.

> *Comme on n'a que quelques heures de cours, on a beaucoup plus de temps libre.*
> *La plupart des cours ne sont pas obligatoires... cela présuppose qu'on sait s'organiser soi-même et faire du travail personnel.*
> *Assister aux cours, c'est fondamental, c'est sûr.*
> *C'est toi qui travailles, c'est toi qui décides de venir ici alors tu dois te débrouiller, c'est difficile au début. Si tu viens pas c'est ton choix.*
> *On n'a pas la pression d'une tierce personne derrière nous. Si on travaille, on sait que c'est pour nous, on n'a pas d'avertissements ou de blâmes. On peut s'en prendre qu'à nous si on a un échec, c'est une source d'automotivation.*

## Relations avec les enseignants

Lorsque les étudiants parlent de leurs enseignants, c'est pour évoquer les rapports qui s'établissent entre eux plutôt que le contenu des cours. Être connu par son nom est important pour tous et donne l'impression d'avoir de l'importance aux yeux des professeurs. Les Luxembourgeois sont de ce point de vue privilégiés en raison du petit nombre d'étudiants. Ceux de Nancy se sentent parfois anonymes et sans intérêt, un étudiant parmi tant d'autres pour des enseignants qui savent que beaucoup abandonneront avant la fin de la première année.

> *On n'est pas un grand nombre, mais les professeurs connaissent chaque étudiant par son nom.*
> *Comme l'université est petite, on a l'avantage d'avoir une relation plus proche avec les professeurs.*
> *En sociologie, on est beaucoup, on n'a pas l'impression d'avoir beaucoup d'importance pour les professeurs. Ils ne connaissent pas forcément nos noms les profs.*
> *On n'a pas l'impression d'avoir une importance dans l'amphi.*
> *On se sent pas vraiment considérés, on est un étudiant parmi tous ceux qu'ils ont bien pu rencontrer pendant leur carrière.*

*Pour les profs en première année on n'est pas considérés comme de vrais étudiants.*

*On m'a dit que c'était seulement en deuxième année qu'ils prenaient en compte qu'on était vraiment des étudiants et qu'il fallait faire nos preuves en allant en deuxième année.*

Les étudiants reconnaissent les qualités individuelles de ceux parmi les enseignants qui savent se montrer disponibles et enthousiastes. Ils ont besoin de preuves qu'on les considère non plus comme de lycéens, mais comme des adultes et qu'on leur accorde les égards liés à ce statut.

*Les responsables d'années, ils se présentent vraiment en disant n'hésitez pas, ils sont pas du genre à dire je suis responsable d'année, mais je reste dans mon coin... le peu de fois où j'ai eu des questions, la réponse a été claire, rapide.*

*Je croyais qu'on avait plus de contacts avec les professeurs mais c'est pas le cas.*

*Si on veut rencontrer un professeur, cela cause un problème, car ils sont souvent absents.*

*On a pas mal de profs qui sont jeunes, qui sont là, qui ont peu d'années d'enseignement, ils y croient et c'est des profs qui vous donnent envie de faire des choses, ils cherchent le dialogue.*

*Il y a des profs, quand tu poses une question on dirait qu'ils s'éclairent, ils s'illuminent et ils rentrent vraiment dans la conversation, on sent qu'ils sont contents qu'on s'intéresse. D'autres quand on leur pose une question, ils répondent, c'est pas qu'ils évitent la question, ils répondent, mais ça s'arrête là.*

*Les enseignants ne nous considèrent pas comme des élèves, ils nous considèrent comme des adultes autonomes et les relations sont plus égalitaires.*

*Ils nous écoutent, on peut leur envoyer des mails, généralement ils répondent.*

*Il y a des réunions avec tous les profs où l'on peut dire ce qui va pas, sans gêne, ils sont vraiment ouverts d'esprit.*

*Après le premier semestre, monsieur X nous avait dit de lui donner une liste de tous les trucs qui ne sont pas bien à l'université, de proposer des améliorations (...) c'est bien de dire mais il faut aussi un peu voir le changement parce que sinon... j'ai l'impression qu'on nous prend pas au sérieux.*

## Relations avec les pairs

Le réseau relationnel des étudiants de Nancy ne semble pas s'être enrichi à l'université selon les participants, il est difficile de se faire de vrais amis, les relations restent superficielles. La situation est éprouvante pour ceux qui découvrent dans le même temps l'éloignement du domicile familial. Les étudiants ont le sentiment d'être anonymes, de passer inaperçu. Il en est même – alors que l'on connaît l'importance du paraître chez les jeunes – qui disent renoncer à prendre soin de leur apparence, tant ils sont sûrs que personne ne fait attention à eux.

> (Je croyais) que ce serait moins individualiste, que les gens iraient vers les autres, surtout en sociologie qui est une science humaine, moi je pensais vraiment que les gens allaient se parler et là c'est pas du tout le cas, c'est vraiment chacun pour soi.
>
> Même ceux que tu connais, c'est la bise au début du cours, la bise à la fin du cours, mais ça va pas plus loin.
>
> Officiellement on est une promo, mais à part deux ou trois avec qui je suis en cours, je vais jamais boire un café avec quelqu'un de la fac en dehors. On se rencontre, on fait le cours ensemble, on s'envoie de temps en temps un SMS durant le week-end ou pendant les vacances et puis basta.
>
> Quand je suis arrivé, je connaissais absolument personne à l'université, j'étais dans ma chambre d'étudiant de 9 m² et je passais mon temps à étudier. J'avais presque aucun contact avec les autres étudiants.
>
> Si quelqu'un vient en pyjama, on rigolera pas de lui et on le verra pratiquement pas je suis sûr.
>
> Des fois je me dis à quoi bon m'arranger parce que je sais bien que finalement ça change pas la vie des gens et puis ils s'en fichent un peu quoi.

Le travail universitaire impose parfois de travailler en équipe, mais le groupe formé pour l'occasion ne crée pas de liens durables. Les étudiants ont une tendance à l'individualisme et sont peu réactifs aux sollicitations qui visent à développer un collectif avec un discours commun. De petits groupes se forment dès la rentrée et évoluent peu ensuite, les membres préférant se retrouver entre eux, même lors des activités festives censées faciliter les contacts. L'intégration s'avère malaisée, certains ressentent d'ailleurs un tel mal-être qu'ils préfèrent quitter l'établissement.

*On fait des travaux de groupe, mais quand c'est fait on ne parle plus, on ne se connaît plus, même pas «bonjour / au revoir». Il n'y a pas de front commun ou d'intérêts communs.*

*Je suis délégué de socio, j'ai envoyé un mail à tous les étudiants pour savoir s'il y avait quelque chose qui allait pas (…) j'ai eu dix réponses, alors que j'ai envoyé un mail aux… je crois qu'on est 250 en socio…*

*C'est dommage, on n'a pas d'esprit de groupe. Il y a plein de personnes avec qui j'ai jamais parlé, alors que la promo, elle est pas énorme. On n'a pas l'excuse de dire on est trop nombreux.*

*Je dirais à un étudiant qui arrive de se trouver quelqu'un dès les premiers jours parce que c'est là que se forment les groupes. Après les groupes n'évoluent pas vraiment.*

*Moi, je me suis fait vite des connaissances, mais maintenant je reste dans mon groupe et j'essaie pas forcément de rencontrer d'autres personnes.*

*Quand on voit sur une affiche «soirée étudiante», on se fait une image de cette soirée (…) mais ceux qui sont rentrés en groupe restent généralement en groupe, on fait pas de nouvelles connaissances.*

*Là où il y a une bonne ambiance on reste, là où il y a une mauvaise ambiance, on cherche des portes de secours. Il y en a quelques-uns qui sont partis à cause de l'ambiance, ils ne supportaient pas…*

À Walferdange, les effectifs restreints facilitent les contacts. C'est un atout qu'apprécient particulièrement ceux qui ont fait l'expérience d'une université accueillant davantage d'étudiants, mais conséquence logique, les nouvelles rencontres sont rares. Vivre en cité universitaire incite toutefois à lier connaissance ; là se côtoient des étudiants venant des trois campus, de nationalités et de cultures diverses, que l'éloignement des proches pousse à se retrouver pour des activités communes.

*Les petits groupes facilitent de faire des nouveaux contacts. C'est plus facile de faire des connaissances que quand on est à 300. Là, on voit tous les jours les mêmes gens.*

*J'étais contente de venir ici parce que ici on se connaît tous mieux.*

*J'ai déjà fait l'expérience à Trêves, c'est encore pire… Tu es seul, personne ne s'occupe de toi, tu n'es qu'un numéro parmi les autres.*

*On ne rencontre pas d'autres personnes sur le site de l'université, on n'a pas vraiment une chance de faire connaissance avec d'autres gens.*

*Il y a différentes nationalités, on les retrouve dans les cités universitaires, alors on a plein de contacts avec les autres gens, pas seulement les Luxembourgeois.*

> *Moi, j'habite dans une résidence universitaire. C'est autre chose! J'ai plus de contact avec des personnes qui étudient aussi au Luxembourg et on fait quelque chose ensemble le soir!*

## Relations avec l'institution

### A. CADRE DES ÉTUDES

Alors qu'ils rêvaient de campus à l'américaine, idéalisés par les séries télévisées, la découverte de la vie estudiantine n'est pour la majorité que désillusion. Les Luxembourgeois trouvent leur campus de dimension trop modeste, semblable à une école. Les Nancéiens déplorent le manque de visibilité de leur faculté et surtout son manque de panache en comparaison avec la faculté de droit par exemple.

> *On se disait ça va être gigantesque, ce qu'on en voit à la télévision dans toutes les séries où on parle des étudiants: on voit des amphis pleins avec un prof sur une estrade, enfin c'était tout le prestige…*
>
> *J'avais l'image des universités américaines que nous connaissons par la télévision… des bâtiments grands avec beaucoup de surfaces vertes et une place principale, une place qui serait très fréquentée, animée, avec un grand nombre d'étudiants.*
>
> *Comme dans les films américains. Dans tous les films américains, on voit des campus avec plein de verdure, tout le monde qui mange par terre, dans l'herbe.*
>
> *Nous ne considérons pas notre université comme « une vraie université », mais plus comme une école.*
>
> *En fac de lettres[2] il y a des tags partout et en fac de droit c'est clean, il y a rien, c'est impec!*
>
> *On est passé devant la fac et je leur ai montré en disant « ça c'est ma fac », « c'est ton université, ça? » pour eux ça aurait pu être n'importe quel bureau administratif!*

Être étudiant c'est suivre des enseignements dans un amphithéâtre, la salle de cours étant assimilée au lycée. Curieusement, alors que les professeurs s'efforcent de fractionner la promotion en plusieurs groupes afin de pouvoir accorder plus d'attention aux besoins des

---

2. Il est d'usage de désigner ainsi, le campus Lettres et Sciences Humaines.

apprenants, ceux-ci regrettent l'ambiance d'un amphithéâtre bondé qui, dans leur imaginaire, fait partie du quotidien de l'étudiant. Pour ressentir pleinement leur appartenance au monde de l'université, il semble que les participants aient besoin de preuves formelles de leur nouveau statut et assister à ce type de cours en fait partie.

> *Quand je suis arrivée, je me suis dit: « Ils les cachent où les amphis? »*
> *Cela ne correspond pas à notre image d'une vraie université.*
> *Moi, je m'étais imaginé des salles plus grandes, des salles de séminaire où il y a des microphones pour les professeurs... Ici c'est plutôt comme dans un lycée.*

Les étudiants luxembourgeois se disent en majorité satisfaits de l'environnement physique du campus, tant au niveau du cadre que de l'équipement, même s'ils déplorent la ressemblance des salles de cours avec celles du lycée. Ils apprécient le calme des alentours, mais souhaitent rendre leur université plus vivante par l'installation de bars, d'établissements de restauration rapide ou encore de librairies à proximité. De tels aménagements permettraient peut-être de remédier à la désertion du campus après les cours.

> *Les salles sont bien équipées, comme par exemple des projecteurs et le wireless. On a la possibilité de faire nos études dans de bonnes conditions...*
> *C'est mieux que dans la ville parce que si on a le temps, on peut faire une petite promenade dans la forêt.*
> *Aux alentours de l'Uni on trouve peu de restaurations, de cafés, de bars où les étudiants peuvent se rencontrer. Il n'existe pas vraiment une vie étudiante à part du campus.*
> *On pourrait améliorer le quartier tout autour du campus: créer des structures pour étudiants, des snack-bars, des cafés, des librairies, des logements à prix modéré... et comme ça on pourrait vivre sur le campus ou autour, on pourrait se voir en dehors des cours, rencontrer d'autres étudiants d'autres promos...*

Le discours est globalement plus négatif à Nancy, mais avec des nuances : certains dénigrent abondamment et sans détours l'université (apparence, vétusté, manque ou dysfonctionnement des équipements, ressources pédagogiques limitées); d'autres s'attardent sur les points positifs (pelouse, ambiance, cafétéria) et relativisent en comparant leur situation à celle d'étudiants moins favorisés qui vivent le surpeuplement et subissent l'insalubrité des locaux.

> *C'est pas un campus, c'est des salles de cours.*
>
> *Les échafaudages qui sont là depuis la rentrée, on m'a dit qu'ils étaient déjà là l'année dernière, il y a de quoi se poser des questions.*
>
> *La faculté de lettres ne dispose pas forcément de tous les moyens, ce serait mieux si elle avait plus d'équipements déjà.*
>
> *(À la bibliothèque) on n'a pas grand-chose, en sociologie c'est limité. Tu as une petite bibliographie de six bouquins qu'on te donne à lire, tu peux être sûr que dans l'après-midi, il n'y a plus rien.*
>
> *Il y a des choses qui vont pas, par exemple au niveau du matériel des micros qui marchent pas, on doit attendre le technicien pendant vingt minutes avec le prof qui hausse la voix parce qu'il a pas de micro.*
>
> *La dernière fois, on n'avait plus de lumière!*
>
> *Ça ne ressemble pas forcément à la fac de tes rêves, mais je trouve que c'est... enfin, on a de la place pour s'asseoir, il y a assez de chaises.*
>
> *Elle est pas si moche que ça cette fac, je pense que l'entrée elle est belle, elle était belle parce que là c'est un peu dégradé mais je pense que physiquement à la fac il lui manque un petit coup de peinture et puis ce serait pas mal.*
>
> *J'ai qu'une hâte c'est qu'il fasse du soleil pour pouvoir me poser sur l'herbe, en train de lire mes livres ou en train de manger.*
>
> *La première fois ça m'a fait bizarre parce que je venais de la fac de droit qui est belle d'extérieur. Quand je suis venu ici ça m'a fait bizarre... Après quand on rentre, c'est vrai que c'est super agréable, la verdure et tout...*
>
> *Le peu de temps où il y a eu du soleil, là, il y avait des joueurs de guitare. Dans la cafète on a le piano et tout... ça c'est génial, c'est les bonnes images qu'on a de la fac. C'est un milieu artistique aussi, même au niveau du théâtre.*

## B. LA VIE ÉTUDIANTE

Les étudiants sont unanimes pour décrire leur déception face à la pauvreté de l'animation sur le campus ou l'absence de vie étudiante dans la ville. À ce sujet encore, leur discours est ambigu : la majorité quitte les lieux après les cours pour rejoindre sa famille ou son cercle de proches, mais en parallèle aimerait que d'autres prennent en main l'organisation de fêtes ou d'activités. Le travail et l'efficacité des associations sont remis en cause, mais personne n'évoque un manque d'investissement personnel ou la nécessité d'un investissement collectif pour «faire vivre» l'université.

> *(Être inscrit dans une université proche de chez soi) c'est aussi un petit désavantage pour la vie universitaire parce que chacun a sa vie et c'est pas pareil à l'étranger!*
> *Au début j'étais mécontent car il n'existe pas une vraie vie étudiante sur le campus.*
> *Au sens propre il n'existe pas une vie universitaire en dehors du campus, après le cours chacun part.*
> *La vie d'étudiant c'est participer aux soirées étudiantes, rencontrer d'autres étudiants, fréquenter des étudiants, c'est les relations entre étudiants, organiser des soirées dans des bars, dans des boîtes, en ville...*
> *(Soirées) moi j'aimerais bien, ça serait bien d'avoir ça en socio, mais on pense jamais à organiser ça.*
> *En Allemagne, il y a des associations qui s'occupent des étudiants et qui sont indépendantes des administrations et elles travaillent ensemble avec les étudiants.*
> *Les associations, je sais pas ce qu'elles font, on les voit pas ici.*
> *J'ai l'impression qu'ils se représentent plus eux que la majorité des étudiants dans leurs revendications.*
> *Il faudrait un forum des étudiants à la fac, pour que fac de lettre soit vraiment un campus.*

Si certains étudiants se plaignent de la difficulté d'exercer une activité sportive dans le cadre universitaire, il s'avère que sur les deux sites ce n'est pas l'étendue de l'offre qui est en cause, mais l'accessibilité des structures sportives pour ceux qui ne disposent pas d'un véhicule personnel. L'ouverture culturelle semble suffire à la majorité, mais la façon évasive dont les propositions sont évoquées laisse entendre que peu en ont profité.

> *Je trouve qu'il n'y a pas beaucoup de propositions d'activités pour les étudiants après l'université ou pendant les heures de pauses...*
> *J'ai voulu essayer de faire du sport, mais c'est difficile d'un point de vue technique, c'est loin, j'ai pas de voiture... par exemple, il n'y a pas de terrain de foot, les terrains sont à l'autre bout de la ville. Ils seraient près de chez nous, ce serait plus facile.*

*Je me suis renseignée pour faire du fitness, mais c'est à l'autre bout de la ville… c'est bien planqué. Mis à part la piscine qui est imposante…*
*Des fois, il y a des conférences en socio, c'est bien indiqué. On peut pas dire j'ai pas vu, parce que c'est des trucs de toutes les couleurs, on voit que ça.*
*Des trucs de théâtre, il en a toujours d'affiché un peu partout.*
*Au niveau culturel, il y a des musées gratuits, des trucs comme ça, des infos sur l'opéra (…) il faudrait vraiment être de mauvaise foi pour dire qu'il n'y a pas de renseignements sur les événements culturels.*

Les horaires sont critiqués pour ne pas être cohérents avec les horaires des cours et les distances entre les différents sites. Les activités sportives notamment semblent réservées aux « privilégiés » dont le campus est à proximité. C'est un problème difficilement soluble : comment harmoniser les horaires proposés avec les emplois du temps de toutes les formations, en tenant compte en parallèle de la durée des trajets en fonction du trafic ? Les étudiants revendiquent un statut d'adulte, mais ne se posent pas la question qu'un salarié se poserait, à savoir parmi les activités qui m'intéressent, lesquelles sont conciliables avec les contraintes imposées par mon travail ?

*Les horaires, c'est n'importe quoi ! Des fois on te dit c'est de douze heures à treize heures, déjà le temps que tu y ailles… Tu y vas, tu reviens, il faut vraiment que tu aies des cours en tout début de matinée ou en fin de journée pour pouvoir faire ça et le problème c'est que tu peux pas refuser de faire un cours en disant je vais faire du sport.*
*C'est difficile de faire du sport le soir parce que de temps en temps on a cours le soir alors…*

Les participants souhaiteraient pouvoir se montrer fiers de leur université. Enviant le modèle américain, ils aimeraient représenter leur faculté lors de compétitions sportives interuniversitaires ou régionales.

*Si on veut vraiment avoir un esprit étudiant, le sport ce serait bien, mais des sports d'équipe par exemple le foot…*
*Moi j'aimerais vraiment, j'aurais bien voulu représenter ma fac en sport, ça m'aurait plu.*
*On est loin des promos américaines avec l'équipe de sport.*

## C. Relations avec les services administratifs

À Nancy, les horaires d'ouverture des services administratifs comme la qualité de l'accueil sont décriés. Ces structures ont mauvaise réputation, si bien que lorsque l'expérience personnelle est positive, elle fait figure d'exception. En fonction de la demande, les interlocuteurs sont variables (secrétariat, bureau de la vie étudiante, CROUS[3]) et les étudiants ne savent pas à qui s'adresser. Perdus, ils pointent les dysfonctionnements du système, ou ce qu'ils ressentent comme tel, et se présentent comme des victimes de la mauvaise volonté du personnel.

> *L'administration de Nancy2 est réputée pour être froide et désagréable, notamment avec les étudiants étrangers.*
>
> *L'administration, désolé pour l'expression, mais c'est du foutage de gueule. On t'envoie d'un service à l'autre comme une balle de ping-pong. Je mets peu les pieds là-bas et la dernière fois que j'y suis allée, j'ai eu la chance d'être bien accueillie.*
>
> *Pour aller demander de l'aide, le bureau étudiant c'est ouvert de deux heures et demie à quatre et demie de l'après-midi, ça fait pas sérieux!*
>
> *Déjà vous avez dû appeler cinq fois pour avoir le service et quand enfin vous l'avez, on vous fait attendre pendant des heures… (…) et puis, il y a jamais la bonne personne, il faut revenir ou rappeler…*
>
> *On a vraiment l'impression d'être pris pour des idiots. On vous traîne d'un bureau à l'autre.*
>
> *Vous demandez juste une chose, limite vous vous faites envoyer dans les roses.*

Les étudiants luxembourgeois vivent une situation différente. Le SEVE est l'unique service auquel ils ont affaire, ils l'ont découvert lors de l'inscription et l'accueil comme les renseignements fournis lors de ce premier contact semblent les avoir satisfaits. S'ils sont peu au fait des multiples attributions de cette structure, ils reconnaissent ne pas s'y être vraiment intéressés et avouent ne lire que rarement les courriels d'information qu'elle leur adresse.

> *Je sais uniquement qu'ils sont responsables des inscriptions et du paiement des frais d'inscriptions.*

---

3. Le domaine d'action du CROUS (Centre régional des œuvres universitaires et scolaires) est varié: bourses, logement, restauration, culture, accueil des étudiants étrangers, action sociale et emploi.

*On a été en contact la première fois, quand on s'est inscrit à l'université.*
*Ils nous ont expliqué comment on fait avec le code de la bibliothèque et*
*la carte bleue pour le bus et le transport public.*
*Je n'ai pas demandé de brochures, je ne sais pas ce qu'ils font encore.*
*Je n'ai pas beaucoup de contacts avec le SEVE mais on va avoir le contact*
*pour la mobilité, pour avoir des infos sur le semestre de mobilité[4].*
*Ils envoient des e-mails (…) mais en fait la plupart du temps, je fais*
*«delete» sans approfondir le contenu.*

## Image extérieure

L'image qu'ils donnent, que leur faculté donne à l'extérieur, laisse
les étudiants insatisfaits, cependant la nature des doléances varie en
fonction des sites. Les Nancéiens sont blessés par la mauvaise réputation des étudiants en Lettres et Sciences Humaines. Les participants évoquent le stéréotype du *baba cool* aux cheveux longs et à
la tenue négligée. Cette image désuète et plutôt sympathique les
fait sourire, la liberté dans la manière d'être et l'hétérogénéité du
public sur le campus sont perçus comme des atouts. En revanche,
être qualifié de fainéants ou de révolutionnaires les blesse; non
contents d'être déplaisants, ces qualificatifs influent sur le comportement d'étudiants qui finissent par ressembler à leur caricature.
Ces personnes qui «profitent du système» et nuisent à l'image des
autres, ne sont pas selon eux de «vrais» étudiants.

*On dit aussi, en fac de lettre, c'est baba cool, le look un peu cheveux*
*longs… On en rit d'ailleurs!*
*Ils s'en fichent ici du style et tout ça. C'est pas comme en droit où ils sont*
*en petit costard et tout… ici tout le monde fait comme il veut.*
*Les étudiants de la fac de lettres ont une image de feignants: «Les étu-*
*diants de lettres, c'est des glandeurs, ils travaillent pas, ils font rien de*
*leurs journées!»*
*Mon père, il dit tout le temps vous êtes des grands révolutionnaires pour*
*pas grand-chose!*
*Ceux qui ont pas l'habitude de travailler, ils s'inscrivent ici…*
*Ici il y a comme un laisser-aller, ils se prennent pas au sérieux comme*
*par une espèce d'effet miroir; parce que on nous prend pas au sérieux*
*alors on n'est pas au sérieux.*

---

4. Pour mémoire, les étudiants luxembourgeois sont soumis à l'obligation de
passer un semestre dans une université étrangère.

> *Ceux qui viennent pas en cours, ceux qui sèchent et ceux qui sont là que pour les bourses, ce sont pas des étudiants bien qu'ils aient la carte d'étudiant, ils profitent juste du statut pour moi.*

Les participants de Walferdange déplorent de ne pas être assez connus de la population du Luxembourg qui ne les considère pas comme de «vrais» étudiants. En effet, leur campus a remplacé l'ancien Institut supérieur d'études et de recherches pédagogiques (ISERP) qui préparait au métier d'instituteur. Les candidats à cette profession suivent aujourd'hui le bachelor en sciences de l'éducation (BSE) sur le même site ce qui entretient la confusion. L'offre de formation doit faire face à un public qui n'a pas pris l'habitude de considérer la possibilité de faire des études supérieures sur le territoire national[5].

> *Je pense que nous on est les moins connus.*
> *Je crois que ceux du Limpertsberg[6] sont mieux connus que nous.*
> *Les gens parlent toujours de l'ISERP pour le campus Walferdange.*
> *Si on parle ici à quelqu'un qu'on est à l'université au Luxembourg, il dit: «Ah, tu es étudiant-instituteur!»*
> *Il y a des gens qui ne savent même pas qu'il y a une université au Luxembourg et qu'est-ce qu'on peut faire aux universités.*
> *La population, elle ne sait pas encore trop qu'il y a une université, qu'est-ce que ça veut dire être étudiant.*

Afin de combattre les idées fausses, les participants préconisent de communiquer sur l'université en général et la vie sur le campus, mais aussi sur leur formation et ses débouchés. Certains participants nancéiens tiennent néanmoins un discours désabusé qui laisse entendre qu'ils regrettent leur choix.

> *Il y a une espèce de décalage (…) entre ce que les gens qui ne connaissent pas l'université croient et ce que les gens qui connaissent et qui y sont en voient.*
> *Beaucoup de gens ne sont pas informés ou bien ils sont mal informés. J'ai envie de leur dire: «Arrêtez, ça c'est ce que vous en voyez mais au final venez visiter la fac!».*

---

5. Le nombre d'étudiants accueillis à l'UL croissant régulièrement, la situation a sans doute évolué depuis cette enquête.
6. Le campus de Limpertsberg, situé à Luxembourg-ville, accueille l'administration centrale. Le troisième campus est celui du Kirchberg.

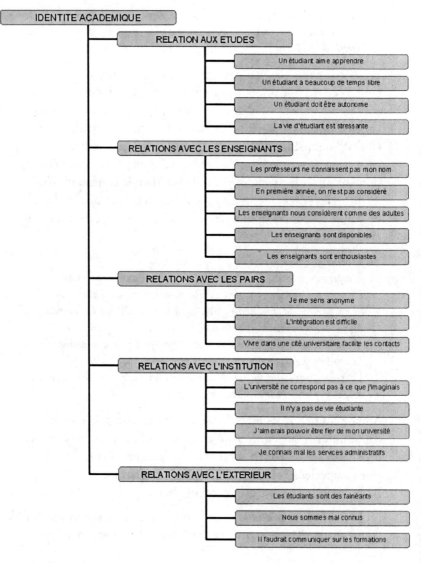

FIGURE 11: Dimensions de l'identité académique des étudiants

*Personne ne sait finalement à quoi ça correspond une licence de socio-logie.*

*Il faudrait aller dans les lycées et dire : « voilà, on offre ce bachelor pour faire ça et ça ».*

*Quand on est étudiants et qu'on arrive là on voit que la fac de lettres c'est un peu la voie de garage. Au final le prestige s'efface au bout de quelques semaines.*

*Depuis tout petit (…) on nous dit la fac de lettres tu sors avec rien.*

## Identité professionnelle future

Au fil de leur discours, les participants évoquent leur identité professionnelle future, le contexte économique et la réforme des études. La naissance d'une identité professionnelle ne se produit pas soudainement à la fin de la formation initiale lorsque l'étudiant cherche du travail. Elle se construit au fur et à mesure que le projet professionnel se dessine (Figure 12, p. 177).

### Acquérir des compétences transversales

Les étudiants aimeraient pouvoir mieux faire le lien entre les enseignements reçus et le monde du travail. À ce titre les stages et le travail collaboratif sont plébiscités ; apprendre à travailler en groupe est essentiel aux yeux de jeunes adultes qui se destinent pour la plupart à un métier qui les mettra en relation avec d'autres, professionnels ou usagers. De même, ils reconnaissent volontiers l'intérêt de l'acquisition de compétences rédactionnelles, de la maîtrise de l'outil informatique et de l'internet dans le cadre d'activités professionnelles. Au final, un passage à l'université n'est pas vain, on y apprend toujours quelque chose et même si les objectifs initiaux ne sont pas réalisés, « l'échec » n'en est pas tout à fait un : de ce parcours, il restera des acquis qui pourront être mobilisés dans la vie professionnelle.

*Les travaux de groupe, c'est une expérience qui est importante si on veut travailler dans le domaine social.*

*Il y a une matière qui est l'informatique, on comprend que c'est utile. Il faut obligatoirement savoir se servir des TIC.*

> *Dans certains cours, on voit des aspects concrets qui nous serviront dans la vie professionnelle... au niveau de la rédaction par exemple.*
>
> *Même si on est en échec (...) on a plus de chance de réussir après dans la voie professionnelle, même si c'est pas cette filière-là.*
>
> *J'arrêterais là, j'aurais appris énormément de choses, je pense que ça pourrait me servir pour le futur métier que j'exercerais.*

## Construction d'un projet professionnel

À leur arrivée à l'université, les étudiants sont attirés par un domaine d'activité, mais peu ont un projet professionnel bien défini. Pour certains, les études comme une sorte de moratoire pendant lequel ils consacrent du temps à des matières qui les intéressent, indépendamment des perspectives d'emploi qui y sont liées. Pourtant, la plupart ne séparent pas études et projet professionnel; on les sent partagés entre la nécessité ressentie de trouver rapidement un travail à l'issue de leur formation et l'envie de se réaliser d'abord en étudiant dans leur domaine de prédilection, puis en choisissant un métier correspondant à leurs aspirations personnelles. C'est l'extrapolation de leur avenir et du type d'emploi qu'ils souhaiteraient exercer qui a guidé leur choix vers une formation universitaire en trois ans alors que des diplômes post-baccalauréat en deux ans leur semblent plus en phase avec le marché du travail.

> *Pour moi être étudiante, c'est un peu un intermède (...) c'est faire l'expérience de choses que je ne connaissais pas avant quand j'étais élève, ado.*
>
> *Je sépare pas le projet professionnel des études, si je suis étudiant c'est pour avoir quelque chose derrière, mais ça dépend du projet professionnel qu'on a...*
>
> *Sincèrement, si j'avais pas un projet il aurait mieux valu pour moi que je fasse un BTS parce que, d'accord c'est moins valorisé, mais au moins quand on sort, notre diplôme vaut quelque chose (auprès des employeurs).*

S'inscrire à l'université peut être une stratégie pour se donner de meilleures chances d'obtenir par concours l'accès à une formation professionnalisante ou un pis-aller après avoir été refusé dans une autre formation. Les étudiants n'envisagent pas d'achever leur premier cycle, ils quitteront l'université au bout d'un an s'ils sont reçus au terme de la prochaine sélection.

> *Quand on veut passer le concours de l'IRTS[7], si on met dans notre fiche qu'on a fait une année de sociologie, ça joue un petit peu quand même. C'est en fait un peu une stratégie, mais aussi ça prépare bien au concours.*
>
> *Il y a beaucoup de personnes qui ne veulent même pas passer la licence (…) ils se sont dits c'est facile, on peut aller vers ça en attendant le concours.*
>
> *Quand j'ai su que j'étais diplômé, il était trop tard pour Trêves, mais j'y vais au semestre suivant, en septembre.*

Si les jeunes souhaitent être informés sur les débouchés de la formation, ils demandent plus encore un accompagnement, des clés qui leur permettraient de faire un choix éclairé, à savoir qui tienne compte à la fois de leurs propres aspirations, compétences et limites, des possibilités offertes par le cursus suivi et des attentes des employeurs. Les enseignants ne leur semblent pas prêts à assumer complètement cette mission, faute de temps ou de renseignements suffisants. Mais favoriser l'émergence de projets professionnels est-il réellement le rôle des enseignants? Les avis sont partagés, la plupart soutiennent cette position, mais quelques-uns estiment que les étudiants doivent se donner les moyens de découvrir eux-mêmes les différentes voies qui s'ouvrent à eux. Investigations auprès des services d'orientation, contacts avec leurs pairs ou les «anciens», stages et petits boulots sont autant de possibilités d'obtenir des précisions sur les choix possibles. Les participants semblent encore une fois se référer au modèle américain et envier le fonctionnement des confréries qui créent des liens entre les *alumni*, liens qui perdurent au cours de la vie d'adulte et leur permettent de s'appuyer sur un réseau social étendu.

> *On voudrait avoir des informations sur l'orientation professionnelle.*
>
> *Il y a des intervenants qui sont venus et qui ont présenté leur métier, leurs expériences faites sur le terrain et des possibilités que nous avons après les études. C'était très intéressant.*

---

7. L'Institut régional du travail social prépare entre autres aux métiers d'éducateur spécialisé, d'éducateur de jeunes enfants ou d'assistant social.

> *Les professeurs ont trop de travail, ils n'ont pas le temps de parler des exemples de terrain, ils ont leur programme à finir.*
>
> *Quand on m'a parlé de sociologie avant d'arriver à la fac, on m'a dit tu peux travailler dans le social et puis c'est tout, mais en fait les profs nous disent qu'on peut faire plein d'autres choses.*
>
> *C'est à l'uni de nous montrer combien de possibilités on a dans ce domaine (…) il nous faut plus d'informations.*
>
> *On a aussi la possibilité d'avoir accès dans les domaines, de travailler pendant les vacances. C'est après des stages de vacances dans le domaine social que j'ai décidé de fréquenter les cours ici.*
>
> *Il faut y aller dans notre temps libre pour nous informer (…) cela prend beaucoup de temps pour le faire pendant le temps libre.*
>
> *En droit, ils ont le carnet d'adresse des anciens élèves et les anciens viennent pour parler aux 1res années.*

Trouver des informations pertinentes s'avère difficile. Les services d'orientation seraient probablement en mesure de répondre à ces besoins mais des problèmes de distance, d'emploi du temps comme de formation et de disponibilité du personnel sont évoqués par les étudiants qui préconisent des permanences au sein des facultés. Les stages font quant à eux l'unanimité ; les étudiants veulent aller sur le terrain à la découverte de différents métiers et champs d'activité, entendre des professionnels parler de leur métier et des perspectives de carrière dans leur domaine d'activité.

> *Sur Internet, vous cherchez des formations en sociologie et vous vous retrouvez sexologue ! Pour l'insertion, il faut des professionnels.*
>
> *Les conseillers d'orientation, pourquoi ils ne sont pas à l'intérieur de la fac ? (…) il faut déjà trouver le temps d'y aller, je ne savais pas où c'était.*
>
> *Au CIO[8], je suis tombée sur une femme qui m'a expédiée en deux minutes, une autre fois sur une autre qui a sorti des dossiers, m'a fait des photocopies, m'a orientée vers d'autres personnes.*
>
> *Maintenant j'ai une petite idée de ce que je pourrais faire, mais je veux avoir des stages pour me faire une idée.*
>
> *C'est seulement à partir des stages qu'on peut s'informer sur les différents domaines, si on ne fait pas de stages, on n'a pas le courage d'y aller.*

---

8. Centre d'information et d'orientation.

*Pourquoi pas faire une journée avec des personnes qui font une enquête de socio, nous emmener sur leur terrain d'enquête, ça pourrait donner envie aux jeunes de faire ça.*

## Être en mesure de trouver un travail stable

Entrer à l'université représente d'abord la liberté de choisir «enfin» les matières qu'ils vont étudier, cependant les étudiants évoquent aussi, et conjointement, l'avenir professionnel (débouchés, salaire) offert par la formation. Faire des études supérieures n'apparaît pas seulement comme une ambition personnelle, mais aussi comme une nécessité sociale pour éviter le chômage. Les participants partagent des représentations de l'université basées sur la recherche d'un «bon» métier c'est-à-dire permettant de concilier centres d'intérêts et salaire confortable; leur rapport au savoir est pragmatique, ils désirent obtenir le diplôme pour décrocher un emploi stable avec une rémunération conforme à leur niveau d'étude.

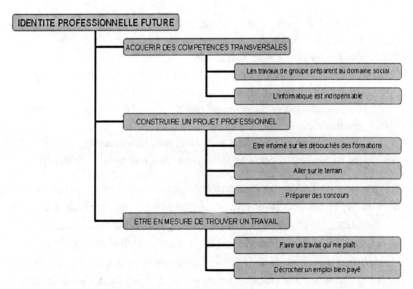

FIGURE 12: Dimensions de l'identité professionnelle future des étudiants

*(Je veux ce diplôme) pour gagner plus d'argent après les études, on gagne plus de l'argent avec un bac+3.*

*Je fais ça pour avoir un travail. Ça me plaît ce que je fais, mais j'espère que j'aurai des résultats.*

*Si j'ai un diplôme de bac, je peux travailler dans un bureau, mais ça ne m'intéresse pas du tout. Donc, je me qualifie dans une branche.*

*(Je fais l'université) pour trouver un travail, parce que sans diplôme, pour garder un travail qui est stable, c'est difficile.*

## La construction de l'EEES : craintes et perspectives

De la construction de l'Espace européen de l'enseignement supérieur, les participants, en particulier les Luxembourgeois, ne semblent retenir que les difficultés de mise en œuvre. Ce processus en cours les perturbe ; ils sont les premiers à expérimenter les nouveaux cursus, ont le sentiment de ne pas savoir où ils vont et craignent que les enseignants ne soient dans la même situation. Pourtant, s'ils se sentent plus prisonniers qu'acteurs dans ce dispositif, ils ne sont pas résignés et envisagent des actions à mener, par exemple de partager avec leurs pairs informations et expériences concernant la période de mobilité.

*Le grand problème, c'est parce que c'est encore en construction.*

*C'est quand même difficile cette phase de transition.*

*J'ai l'impression d'aller dans le noir.*

*La formation a aussi changé, on ne sait pas clairement et on est un peu inquiet de ce qui sera après les 3 ans.*

*On se sent comme prisonniers du système. On a l'impression que les profs se sentent aussi.*

*Notre situation est peu floue, mais c'est peut-être un avantage si tout n'est pas fixé, décidé... peut-être qu'on peut avoir une certaine influence.*

Voyager en Europe donne aux étudiants l'occasion de tester d'autres types de fonctionnement, de comparer les universités entre elles ou d'en parler avec d'autres afin de faire un choix éclairé. Le critère de proximité garde son importance, mais d'autres éléments comme la langue dans laquelle les enseignements sont prodigués ou la qualité de l'accueil interviennent dans la décision finale. Étudier dans un autre pays, c'est l'opportunité de quitter sa famille et ses habitudes pour faire de nouvelles connaissances et profiter de la vie d'étudiant.

> *À l'étranger je n'étais pas d'accord avec le système, je me sentais mal traité à cause de ma nationalité.*
> *Le système allemand est plus libre.*
> *En Belgique on attend plus de l'étudiant, là on doit vraiment fréquenter les cours. Par rapport à ce système, le système luxembourgeois est bien.*
> *Pour des étudiants ERASMUS, c'est plus facile de se concevoir comme appartenant à une communauté étudiante.*
> *On s'est inscrit volontairement parce que c'est bilingue, il y a français et allemand.*
> *On fait plus la fête en étudiant à l'étranger que si on était ici.*
> *Quand on est à l'étranger, on ne connaît rien, on fait de nouvelles connaissances.*

Stressés par les exigences du travail universitaire, inquiets pour leur avenir professionnel que chômage et concurrence internationale rendent incertain, les étudiants ne se montrent pourtant pas fatalistes et estiment qu'ils ont un rôle à jouer dans la construction de cette université nouvelle. Ils ont manifesté l'envie d'exprimer leur point de vue et ont apprécié de trouver grâce aux *focus groups* un espace de parole: «*aujourd'hui, ici, on nous a entendus*».

## 3. L'identité sociale d'étudiant au centre du discours

### Composantes de l'identité d'étudiant

L'analyse des discours des étudiants nancéiens et luxembourgeois fait apparaître les contours d'une identité sociale d'étudiant structurée selon trois axes: identité juvénile influencée par les caractéristiques propres à la jeunesse, identité académique liée au travail d'affiliation universitaire et identité professionnelle future.

## Identité juvénile

Les participants décrivent la difficulté de devenir adulte en restant financièrement dépendant de ses parents et/ou en vivant à leur domicile. Cette situation génère des tensions liées à la contrainte de se soumettre aux règles familiales (Cloutier & Groleau, 1988; Steinberg, 1990) alors qu'en parallèle se joue l'expérimentation d'une toute nouvelle liberté (gestion de l'emploi du temps, relation aux enseignants, vie en cité universitaire). Au demeurant, le comportement des parents interviendrait dans la formation identitaire de ces jeunes adultes: alors qu'une «structuration familiale rigide» impose de se conformer aux valeurs familiales, une «structuration familiale souple» favoriserait l'autonomie, l'activité et l'expression de soi (Marcia, 1980; Matteson, 1974).

Les relations amicales évoluent elles aussi; certains, parmi ceux qui sont entrés dans le monde du travail, portent un regard critique sur le fait de faire des études supérieures qui ne garantissent ni un emploi, ni que cet emploi éventuel soit à la hauteur du diplôme obtenu; d'autres vantent les mérites d'universités étrangères. Ces points de vue sont liés aux représentations sociales des diplômes universitaires et globalement de l'université au sein du groupe auquel ils se réfèrent, mais les enquêtés en sont personnellement affectés et peinent à prendre du recul face aux jugements négatifs sur des choix qui engagent leur avenir. De telles images sont de surcroît à même d'affecter la construction de leur identité sociale d'étudiant, l'identité collective s'inscrit en effet dans le processus représentationnel; les membres d'un groupe ne s'identifient pas au groupe lui-même, mais à ce qu'il signifie, aux valeurs qu'il projette (Fraysse, 2000). Les enquêtés sont sensibles à la manière dont leur université et la qualité des enseignements qu'elle délivre sont perçus au dehors. Ils sont blessés en particulier par les clichés concernant la vie estudiantine, les formations en sciences sociales et la paresse dont ils sont taxés (Amara, 2009c).

## Identité académique

Entrer à l'université implique de s'adapter à de nouvelles modalités d'enseignement, d'aborder des matières inconnues, de s'acclimater aux cadre et rythme de vie, voire de se créer un nouveau cercle d'amis. Outre le stress généré par le travail universitaire, les étudiants expriment leur peine à gérer leur emploi du temps et à trouver les informations qui pourraient faciliter leur quotidien, mais – non sans une certaine ambivalence – apprécient d'être traités en adulte par les enseignants. L'expression de ces sentiments mitigés traduit le délicat processus d'affiliation à la vie universitaire. Par rapport à l'enseignement secondaire, il existe en effet à l'université un nombre plus important de règles, plus complexes et articulées les unes aux autres ; en outre, la relation au savoir et aux enseignements évolue. Ces multiples changements demandent aux primo-inscrits un travail d'adaptation. Le premier semestre constitue un passage au sens ethnologique du terme ; durant ce laps de temps s'effectuent des apprentissages fondamentaux qui permettent aux étudiants d'acquérir progressivement leur « métier d'étudiant » (Coulon, 2005).

La mise en œuvre du processus de Bologne est un élément contextuel qui contribue à déstabiliser les nouveaux venus ; les étudiants interrogés découvrent une université en effervescence, animée de réformes nationales sommairement attribuées à Bologne et s'accompagnant de contestations estudiantines largement médiatisées. Les étudiants luxembourgeois, par exemple, s'inquiètent de la valeur d'un bachelor sur le marché du travail ; les étudiants français sont perturbés par les mouvements de grève et blocage des campus. Peu voire pas informés, ils tendent à confondre les transformations directement imputables à la création de l'Espace européen de l'enseignement supérieur et les orientations choisies au niveau de leur pays pour répondre aux exigences européennes. Quoi qu'il en soit, les modifications des cursus confrontent les primo-inscrits à l'impossibilité de se référer à l'expérience de leurs aînés ; ils ont le sentiment d'aller vers l'inconnu et le processus de Bologne devient le symbole de toutes leurs craintes.

L'environnement physique (matériel, locaux, campus, alentours) est un point qui suscite un discours abondant. Les enquêtés décrivent l'écart entre le campus rêvé et celui qu'ils découvrent : loin du lieu idéalisé par les séries télévisées, ils arrivent sur un site qu'ils considèrent petit et peu vivant, dépourvu des animations qui pourraient encourager une sociabilité (librairies, équipements de sport ou de loisirs, clubs, compétitions sportives). En conséquence, la majorité quitte le campus dès la fin des cours et il devient malaisé de nouer des nouvelles amitiés. L'existence d'un écart entre une situation attendue et celle qui est vécue, renvoie à la notion de satisfaction (Carr-Hill, 1992; Parasuraman *et al.*, 1985). La question ici n'est pas de savoir si les participants ont tort ou raison, s'ils mésestiment les avantages procurés par l'institution ou encore si leurs souhaits sont légitimes. L'essentiel c'est qu'ils ressentent une insatisfaction qui rejaillit sur les représentations qu'ils ont – et risquent de véhiculer dans leurs divers entourages – de leur université et d'eux-mêmes en tant qu'étudiants de cette université, donc sur leur identité sociale d'étudiant.

## Identité professionnelle future

Les étudiants interrogés n'ont pas d'idée précise du métier qu'ils souhaiteraient exercer une fois diplômés et les parents sont taxés d'impatience vis-à-vis de leurs hésitations à poser un projet professionnel précis. Cette difficulté à prendre des engagements est caractéristique de la fin de l'adolescence, comme la volonté qu'évoquent les enquêtés d'explorer le monde, de se confronter à la nouveauté ou de faire diverses expériences (Galland, 2007; Luyckx *et al.*, 2006; Marcia, 1980). Opter pour l'université leur permet d'une part de se donner un peu plus de temps avant d'arrêter une décision et d'autre part d'envisager – comme futurs diplômés – une diversité de carrières. Quelle que soit leur orientation ultérieure, ils estiment que l'expérience universitaire leur aura permis d'acquérir ou de consolider des compétences (rédactionnelles ou en informatique par exemple) utiles sur le marché du travail. Pragmatiques, ils aimeraient mieux comprendre comment les enseignements prodigués s'inscrivent dans le cursus choisi et quels liens peuvent être faits avec les débouchés professionnels envisageables.

Trouver un emploi à l'issue de leur parcours est, dans le contexte économique actuel et compte tenu des discours pessimistes des médias et de leurs proches, l'objectif premier pour nombre d'étudiants. Ils désirent au minimum être plus précisément informés sur les carrières possibles à l'issue leur formation et au mieux accompagnés dans la construction de leur projet professionnel. Si l'on s'en tient aux lignes directrices du processus de Bologne (Communiqué de Prague, 2001), la demande semble fondée. La plupart des enseignants jugent pourtant ces tâches hors de leurs attributions (Tapie, 2006). À qui doit alors échoir cette mission ?

## Du discours à la théorie : validation des concepts

L'analyse du discours des participants aux *focus groups* a permis de mettre en évidence des traits identitaires qui semblent caractériser le groupe social des étudiants. Réalisé sur un petit échantillon d'étudiants de deux facultés européennes nécessitait d'être entériné par une confrontation au cadre théorique de référence. Une classification au regard des trois dimensions de l'identité étudiante a ensuite été effectuée (Tableau 8, p. 184-187). Cette opération de validation des concepts (Selltiz *et al.*, 1977) a étayé les résultats de l'analyse empirique en les éclairant par des explications théoriques.

## Qualité de vie universitaire et employabilité, deux déterminants majeurs de l'identité sociale d'étudiant

Parmi les facteurs influant sur les différents aspects de l'identité étudiante, on peut repérer les facteurs cités au chapitre précédent parmi les déterminants de la qualité de vie universitaire ou de l'employabilité (Figure 13, p. 188).

| Principaux traits identitaires | Cadre théorique de référence[9] | Dimensions de l'identité sociale d'étudiant | Exemples de verbatim issus du discours des étudiants |
|---|---|---|---|
| Capacité à planifier | (Anatrella, 2003; Bradmetz, 1999; Keating, 1980; Lewis, 1981; Piaget & Inhelder, 1966) | Identité juvénile | *On nous demande de s'organiser soi-même, on doit rendre tel jour point, alors on le fait* <br> *Parfois, on demande un délai, le prof est presque toujours d'accord* <br> *Y en a qui ont toujours du mal à finir dans le temps, alors quand on est à l'heure on sent que c'est injuste* |
| Degré d'engagement dans les études | (Bourne, 1978a, 1978b; Breakwell, 1988; Marcia, 1980) | Identité juvénile | *La plupart des cours ne sont pas obligatoires, je viens ou pas* <br> *Assister aux cours, c'est fondamental* <br> *C'est toi qui décides de venir ici alors tu dois te débrouiller, si tu viens pas c'est ton choix* <br> *Ceux qui viennent pas en cours, qui sèchent et qui sont là que pour les bourses, ce sont pas des étudiants* |
| Identification à un groupe de référence | (Metton, 2004; Mucchielli, 1980; Rissoun, 2004; Tajfel & Turner, 1979; Tajfel & Turner, 1986) | Identité juvénile | *Pour nous comme étudiants l'amitié est importante pour le bien-être* <br> *Je n'ai pas besoin d'autres contacts, je suis déjà bien enraciné* <br> *En restant sur place, on peut garder ses amis d'avant* <br> *Même ceux que tu connais, c'est la bise au début du cours, la bise à la fin du cours, ça va pas plus loin* |
| Réflexivité / Existence d'un projet universitaire | (Bosma, 1994; Charlier, 2003; Erlich, 2004; Galland, 1995; Gury, 2007) | Identité académique | *Sincèrement, il aurait mieux valu pour moi que je fasse un BTS* <br> *Il y a beaucoup de personnes qui ne veulent même pas passer la licence, ils se sont dits on peut aller vers ça en attendant le concours* <br> *Quand j'ai su que j'étais diplômé, il était trop tard pour Trèves, mais j'y vais au semestre suivant* |

| Catégorie | Références | Type d'identité | Extraits |
|---|---|---|---|
| Préparation au travail universitaire / Traitement de l'information | (Bonnet, 1997 ; Landine & Stewart, 1998 ; Montandon, 2002 ; Ninacs, 2003 ; Pressley & Schneider, 1997) | Identité académique | *Le rythme de travail est vraiment trop… je n'arrive pas à faire ce que je devrais faire*<br>*Au bout d'un moment, on laisse tomber, on n'essaie même plus de tout faire*<br>*Au début, je savais pas m'organiser, maintenant j'arrive à peu près, mais des fois je crois que je vais pas y arriver* |
| Sentiment d'efficacité personnelle | (André & Lelord, 2008 ; Bandura, 1986, 1993, 2003 ; Galand & Vanlede, 2004 ; Gohier et al., 2001) | Identité académique | *Même si on est en échec, il faut se dire que ça peut marcher*<br>*Je sépare pas le projet professionnel des études, si je suis étudiant c'est pour avoir quelque chose derrière*<br>*Je fais ça pour avoir un travail, j'espère que j'aurai des résultats*<br>*Je me suis dit, t'es pas plus bête que les autres, donc je suis là pour avoir mon diplôme* |
| Relation avec le personnel universitaire / sociabilité étudiante | (Erlich, 1998 ; Guiffrida, 2003 ; Morder, 1999 ; Tinto, 1993) | Identité académique | *Le parrainage ne fonctionne plus, on n'a plus de contact*<br>*Je suis encore en contact avec mon parrain, on discute sur des projets, des difficultés, mais pas si souvent à cause des horaires*<br>*Comme l'université est petite, on a l'avantage d'avoir une relation plus proche avec les professeurs*<br>*Les responsables d'années, ils se présentent vraiment en disant n'hésitez pas*<br>*Je croyais qu'on avait plus de contacts avec les professeurs mais c'est pas le cas*<br>*Il y a jamais la bonne personne, il faut revenir ou rappeler* |

---

9. Liste non exhaustive, voir 1re partie.

| Principaux traits identitaires | Cadre théorique de référence | Dimensions de l'identité sociale d'étudiant | Exemples de verbatim issus du discours des étudiants |
|---|---|---|---|
| Capacité à se reconnaître dans le contexte universitaire | (Dubar, 2001 ; Zavalloni, 2007 ; Zavalloni & Louis-Guérin, 1984) | Identité académique | *Je me sens perdue ici à l'université*<br>*On n'a pas l'impression d'avoir une importance dans l'amphi*<br>*Les professeurs connaissent chaque étudiant par nom*<br>*On se sent pas vraiment considéré, on est un étudiant parmi tous ceux qu'ils ont bien pu rencontrer pendant leur carrière*<br>*Si quelqu'un vient en pyjama, on rigolera pas de lui et on le verra pratiquement pas je suis sûr* |
| Exploration du domaine professionnel | (Bosma, 1994 ; Cahuzac & Giret, 2001 ; Hureau, 1982) | Identité professionnelle future | *Les professeurs ne nous parlent jamais de notre avenir*<br>*On voudrait avoir des informations sur l'orientation professionnelle*<br>*Il y a des intervenants qui sont venus et qui ont présenté leur métier, leurs expériences sur le terrain et des possibilités après les études*<br>*Je trouve qu'on ne reçoit pas assez d'informations précises et concrètes. Je voudrais en savoir plus sur le champ de travail*<br>*Je veux avoir plus de stages pour me faire une idée* |
| Existence / construction d'un projet professionnel | (Braconnier, 2009 ; Dubar, 2002, 2003 ; Husman & Lens, 1999 ; Saint-Louis & Vigneault, 1984 ; Tapie, 2006 ; Thiébaut, 1998) | Identité professionnelle future | *C'est seulement à partir des stages qu'on peut s'informer dans des différents domaines*<br>*On est angoissé par le futur, on ne sait pas encore ce qu'on fera*<br>*Pour moi être étudiante, c'est un peu un intermède*<br>*C'est après des stages de vacances dans le domaine social que j'ai décidé de fréquenter les cours ici*<br>*Maintenant j'ai une petite idée de ce que je pourrais faire, mais je veux avoir des stages pour me faire une idée* |

| Capacité à rechercher l'information | (Berzonsky, 1990, 1992; Danvers, 2009) | Identité professionnelle future | *Les travaux de groupe, c'est une expérience qui est importante si on veut travailler dans le domaine social* <br><br> *Les professeurs ont trop de travail, ils n'ont pas le temps de parler des exemples de terrain, ils ont leur programme à finir* |
| Acquisition de compétences transférables | (Alava, 1999; Axtell *et al.*, 1997; Colquitt *et al.*, 2000; Devos *et al.*, 2006; Gist *et al.*, 1990; Richman-Hirsch, 2001; Schön, 1996; Tardif, 1992) | Identité professionnelle future | *Il y a une matière qui est l'informatique, on comprend que c'est utile* <br><br> *Dans certains cours, on voit des aspects concrets qui nous serviront dans la vie professionnelle, au niveau de la rédaction par exemple* <br><br> *Avec ce qu'on a appris ici, on a plus de chance de réussir après dans la voie professionnelle, même si c'est pas cette filière-là* <br><br> *J'arrêterais là, j'aurais appris énormément de choses, je pense que ça pourrait me servir pour le futur métier que j'exercerais* |

**TABLEAU 8 : Validation théorique et classification des traits identitaires issus de l'analyse empirique du discours des participants aux** *focus groups*

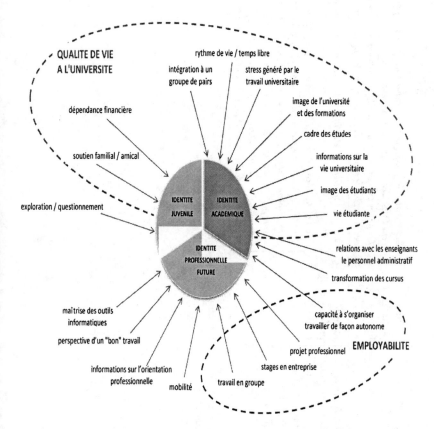

FIGURE 13 : Déterminants de l'identité sociale d'étudiant évoqués par les étudiants

Ce constat induit un déplacement de l'objet de la recherche ; questionnés sur la qualité de vie universitaire et l'employabilité, les étudiants ont focalisé leur discours sur ce qui est au cœur de leurs préoccupations d'adolescents : qui suis-je ? Jeunes adultes, ils aspirent à l'autonomie mais dépendent financièrement des parents, recherchent leur approbation comme celle de leur groupe de pairs. Jeunes étudiants, ils aspirent à découvrir le monde, mais vivent leur première expérience universitaire dans un cadre décevant et sont inquiets devant des réformes institutionnelles qui vont – au moins leur semble-t-il – révolutionner leurs études, voire pour les plus alarmistes hypothéquer leur avenir professionnel. Ces considérations montrent que l'identité sociale d'étudiant ne doit plus être vue comme un déterminant de la qualité de vie universitaire et l'employabilité, mais devient *de facto* le centre de la recherche. La suite de la démarche visera à analyser le développement identitaire des étudiants dans un contexte où les transformations des universités européennes comme la « crise » économique et la crainte du chômage doivent être pris en compte.

Les participants ont donné profusion de détails sur leur identité académique et les difficultés rencontrées en arrivant à l'université. Globalement, ils ne se reconnaissent pas dans le dispositif dans lequel ils évoluent. Pour parvenir à s'intégrer, ils ont dû passer outre leur déception en découvrant un campus différent de ce qu'ils imaginaient, outre aussi le sentiment de ne pas être considérés par les enseignants et la difficulté de se faire de nouvelles connaissances à l'université. Au dur apprentissage du métier d'étudiant s'ajoute encore le sentiment d'insécurité qu'ils imputent – sans doute trop globalement – aux réformes engendrées par la création de l'EEES. Chacune de ces difficultés pourrait à elle seule motiver un abandon des études et/ou un rejet de l'institution. Quelle influence ont ces facteurs sur le décrochage universitaire précoce[10] ? Peut-on observer dans ces domaines une différence notable dans l'attitude des décrocheurs et des persistants ? Telles sont les questions auxquelles les enquêtes suivantes ont voulu apporter des réponses.

---

10. Pour mémoire, l'adjectif précoce qualifie dans cette recherche le décrochage qui intervient avant la fin de la première année d'études.

## chapitre 4

# Les décrocheurs et l'université

Les *focus groups* menés autour de l'identité d'étudiant ont permis d'établir l'aspect primordial de leur identité académique. Leur discours fait en particulier ressortir le caractère central du sentiment d'appartenance à la vie universitaire. De fait, ce propos ne représente que le point de vue d'étudiants «persistants», qui ont su surmonter les difficultés de la phase d'adaptation. Afin de tenir compte de la diversité des parcours, il convient de ne pas écarter ceux qui après une incursion dans le monde universitaire ont interrompu prématurément leur cursus. L'objectif poursuivi par l'étude présentée ci-après est de mesurer les facettes de l'identité sociale d'étudiant des décrocheurs des bachelors, leurs compétences relatives à l'employabilité et leur satisfaction à l'égard des services universitaires.

## 1. Méthodologie

Cette enquête *drop-out*[1] s'est déroulée en deux temps: début 2008, les étudiants des quatre bachelors de la Faculté LSHASE ayant décroché durant les années universitaires 2006/2007 et 2007/2008 ont été contactés; l'enquête a été poursuivie début 2009, la population étant étendue pour l'année 2008/2009 aux décrocheurs des onze bachelors de l'UL.

La population est constituée des étudiants inscrits pour la première fois en 1er semestre de bachelor qui ne se sont pas présentés aux examens de fin de semestre, y compris ceux qui n'ont jamais

---

1. Expression anglaise signifiant «abandon».

suivi un seul cours. Les redoublants ou les étudiants venant d'une autre université ont été exclus, ainsi que ceux présents dans le cadre d'un échange international ou s'étant réorientés au sein de l'université.

L'accès aux données de l'ACME (Application commune pour le management des étudiants)[2], a permis d'identifier les décrocheurs des bachelors et de collecter les informations des fiches d'inscription informatisées (sexe, âge, nationalité, diplôme d'études secondaires, inscription à temps plein ou partiel, bourse, type d'hébergement).

Les étudiants ont été contactés par des enquêteurs trilingues (allemand, français, luxembourgeois) en vue d'un entretien téléphonique d'une durée d'environ vingt minutes au sujet de leur vécu universitaire et des causes de leur non-réinscription. Trois relances téléphoniques ont été réalisées pour les appels non aboutis.

Le guide d'entretien comportait des questions fermées – présentées sous forme d'échelles de Likert à quatre niveaux – appréciant la satisfaction par rapport à l'université, les compétences relatives à l'employabilité (CRE), l'identité sociale d'étudiant (ISE) ; des questions ouvertes explorant les déterminants du décrochage et les perspectives pour l'année universitaire suivante. Les réponses des volontaires ont été directement consignées sur ce document disponible en trois versions (français, allemand, luxembourgeois). Entre les enquêtes 2008 et 2009, la formulation des questions a été améliorée en fonction des remarques des enquêteurs et quelques variables ont été ajoutées (statut socio-économique et niveau d'études des parents, nombre d'ECTS préparés).

## Validation de contenu qualitative des items qualifiant l'identité sociale d'étudiant

L'analyse qualitative (enquêtes présentées dans les chapitres précédents) a permis d'identifier les *verbatim* qui décrivent des traits identitaires d'étudiant et de confirmer la validité théorique de ce construit en le confrontant aux concepts qui sous-tendent ces attitudes dans la population concernée (Tableau 8, p. 186-187).

---

2. Obtenu grâce à la collaboration des responsables du SEVE.

Une validité de contenu (Selltiz *et al.*, 1977) a été réalisée en vérifiant la convergence entre l'ensemble des *verbatim* issus des discours des répondants portant sur les différents aspects de l'identité sociale d'étudiant et les 15 *items* utilisés par Lambert et *al.* (2004) appréciant les attitudes et le sentiment d'appartenance en première année d'études postsecondaires (Tableau 9, p. 194-195). Cette confrontation a écarté trois *items* qui ne correspondaient pas au discours des étudiants (validité de différenciation) ; les douze *items* figurant dans le guide d'entretien sont le résultat des recoupements observés (validité de convergence).

## Mesure des compétences relative à l'employabilité

La mesure de l'employabilité se base sur l'auto-estimation de la possession, de l'acquisition et de l'exploitation de six CRE (voir p. 60) : compétences en rédaction, compétence à argumenter, capacité à résoudre des problèmes, capacité à travailler en équipe, capacité à diriger d'autres personnes, capacité à apprendre et à utiliser de nouvelles technologies. La possession reflète la conviction qu'ont les étudiants de posséder ces compétences, l'acquisition se réfère au sentiment qu'ils ont acquis ces compétences grâce à leurs études universitaires, l'exploitation se rapporte aux occasions d'appliquer ces compétences dans leurs tâches ou emploi actuels. Le participant note pour chaque compétence, sur une échelle allant de un à quatre, ses degrés de possession, d'acquisition et d'exploitation.

Les réponses aux questions ouvertes de l'enquête 2008 ont été retranscrites en français, puis soumises à une analyse de contenu thématique catégorielle réalisée à l'aide du logiciel N'vivo. Le discours des décrocheurs de l'UL interrogés en 2009 n'a pas apporté de nouveaux éléments, il a trouvé sa place dans les catégories ainsi réalisées.

Les données issues de l'ACME ont été enregistrées dans un fichier SPSS[3], de même que les réponses aux propositions codées de 1 (réponse la moins favorable) à 4 (réponse la plus favorable) pour

---

3. SPSS *Statistical Package for the Social Sciences* est un logiciel d'analyse statistique développé pour les sciences sociales.

| Items validés | Dimensions de l'identité sociale d'étudiant | Exemples de *verbatim* issus du discours des étudiants |
|---|---|---|
| Je ne manque jamais / rarement une échéance (pour rendre un travail par exemple) | Identité juvénile | *On nous demande de s'organiser soi-même, on doit rendre tel jour point, alors on le fait*<br>*Parfois, on demande un délai, le prof est presque toujours d'accord*<br>*Y en a qui ont toujours du mal à finir dans le temps, alors quand on est à l'heure on sent que c'est injuste* |
| Je saute ou je sèche les cours une fois par semaine ou plus | Identité juvénile | *La plupart des cours ne sont pas obligatoires, je viens ou pas*<br>*Assister aux cours, c'est fondamental*<br>*C'est toi qui décides de venir ici alors tu dois te débrouiller, si tu viens pas c'est ton choix*<br>*Ceux qui viennent pas en cours et qui sont là que pour les bourses, ce sont pas des étudiants* |
| Je me suis fait de bons amis parmi les étudiants | Identité juvénile | *Pour nous comme étudiants l'amitié est importante pour le bien-être*<br>*Je n'ai pas besoin d'autres contacts, je suis déjà bien enraciné*<br>*En restant sur place, on peut garder ses amis d'avant*<br>*Même ceux que tu connais, c'est la bise au début du cours, la bise à la fin du cours, ça va pas plus loin* |
| Je n'ai jamais pensé à décrocher | Identité académique | *Il aurait mieux valu pour moi que je fasse un BTS*<br>*Il y a beaucoup de personnes qui ne veulent même pas passer la licence, ils se sont dits c'est facile, on peut aller vers ça en attendant le concours*<br>*Quand j'ai su que j'étais diplômé, il était trop tard pour Trèves, mais j'y vais au semestre suivant* |
| J'ai de la difficulté à assumer la charge de travail la plupart du temps (ou tout le temps) | Identité académique | *Le rythme de travail est vraiment trop… je n'arrive pas à faire ce que je devrais faire*<br>*Au bout d'un moment, on laisse tomber, on n'essaie même plus de tout faire*<br>*Au début, je savais pas m'organiser, maintenant j'arrive à peu près, mais des fois je crois que je vais pas y arriver* |
| J'estime que j'ai des compétences et des aptitudes pour bien réussir | Identité académique | *Même si on est en échec, il faut se dire que ça peut marcher*<br>*Je sépare pas projet professionnel et études, si je suis étudiant c'est pour avoir quelque chose derrière*<br>*Je fais ça pour avoir un travail, j'espère que j'aurai des résultats*<br>*Je me suis dit, t'es pas plus bête que les autres, donc je suis là pour avoir mon diplôme* |
| Il y a des personnes avec qui je peux parler de choses personnelles | Identité académique | *Le parrainage ne fonctionne plus, on n'a plus de contact*<br>*Je suis encore en contact avec mon parrain, on discute sur des projets, des difficultés, mais pas si souvent à cause des horaires*<br>*Comme l'université est petite, on a l'avantage d'avoir une relation plus proche avec les profs*<br>*Je croyais qu'on avait plus de contacts avec les professeurs mais c'est pas le cas* |

| Je me sens comme un numéro la plupart du temps | Identité académique | *Je me sens perdue ici à l'université*<br>*On n'a pas l'impression d'avoir une importance dans l'amphi*<br>*Les professeurs connaissent chaque étudiant par nom*<br>*On se sent pas vraiment considérés, on est un étudiant parmi tous ceux qu'ils ont bien pu rencontrer pendant leur carrière*<br>*Si quelqu'un vient en pyjama, on rigolera pas de lui et on le verra pratiquement pas je suis sûr* |
|---|---|---|
| On m'aide à avoir un meilleur aperçu de mes projets d'avenir | Identité professionnelle future | *Les professeurs ne nous parlent jamais de notre avenir*<br>*On voudrait avoir des informations sur l'orientation professionnelle*<br>*Il y a des intervenants qui sont venus et qui ont présenté leur métier, leurs expériences de terrain et des possibilités que nous avons après les études*<br>*Je trouve qu'on ne reçoit pas assez d'informations précises et concrètes. Je voudrais savoir plus sur le champ de travail*<br>*Je veux avoir plus de stages pour me faire une idée* |
| Je suis certain du genre de travail que je veux avoir dans l'avenir | Identité professionnelle future | *C'est seulement à partir des stages qu'on peut s'informer dans des différents domaines*<br>*On est angoissé par le futur, on ne sait pas encore ce qu'on fera*<br>*Pour moi être étudiante, c'est un peu un intermède*<br>*C'est à l'Uni de nous montrer combien de possibilités on a dans ce domaine, il nous faut plus d'informations*<br>*C'est après des stages de vacances dans le domaine social que j'ai décidé de fréquenter les cours ici*<br>*Maintenant j'ai une petite idée de ce que je pourrais faire, mais je veux avoir des stages pour me faire une idée* |
| Je peux rarement (ou jamais) établir un lien entre ce qui m'est enseigné et mon avenir | Identité professionnelle future | *Les travaux de groupe, c'est une expérience qui est importante si on veut travailler dans le domaine social*<br>*Les professeurs ont trop de travail, ils n'ont pas le temps de parler des exemples de terrain, ils ont leur programme à finir* |
| On m'aide à acquérir des compétences qui m'aideront sur le marché du travail | Identité professionnelle future | *Il y a une matière qui est l'informatique, on comprend que c'est utile*<br>*Dans certains cours, on voit des aspects concrets qui nous serviront dans la vie professionnelle, au niveau de la rédaction par exemple*<br>*Avec ce qu'on a appris ici, on a plus de chance de réussir après dans la voie professionnelle, même si c'est pas cette filière-là*<br>*J'arrêterais là, j'aurais appris énormément de choses, je pense que ça pourrait me servir pour le futur métier que j'exercerais* |

**TABLEAU 9 : Validité de contenu des *items* qualifiant l'identité sociale d'étudiant**

les questions concernant l'employabilité, de 0 à 3 pour l'identité d'étudiant. Un score a été établi pour l'acquisition, la possession et l'exploitation de chaque CRE. Les questions fermées ont ensuite été analysées grâce au logiciel SPSS et croisées avec les variables de l'ACME.

## 2. Résultats

Les données de l'ACME ont permis de dresser le profil socio-démographique des populations des enquêtes (primo-inscrits en premier semestre à la FLSHASE en 2006/2007 & 2007/2008, primo-inscrits en premier semestre à l'UL en 2008/2009).

### Population de l'enquête 2008

Les décrocheurs de la FLSHASE contactés en 2008 sont au nombre de 181, soit 22 % primo-inscrits (Tableau 10, p. 197). Leur âge moyen est supérieur à celui de l'ensemble des inscrits (24.2 ans *versus* 21.6 ans) qui sont en majorité des femmes (98/181), ayant un diplôme de fin d'études secondaire classique (119 /181), inscrits à temps plein (178 /181) et qui habitent au domicile parental (142 /181).

Notons que 31 % des hommes, 28 % des étudiants étrangers, 36 % des étudiants ayant obtenu un diplôme de fin d'études secondaires technique, 27 % des étudiants inscrits à temps partiel et 39 % des étudiants résidant hors du domicile parental sont décrocheurs. Ces groupes sont surreprésentés par rapport à la moyenne de 22 % de décrocheurs au sein de la population totale des primo-inscrits, résultats cohérents avec les principaux facteurs de risques du décrochage universitaire évoqués dans la littérature (voir 1re partie).

Parmi les 181 décrocheurs contactés, 76 (42 %) ont accepté de participer à notre enquête. Leur âge moyen est de 22.9 ans, soit 1.3 ans de moins que la moyenne des décrocheurs. Globalement la structure de l'échantillon obtenu correspond à celle de l'ensemble de la population des décrocheurs (Tableau 11, p. 198). Les

| Primo-inscrits | 2006/2007 | | | 2007/2008 | | | Total | | |
|---|---|---|---|---|---|---|---|---|---|
| | Inscrits 1er sem. | Décrocheurs | | Inscrits 1er sem. | Décrocheurs | | Inscrits 1er sem. | Décrocheurs | |
| Âge moyen | 21.7 | 23.9 | | 21.7 | 24.5 | | 21.6 | 24.2 | |
| Effectif | 402 | 92 | 23 % | 429 | 89 | 21 % | 831 | 181 | 22 % |
| Sexe | | | | | | | | | |
| Hommes | 126 | 38 | 30 %* | 144 | 45 | 31 % | 270 | 83 | **31 %** |
| Femmes | 276 | 54 | 20 % | 285 | 44 | 15 % | 561 | 98 | 17 % |
| Nationalité | | | | | | | | | |
| Luxembourgeois | 310 | 63 | 20 % | 337 | 67 | 20 % | 647 | 130 | 20 % |
| Autres | 92 | 29 | 32 % | 92 | 22 | 24 % | 184 | 51 | **28 %** |
| Diplôme d'études secondaires | | | | | | | | | |
| Classique | 330 | 47 | 14 % | 331 | 72 | 22 % | 661 | 119 | 18 % |
| Technique | 72 | 45 | 62 % | 98 | 17 | 17 % | 170 | 62 | **36 %** |
| Type d'inscription | | | | | | | | | |
| Temps plein | 397 | 92 | 23 % | 423 | 86 | 20 % | 820 | 178 | 22 % |
| Temps partiel | 5 | 0 | 0 % | 6 | 3 | 50 % | 11 | 3 | **27 %** |
| Boursiers | 10 | 3 | 30 % | 23 | 7 | 30 % | 17 | 10 | 59 % |
| Type d'hébergement | | | | | | | | | |
| Dom. parental | 350 | 73 | 21 % | 381 | 69 | 18 % | 731 | 142 | 19 % |
| Autres | 52 | 19 | 37 % | 48 | 20 | 42 % | 100 | 39 | **39 %** |

TABLEAU 10 : **Caractéristiques sociodémographiques des primo-inscrits de la FLSHASE**
\* lecture : parmi les hommes inscrits en 2006/2007, 30 % sont décrocheurs

Luxembourgeois et les titulaires d'un diplôme de fin d'études secondaires technique seraient légèrement surreprésentés (46 % des boursiers et 45 % des diplômes techniques au lieu de 42 %). Au contraire, seuls 2 des 10 boursiers ont répondu à nos questions.

## Population de l'enquête 2009

Pour l'ensemble de l'UL, le nombre des décrocheurs du premier semestre de l'année universitaire 2008/2009 s'élève à 213, soit 23 % des inscrits (Tableau 12, p. 199). Cette proportion varie peu en fonction du sexe, de la nationalité, du diplôme d'études secondaires ou du type d'hébergement. En revanche – mais les effectifs faibles limitent la portée du constat – l'influence d'une activité en

| Décrocheurs | 2006/2007 | | | 2007/2008 | | | Pop. enquête | | |
|---|---|---|---|---|---|---|---|---|---|
| | Total | Participants | | Total | Participants | | Total | Participants | |
| Âge moyen | 23.9 | 22.4 | | 24.5 | 23.4 | | 24.2 | 22.9 | |
| Effectif | 92 | 41 | 45% | 89 | 35 | 39% | 181 | 76 | 42 % |
| Sexe | | | | | | | | | |
| Hommes | 38 | 17 | 45 % | 45 | 19 | 42 % | 83 | 36 | 43 % |
| Femmes | 54 | 24 | 44 % | 44 | 16 | 36 % | 98 | 40 | 41 % |
| Nationalité | | | | | | | | | |
| Luxembourgeois | 63 | 30 | 48 % | 67 | 30 | 45 % | 130 | 60 | 46 % |
| Autres | 29 | 11 | 38 % | 22 | 5 | 23 % | 51 | 16 | 31 % |
| Diplôme d'études secondaires | | | | | | | | | |
| Classique | 47 | 26 | 55 % | 72 | 22 | 31 % | 119 | 48 | 40 % |
| Technique | 45 | 15 | 33 % | 17 | 13 | 76 % | 62 | 28 | 45 % |
| Type d'inscription | | | | | | | | | |
| Temps plein | 92 | 41 | 45 % | 86 | 35 | 41 % | 178 | 76 | 43 % |
| Temps partiel | 0 | 0 | – | 3 | 0 | 0 % | 3 | 0 | 0 % |
| Boursiers | 3 | 0 | 0 % | 7 | 2 | 29 % | 10 | 2 | 20 % |
| Type d'hébergement | | | | | | | | | |
| Dom. parental | 73 | 33 | 45 % | 69 | 27 | 39 % | 142 | 60 | 42 % |
| Autres | 19 | 8 | 42 % | 20 | 8 | 40 % | 39 | 16 | 41 % |

TABLEAU 11 : Comparaison de la population de l'enquête 2008
à celle de l'ensemble des décrocheurs

parallèle semble jouer de manière notable sur le phénomène d'abandon ; sur 12 inscrits à temps partiel, 10 ont décroché.
La population de l'enquête 2009 représente 32 % de l'ensemble des décrocheurs de l'UL (Tableau 13, p. 200). L'âge moyen des 68 participants correspond à celui de la totalité du groupe (21.7 ans contre 21.6). Les hommes et les décrocheurs de nationalité luxembourgeoise sont légèrement surreprésentés (avec respectivement 36 % et 35 % de participation) ; les étudiants ayant obtenu un diplôme de fin d'enseignement secondaire technique, avec 46 % de répondants, le sont plus largement.

| Primo-inscrits | 2008/2009 | | |
|---|---|---|---|
| | Inscrits 1er semestre | Décrocheurs | |
| Âge moyen | 20.7 | 21.6 | |
| Effectif | 947 | 213 | 23 % |
| Sexe | | | |
| Hommes | 476 | 105 | 22 %** |
| Femmes | 471 | 108 | 23 % |
| Nationalité | | | |
| Luxembourgeois | 597 | 138 | 23 % |
| Autres | 350 | 75 | 21 % |
| Diplôme d'études secondaires | | | |
| Classique | 653 | 146 | 22 % |
| Technique | 294 | 67 | 23 % |
| Type d'inscription | | | |
| Temps plein | 935 | 203 | 22 % |
| Temps partiel | 12 | 10 | 83 % |
| Boursiers | 38 | 2 | 7 % |
| Type d'hébergement | | | |
| Dom. parental | 864 | 193 | 22 % |
| Autres | 83 | 20 | 24 % |

TABLEAU 12 : Caractéristiques sociodémographiques des primo-inscrits de l'UL
** lecture : parmi les hommes, 22 % sont décrocheurs

## Décrocheurs et persistants : un discours en miroir

### Les motifs du décrochage

Les raisons invoquées par les 144 étudiants pour expliquer l'abandon du cursus en cours n'apparaissent pas en lien avec leurs caractéristiques sociodémographiques[4]. Près de 80 % des décrocheurs expliquent leur abandon comme la conséquence de multiples facteurs. C'est l'addition de ces différentes causes qui aboutit au

---

4. Résultat de tris N'vivo effectués sur les catégories en fonction de l'âge, du sexe, de la nationalité, du type de diplôme de fin d'études secondaires, du type d'inscription et du mode d'hébergement.

| Décrocheurs | 2008/2009 | | |
|---|---|---|---|
| | Total | Participants | |
| Âge moyen | 21.6 | 21.7 | |
| Effectif | 213 | 68 | 32 % |
| Sexe | | | |
|   Hommes | 105 | 38 | 36 % |
|   Femmes | 108 | 30 | 28 % |
| Nationalité | | | |
|   Luxembourgeois | 138 | 48 | 35 % |
|   Autres | 75 | 20 | 27 % |
| Diplôme d'études secondaires | | | |
|   Classique | 146 | 37 | 25 % |
|   Technique | 67 | 31 | 46 % |
| Type d'inscription | | | |
|   Temps plein | 203 | 64 | 31 % |
|   Temps partiel | 10 | 4 | 40 % |
| Boursiers | 2 | – | 0 % |
| Type d'hébergement | | | |
|   Dom. parental | 193 | 62 | 32 % |
|   Autres | 20 | 6 | 30 % |

TABLEAU 13 : Comparaison de la population de l'enquête 2009 à celle de l'ensemble des décrocheurs 2008/2009

décrochage final ; le répondant se dit incapable de citer celui qui a joué le rôle de catalyseur.

A. UNE ORIENTATION PAR DÉFAUT

L'inscription en bachelor est parfois présentée comme un pis-aller : certains n'ont pas été acceptés dans la formation de leur choix (sélection à l'entrée) ; d'autres ont obtenu leur examen de fin d'études secondaires au rattrapage, c'est-à-dire trop tardivement pour s'inscrire dans une université étrangère[5] ; les derniers, encore hésitants quant à leur orientation, ont fait le choix de l'université pour se donner un délai de réflexion. L'université est une solution transitoire qui leur permet de justifier leur situation auprès de l'administration et/ou de l'entourage, et d'obtenir par-

5. Selon les répondants, cette information n'a pas été vérifiée par ailleurs.

fois des subsides. Dans ces conditions, le décrochage n'est certes pas inéluctable – l'expérience peut en séduire quelques-uns – mais prévisible.

> *Ce n'était pas mon premier choix.*
> *J'ai été prise dans une autre université.*
> *Je ne savais pas quoi faire, mais maintenant j'ai trouvé quelque chose de mieux.*
> *Je savais depuis le début que je ne voulais pas faire ça, c'était juste une transition.*
> *J'ai d'autres projets, c'était juste pour attendre le début de l'année.*
> *Après la 13ᵉ je n'étais pas motivé, mais je voulais essayer quelque chose, j'avais besoin d'une période libre…*
> *C'était juste pour les allocations.*

## B. Une curiosité à assouvir

Aller «à la fac» signifie faire l'expérience de la vie d'étudiant; les décrocheurs partageaient vraisemblablement les représentations de l'université évoquées lors des *focus groups* et décrites dans le chapitre précédent. Ils imaginaient des campus à l'américaine, aux dimensions impressionnantes qui fourmillent d'activités. En s'inscrivant à la faculté, ils étaient animés d'une certaine curiosité à cet égard, comme au regard des matières enseignées et de la diversité de la population étudiante (se frotter à d'autres cultures, d'autres modes de vie, d'autres points de vue). La découverte des réalités de la vie universitaire a découragé une partie de ces étudiants, mais il en est aussi qui désiraient seulement faire une incursion dans le «monde du savoir», fréquenter un lieu où l'on peut se cultiver et élargir son horizon sans nécessité d'un projet précis.

> *J'ai fait la fac pour voir ce que c'était.*
> *Cela ne m'a pas plu, je ne me sentais pas bien à l'université.*
> *Je croyais l'université différente de l'école, mais c'est presque la même chose et ça m'a démotivé.*
> *J'attendais autre chose de l'université, j'ai été déçue.*
> *Je n'ai pas besoin de diplôme pour ce que je veux faire, je suis allé à l'université pour le Savoir.*
> *Je voulais voir des choses différentes, des gens différents.*

## C. Difficulté de concilier études et impératifs du quotidien

Des événements heureux ou malheureux affectant la vie privée des étudiants (déménagement, naissance, divorce, maladie, décès) les poussent parfois à renoncer – au moins temporairement – à la poursuite de leurs études.

> *Je suis devenu papa et je m'occupe de mon enfant.*
> *Mes parents ont divorcé.*
> *Ma mère est tombée malade.*
> *À cause de problèmes personnels.*

Le travail universitaire entre en concurrence avec d'autres activités, salariées ou non. Lorsqu'il faut se déterminer entre études et loisirs, la décision ne se fait pas en fonction de critères rationnels ; la passion l'emporte sur les perspectives d'avenir. Le jeune âge des participants joue sans doute dans cette attitude. De même, ce n'est pas tant l'aspect financier qui est mis en avant par les participants dans le choix d'un emploi rémunéré, mais le plaisir d'exercer celui-ci.

> *J'ai trouvé un travail qui me plaît beaucoup.*
> *J'ai encore un travail, c'était trop de faire les deux en même temps.*
> *Pour moi, faire de la musique est plus important et je ne pouvais pas faire les deux.*

## D. Une connaissance insuffisante du travail universitaire

Les difficultés d'apprentissage sont abordées sous l'angle d'une préparation insuffisante ou inadaptée au travail universitaire. Les participants se plaignent d'un manque d'information sur les contenus des cours, les modalités d'enseignement ou les prérequis de la formation. Une minorité remet en cause ses aptitudes (facultés intellectuelles, motivation) ou attitudes personnelles (recherche de renseignements, choix du cursus).

> *Je n'ai pas eu assez d'informations.*
> *J'étais mal préparée, je ne savais pas qu'il fallait des connaissances préalables.*
> *J'avais une autre image de ce que je voulais faire.*

*Il y avait beaucoup trop de théorie.*
*Les cours ne me plaisaient pas.*
*J'avais des problèmes pour comprendre à cause du bilinguisme.*
*C'était trop difficile pour moi.*
*Je manquais de motivation pour continuer.*
*J'ai fait un mauvais choix en ce qui concerne la formation.*
*La matière ne me plaisait pas, je ne me suis pas assez renseigné.*

## Regard des décrocheurs sur l'université

### A. L'ENVIRONNEMENT UNIVERSITAIRE

La réputation de l'université comme celle de leur faculté satisfont la majorité des décrocheurs (Tableau 14, p. 204). Alors qu'en 2008 les participants se disent lus satisfaits de leur faculté que de leur université (77 % contre 57 %), la tendance s'inverse en 2009 avec l'extension de l'enquête à l'ensemble de l'université (60 % contre 69 %). Dans le cadre des *focus groups*, on apprend qu'il s'agit de la réputation de l'université par rapport aux campus étrangers dont se plaignent les étudiants. En effet, certains se disent *« déçus de l'environnement universitaire »*, les universités étrangères leur paraissent à cet égard plus enviables. Ils déplorent l'absence d'une vie étudiante et demandent des lieux de rencontre dans et à proximité des campus. À l'égard des offres culturelles et sportives, 40 % se déclarent satisfaits en 2008, et 47 % en 2009. Globalement, les associations d'étudiants sont perçues comme peu efficacité alors que 52 % ont un avis plus favorable en 2009 que ceux de 2008 (31 %). Les discordances peuvent être expliquées de deux manières : tout d'abord les résultats de la première enquête ont été communiqués aux services concernés qui ont fait des efforts de communication sur la vie étudiante et les activités organisées au sein de l'université ; ensuite, la première enquête concernait uniquement les étudiants d'un campus. Notons en outre que lorsque les enquêteurs s'enquièrent auprès des participants de leurs expériences dans ces domaines, il s'avère que peu ont tenté de participer à des activités sportives (moins de 1 sur 10), culturelles (1 sur 10 environ) ou à celles organisées par les associations d'étudiants (1 sur 10).

*Il faudrait instaurer des lieux de séjour pour les étudiants, où ils pour-*
*raient se retrouver.*
*Il manque, des bars, des restos pour se retrouver quand on a fini avec les*
*cours.*
*Il faudrait s'inspirer des universités étrangères.*
*Les associations ne font rien, ils se réunissent entre eux, ils parlent et c'est*
*tout. Nous on voit jamais rien de positif.*

| Satisfaction à l'égard | Tout à fait satisfait/Satisfait | |
|---|---|---|
| | 2006/07 2007/08 | 2008/09 |
| de la réputation de l'université | 57 % | 69 % |
| de la réputation de la faculté | 77 % | 60 % |
| de la qualité des enseignements | 46 % | 64 % |
| des offres culturelles et sportives | 40 % | 47 % |
| des associations d'étudiants | 31 % | 52 % |

TABLEAU 14 : Satisfaction des décrocheurs envers l'université

## B. RELATIONS INTERPERSONNELLES

La plupart des participants disent avoir trouvé au sein de l'université des interlocuteurs pour s'entretenir de problèmes personnels
(66 % en 2008 ; 67 % en 2009) et même s'être fait de bons amis
parmi les étudiants (57 % en 2008 ; 65 % en 2009). Près de 7 sur
10 signalent néanmoins des désagréments liés à un manque d'organisation ou à un défaut de communication de la part des services administratifs et nombre d'entre eux (30 % en 2008 ; 46 %
en 2009) se sont sentis considérés comme des numéros (Tableau 15,
p. 205).

*On ne sait pas à qui demander les informations.*
*On a le sentiment qu'ils ne communiquent pas entre eux.*
*On n'est pas informé des changements d'emploi du temps.*

## C. LES ENSEIGNEMENTS ET LE TRAVAIL UNIVERSITAIRE

Les étudiants de l'enquête 2009 se déclarent en moyenne les plus
satisfaits des enseignements (64 %), mais en parallèle déclarent
avoir eu des difficultés à gérer leur charge de travail (55 %). À

l'inverse les participants de 2008 estiment avoir assumé sans problème leur travail universitaire (66 %), mais sont moins nombreux à estimer positivement la qualité des enseignements dispensés (46 %). La qualité de la formation serait-elle liée pour eux à la quantité de travail à fournir par les étudiants?

La majorité déclare avoir régulièrement «séché» les cours (54 % en 2008; 61 % en 2009), mais certains n'avaient jamais pensé à décrocher avant leur abandon (14 % en 2008; 36 % en 2009). Dans l'ensemble, la formation ne correspondait pas à ce qu'ils imaginaient. La préparation au monde du travail en particulier n'a pas répondu à leurs attentes (près de 7 sur 10) et 54 % déclarent avoir éprouvé des difficultés à faire le lien entre les enseignements reçus et leur avenir (Tableau 15 ci-dessous).

| À l'université, les décrocheurs estiment: | Tout à fait d'accord/ Plutôt d'accord | |
|---|---|---|
| | 2006/07 2007/08 | 2008/2009 |
| avoir eu de la difficulté à assumer la charge de travail | 34 % | 55 % |
| avoir rarement manqué une échéance | 32 % | 60 % |
| avoir rarement fait un lien entre ce qui était enseigné et leur avenir | 54 % | 54 % |
| s'être senti la plupart du temps comme un numéro | 30 % | 46 % |
| avoir séché les cours une fois par semaine ou plus | 54 % | 61 % |
| n'avoir jamais pensé à décrocher | 14 % | 36 % |
| avoir des compétences et des aptitudes pour bien réussir | 83 % | 78 % |
| avoir eu des personnes avec qui parler de choses personnelles | 66 % | 67 % |
| avoir été aidé dans l'aperçu de leurs projets d'avenir | 66 % | 66 % |
| avoir été aidé dans l'acquisition de compétences utiles sur le marché du travail | 27 % | 37 % |
| avoir été certains du genre de travail qu'ils voulaient avoir dans l'avenir | 50 % | 52 % |
| s'être fait de bons amis parmi les étudiants | 57 % | 65 % |

**TABLEAU 15 : Traits identitaires des décrocheurs**

## D. Compétences Relatives à l'Employabilité

Selon les répondants de l'enquête 2008, leur passage à l'université a peu contribué au développement de leurs CRE qu'ils estiment posséder et qu'ils jugent bonnes, mais sous-utilisées (Figure 14 ci-dessous). En 2009, les estimations des répondants sont plus modestes et le rôle attribué à l'université limité (Figure 15, p. 207).

Parmi les CRE, la capacité à travailler en équipe est celle que les répondants reconnaissent le mieux maîtrisé (posséder et utiliser) (Tableau 16, p. 207). C'est dans ce domaine que leur passage à l'université a eu le plus d'influence. De fait lors des *focus groups,* les étudiants avaient souligné qu'ils appréciaient le travail en groupe. Par ailleurs ce type de compétence qui se réfère à une situation concrète (pratique ou non du travail collaboratif) est plus facile à cerner.

L'encadrement de personnes est la CRE la moins cotée alors en particulier les jeunes qui se destinent au travail social ont probablement déjà assumé des responsabilités de ce genre (comme moniteur en colonie de vacances ou centre aéré, aide scolaire). Mais peut-être n'ont-ils pas mesuré l'intérêt de ce savoir-faire ?

Enfin, alors que l'âge des participants laisserait penser qu'ils se sentent à l'aise avec les nouvelles technologies, leur appréciation de leurs capacités à cet égard reste mitigée. Peut-être ont-ils été confrontés à des difficultés d'utilisation ? Échanger des courriels ou

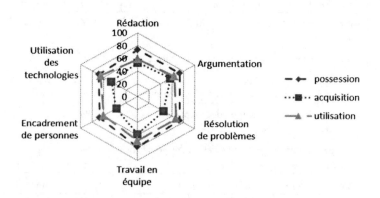

FIGURE 14 : CRE déclarées par les participants à l'enquête 2008

«chatter» sur Internet ne signifie pas pour autant être capable d'utiliser convenablement de logiciels de traitement de texte, de tableurs ou autres outils informatiques.

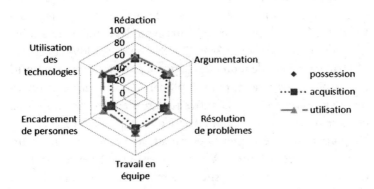

**FIGURE 15 : CRE déclarées par les participants à l'enquête 2009**

| CRE | Possession | | Acquisition à l'université | | Utilisation | |
|---|---|---|---|---|---|---|
| | 2006/07-2007/08 | 2008/09 | 2006/07-2007/08 | 2008/09 | 2006/07-2007/08 | 2008/09 |
| | sur 4 | sur 100 | sur 4 | sur 100 | sur 4 | sur 100 |
| Rédaction | 2.94 | 73.5 | 2.12 | 53.0 | 2.11 | 52.7 | 2.19 | 54.7 | 2.34 | **58.5** | 2.34 | 58.5 |
| Argumentation | 2.94 | 73.5 | 2.03 | **50.7** | 2.29 | 57.2 | 2.25 | 56.2 | 2.57 | 64.2 | 2.47 | 61.7 |
| Résolution de problème | 2.94 | 73.5 | 2.18 | 54.5 | 1.80 | 45.0 | 2.03 | 50.7 | 2.71 | 67.7 | 2.35 | 58.7 |
| Travail en équipe | 3.14 | **78.5** | 2.57 | **64.2** | 2.34 | **58.5** | **2.28** | **57.0** | 2.77 | **69.2** | 2.55 | **63.7** |
| Encadrement de personnes | 2.66 | **66.5** | 2.09 | 52.2 | 1.49 | **37.2** | 1.73 | **43.2** | 2.37 | 59.2 | 2.24 | **56.0** |
| Utilisation des technologies | 2.74 | 68.5 | 2.21 | 55.2 | 1.86 | 46.5 | 1.73 | **43.2** | 2.60 | 65.0 | 2.34 | 58.5 |

**TABLEAU 16 : Auto-estimation moyenne des CRE des décrocheurs écart-type variant de 0.689 à 1.101**

*Projets d'avenir*

Malgré leur décision de quitter l'université, les décrocheurs ne se montrent pas amers mais positivent leur expérience universitaire ; alors qu'ils ne savaient pas à quel genre d'emploi ils se destinaient en entrant à l'université (50 % en 2008 ; 52 % en 2009), le laps de temps qu'ils y ont passé les a aidés à formaliser leurs projets pour l'avenir (66 %). Ils pensent d'ailleurs avoir des compétences et des aptitudes pour réussir (83 % en 2008 ; 78 % en 2009) et certains (43 %) envisagent de tenter dès la prochaine rentrée une nouvelle expérience universitaire, pour la plupart dans un autre établissement européen (37 %). D'autres préféreraient trouver un travail et s'orientent vers une activité salariée à temps plein (33 %).

La plupart des décrocheurs déclarent spontanément que leurs parents portent de l'intérêt à leurs études (8 sur 10 environ). Leur décision de quitter l'université a été respectée, mais a inquiété ou déçu les proches (6 sur 10) car elle remet en question les projets que ceux-ci avaient contribué à élaborer et l'avenir qu'ils espéraient pour le jeune. L'obtention d'un diplôme de l'enseignement supérieur reste en effet pour la majorité un symbole de réussite sociale et un moyen d'éviter le chômage.

> *Ils voulaient que je continue.*
> *Ils avaient peur que je décroche complètement.*
> *Tu es bête, après tu vas le regretter.*

# 3. Le décrochage, une réaction face à un contexte universitaire perturbant ?

## Le décrochage, conséquence d'une addition de facteurs

Interrogés sur les raisons qui les ont amenés à quitter l'université, les enquêtés évoquent rarement une seule cause mais, comme décrit dans la littérature (Beaupère & Boudesseul, 2009 ; Christie *et al.*, 2004 ; Conway, 2001 ; Legendre, 2003), la conjonction de plusieurs facteurs. Ils évoquent la difficulté à faire face à un événement affectant leur vie privée (naissance, déménagement, maladie, séparation, décès) ; la concurrence entre travail universitaire et activité salariée ou de loisir ; une orientation par défaut (solution de repli, attente d'une meilleure option) ; une méconnaissance du contenu de la formation, de l'investissement ou des prérequis nécessaires ; l'absence de réel projet universitaire (Figure 16 ci-dessous).

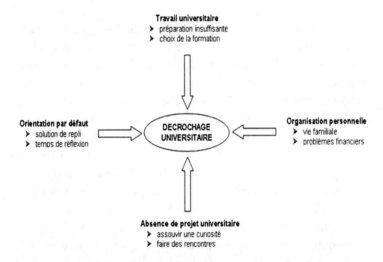

**FIGURE 16 : Déterminants du décrochage évoqués par les décrocheurs**

Le décrochage est rarement une décision soudaine suite événement ponctuel ; c'est un phénomène progressif de démotivation qui se traduit par un absentéisme de plus en plus flagrant (Blaya & Hayden, 2004 ; Guigue, 1998). Ainsi une meilleure connaissance des déterminants du décrochage peut permettre de mener des actions préventives pertinentes auprès des personnes concernées (Blaya, 2007 ; Bourdages, 2001 ; Fortin *et al.*, 2006 ; Small & Luster, 1994). Cependant, ce type de mesures n'a de sens que si l'abandon trouve son origine principale dans l'environnement universitaire. Alors que, du point de vue des responsables institutionnels, le décrochage universitaire tend à être considéré comme une déviance qu'il faut absolument combattre, quitter l'université s'avère parfois une décision réfléchie qu'il faut apprendre à écouter et à respecter (Amara, 2009a). Cette option reste encore difficile à envisager car, selon les critères de Lisbonne, le non-achèvement des études supérieures peut être interprété comme un signe d'inefficacité montrant que le système d'éducation ne répond pas aux besoins de ses bénéficiaires (Bennett, 2003).

## Un environnement universitaire décevant

Le point de vue des décrocheurs concernant les services universitaires est proche de celui des persistants. Comme eux, ils se disent pour la plupart déçus par leur découverte de l'université : campus trop petit, vie étudiante inexistante, activités sportives ou de loisirs trop rares, associations d'étudiants trop discrètes. Les relations avec les services administratifs sont décrites comme tendues, les enquêtés se sont sentis anonymes et ont eu des difficultés à obtenir les informations qu'ils cherchaient. Dans l'ensemble, la formation ne correspondait pas à leurs attentes car trop éloignée du monde du travail, mais s'ils avouent ne pas avoir su gérer la charge de travail universitaire, ils se disent assez satisfaits des enseignements. Globalement, plus que les parcours proposés, c'est le contexte universitaire qui engendre leur insatisfaction. Or, selon Breakwell (1988), l'existence d'un conflit entre les informations provenant de l'environnement et les engagements d'un individu génère une action qui débouche soit sur une réévaluation desdits engagements, soit sur une transformation du sujet, soit encore sur l'abandon des engagements. L'auteur met l'accent sur les émotions, chaque personne étant affectée de manière différente par une même situation, un même contexte. Ainsi un étudiant confronté à un environnement universitaire qui déçoit ses attentes peut selon sa personnalité et les circonstances revoir son projet universitaire, amorcer un développement identitaire ou… décrocher. La question est alors de savoir si l'on peut prévoir, prévenir ou accompagner ce dernier phénomène.

## Profil identitaire et compétences relatives à l'employabilité

Les participants ont su développer des relations sociales satisfaisantes sur le campus ; ils ont échangé avec d'autres sur leurs vie et problèmes personnels, et se sont fait des amis. La plupart ne suivaient pas assidûment les cours. Ils disent en majorité avoir éprouvé des difficultés à faire un lien entre les matières et contenus enseignés, et leur avenir. Enfin, la moitié n'avait pas de projet professionnel à l'entrée à l'université. Les décrocheurs considèrent posséder de bonnes compétences relatives à l'employabilité dans tous les domaines évalués (rédaction, argumentation, résolution de problèmes, utilisation de nouvelles technologies, travail en équipe, encadrement de personnes). C'est pour l'encadrement qu'ils s'estiment les moins compétents et pour le travail en équipe le plus compétents, mais quel que soit le domaine, le rôle attribué à leur passage à l'université reste faible. Ils ont pourtant tendance à positiver cette expérience ; leur bref parcours les a aidés à clarifier leurs projets d'avenir et malgré leur départ anticipé de l'université, ils gardent confiance en leurs compétences et aptitudes.

Ces constats corroborent l'analyse de Kunnen (Kunnen & Bosma, 2006) qui démontre un lien entre des engagements diffus et un moindre bien-être eu égard au domaine des études, mais pas si l'on considère le domaine de la philosophie de vie. L'ensemble de nos observations semble par ailleurs soutenir l'hypothèse selon laquelle, la décision de quitter l'université tient plus à un manque d'adéquation entre l'individu, ses désirs, ses préférences et le contexte universitaire qu'à la perception d'une faible auto-efficacité ou de difficultés d'apprentissage.

L'enquête *drop-out* a donné un éclairage sur les causes d'abandon précoce. Le discours des décrocheurs correspond à celui des persistants ; mêmes attentes, mêmes difficultés et mêmes sujets d'insatisfaction. Il est le reflet d'une expérience commune qui donne pourtant naissance à deux comportements opposés : effort d'affiliation à la vie universitaire et poursuite du cursus (persistance), ou décrochage. À quoi cette différence d'attitude tient-elle ? Les décrocheurs ont-ils un profil identitaire différent de celui des persistants ?

Les indicateurs apportent des éléments sur les représentations que les décrocheurs ont de leur vécu universitaire et de leurs compétences actuelles, mais il est difficile d'analyser ces données en l'absence de valeurs de référence. Ce constat, né lors du dépouillement de l'enquête 2008, a conduit à poursuivre le recueil de données l'année suivante pour confirmer et/ou de compléter les causes d'abandon évoquées par les décrocheurs, mais aussi et surtout pour pouvoir comparer leurs réponses à celles de persistants interrogés en parallèle.

# Compétences relatives à l'employabilité et identité sociale d'étudiant de « décrocheurs » et de « persistants »

Cette étude vise à distinguer ce qui singularise les « décrocheurs » de ceux qui poursuivent leur cursus, nommés ici « persistants ». Son originalité est de ne pas considérer isolément une population de décrocheurs, mais de comparer ceux-ci aux étudiants persistants inscrits au même moment dans la même année d'étude et qui ont bénéficié d'un environnement universitaire et de conditions d'intégration identiques. Dans cette optique, l'objectif est d'analyser les liens entre l'Identité sociale d'étudiant et les Compétences relatives à l'employabilité chez les décrocheurs et les persistants.

## 1. Méthodologie

L'enquête *sqales* s'adressait à l'ensemble des étudiants de première année de bachelor s'étant inscrits pour la première fois à l'université à la rentrée 2008/2009 et réinscrits au second semestre (Figure 17, p. 214). Seuls les primo-inscrits, c'est-à-dire les « nouveaux » étudiants, ont été pris en compte ce qui élimine tout biais lié à une précédente expérience, heureuse ou malheureuse, de l'université.

Le recueil des données a eu lieu à la fin du 1er semestre 2008/2009. Les étudiants ont été invités à participer à l'enquête par le biais

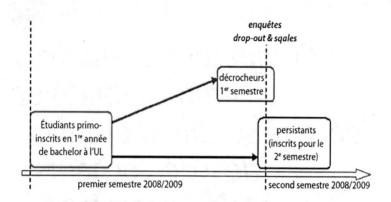

**FIGURE 17 : Populations des enquêtes *drop-out* et *sqales***

d'un courriel leur expliquant les buts et les modalités de l'étude. Un hyperlien leur a permis d'accéder directement au questionnaire *sqales* proposé dans trois langues (allemand, anglais ou français) et mis en ligne pendant une durée d'un mois.

Le questionnaire *sqales* comporte les mêmes questions fermées que le questionnaire *drop-out* 2009. Outre les données sociodémographiques (âge, sexe, nationalité, diplôme de fin d'études secondaire, type d'inscription, bourse, type d'hébergement, situation par rapport à l'emploi, nombre d'ECTS acquis, niveau d'études des parents, catégorie professionnelle des parents), il explore : la satisfaction globale ; la qualité de vie ; les compétences relatives à l'employabilité (CRE) ; l'identité sociale d'étudiant (ISE).

Chaque questionnaire a été automatiquement codé selon les modalités décrites pour l'enquête *drop-out* et transféré vers un fichier Excel, logiciel compatible avec SPSS. À la fin de la période de collecte, les données ont été converties en un fichier SPSS lequel a été fusionné avec celui de l'enquête *drop-out* 2009 à des fins d'analyses statistiques descriptives et comparatives des deux populations « décrocheurs » et « persistants ».

| | Persistants | Décrocheurs | P |
|---|---|---|---|
| Effectif | 99 | 68 | 0.719 |
| Âge moyen | 20.8 | 21.7 | 0.178 |
| Sexe<br>  Hommes<br>  Femmes | 39 (39.4%)<br>60 (60.6%) | 38 (55.9%)<br>30 (44.1%) | < 0.05 |
| Nationalité<br>  Luxembourgeois<br>  Autres | 60 (60.6%)<br>39 (39.4%) | 48 (70.6%)<br>20 (39.4%) | 0.185 |
| Diplôme d'études secondaires<br>  Classique<br>  Technique | 66 (66.7%)<br>33(33.3%) | 37 (54.4%)<br>31 (45.6%) | 0.110 |
| Type d'inscription<br>  Temps plein<br>  Temps partiel | 98 (99.0%)<br>1 (1.0%) | 64 (94.1%)<br>4 (5.9%) | 0.069 |
| Boursiers | 3 (3.0%) | 0 | 0.147 |
| Type d'hébergement<br>  Dom. parental<br>  Autres | 90 (90.9%)<br>9 (9.1%) | 62 (91.2%)<br>6 (8.8%) | 0.958 |
| Salarié au moment de l'enquête<br>  non<br>  oui | 95 (95.9%)<br>4 (4.0%) | 28 (41.2%)<br>40 (58.8%) | < 0.001 |
| ECTS acquis<br>  0-12<br>  13 et plus | 16 (16.2%)<br>83 (83.8%) | 67 (98.5%)<br>1 (1.5%) | < 0.001 |
| Niveau d'études du père<br>  ≤ dipl. fin d'études secondaires<br>  > dipl. fin d'études secondaires | 63 (63.6%)<br>33 (33.3%) | 51 (75.0%)<br>17 (25.0%) | 0.152 |
| Niveau d'études de la mère<br>  ≤ dipl. fin d'études secondaires<br>  > dipl. fin d'études secondaires | 68 (68.7%)<br>31 (31.3%) | 51 (75.0%)<br>17 (25.0%) | 0.445 |
| Statut professionnel du père<br>  Ouvrier / Employé<br>  Cadre supérieur | 62 (62.6%)<br>9 (37.4%) | 41 (60.3%)<br>27 (39.7%) | 0.736 |
| Statut professionnel de la mère<br>  Ouvrier / Employé<br>  Cadre supérieur | 75 (75.8%)<br>24 (24.2%) | 52 (76.5%)<br>16 (23.5%) | 0.982 |

**TABLEAU 17: Caractéristiques sociodémographiques des participants**

## 2. Résultats

### Caractéristiques sociodémographiques «persistants» et «décrocheurs»

Les participants (99 persistants et 68 décrocheurs) forment deux groupes dont les caractéristiques sociodémographiques diffèrent peu (Tableau 17, p. 215). L'âge moyen est de 20.8 ans chez les persistants et de 21.7 ans pour les décrocheurs. La plupart ont obtenu un diplôme d'études secondaires classique et sont (ou étaient) inscrits à temps plein comme étudiant. Ils vivent en majorité au domicile des parents, lesquels ont pour les trois quarts un niveau d'études inférieur ou égal au baccalauréat et occupent des emplois d'ouvriers ou d'employés.

Trois éléments les distinguent néanmoins: les hommes sont plus nombreux parmi les décrocheurs, résultat attendu car le sexe masculin est un des déterminants avéré du décochage; contrairement aux persistants, rares sont les décrocheurs qui ont acquis les treize ECTS attendus à la fin du premier semestre[1] (1.5 % contre 83.8 % des persistants); enfin, plus de la moitié des décrocheurs ont une activité salariée au moment de l'enquête (58.8 % contre 4 % des persistants) conséquence probable à leur disponibilité horaire depuis leur départ de l'université.

Ainsi, ce qui discerne deux groupes est essentiellement leur situation au regard des études universitaires.

### Compétences relatives à l'employabilité

#### Les CRE des persistants

Les persistants obtiennent des scores élevés sur l'échelle de CRE: 74.2 sur 100 en moyenne pour les CRE possédées; 66.1 pour celles acquises à l'université; 65.6 pour leur utilisation (Tableau 18, p. 218).

---

1. Le nombre minimum d'ECTS requis pour accéder à la deuxième année de formation étant vingt-cinq.

Concernant la possession, les scores moyens pour chaque CRE varient peu : celle que les étudiants déclarent le mieux posséder est la compétence en rédaction (77.5 sur 100), suivie de près par la capacité à travailler en équipe (77.3) et la moins cotée est l'encadrement de personnes (69.3). Les CRE dans lesquelles l'université a permis aux persistants de progresser le plus sont la résolution de problèmes (73 sur 100) et l'argumentation (72). À l'opposé, celle sur laquelle le cursus suivi a eu le moins d'influence est l'encadrement (54.5). Les étudiants disent utiliser une grande partie des compétences qu'ils possèdent (Figure 18 ci-dessous), en particulier leurs capacités à argumenter et à résoudre des problèmes, précisément celles dans lesquelles l'université les a aidés à améliorer leurs performances.

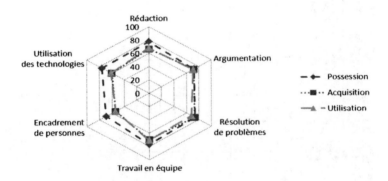

FIGURE 18 : CRE déclarées par les persistants

## Comparaison des CRE estimées par les décrocheurs et les persistants

Les persistants déclarent mieux posséder les CRE évaluées que les décrocheurs (score moyen de 74.2 sur 100 contre 55.0 pour les décrocheurs), ils attribuent une plus grande part de leur progression à l'université (66.1 contre 50.9) et utilisent plus les CRE acquises (65.6 contre 59.6). Ils obtiennent pour chaque compétence de chaque domaine une moyenne supérieure au score moyen des décrocheurs (Tableau 18, p. 218) avec des écarts significatifs, excepté concernant l'utilisation des CRE.

| CRE (score sur 100) | Possession | | | Acquisition à l'université | | | Utilisation | | |
|---|---|---|---|---|---|---|---|---|---|
| | Persis-tants | Décro-cheurs | Écart | Persis-tants | Décro-cheurs | Écart | Persis-tants | Décro-cheurs | Écart |
| Rédaction | 77.5 | 53.0 | 24.5*** | 66.8 | 54.7 | 12.1** | 68.0 | 58.5 | 9.5 |
| Argumentation | 72.3 | 50.7 | 21.5*** | 72.0 | 56.2 | 15.8*** | 71.0 | 61.7 | 9.3* |
| Résolution de problèmes | 73.5 | 54.5 | 19.0*** | 73.0 | 50.7 | 22.3*** | 68.0 | 58.7 | 9.3* |
| Travail en équipe | 77.3 | 64.2 | 13.1** | 69.8 | 57.0 | 12.8** | 70.8 | 63.7 | 7.1 |
| Encadrement de personnes | 69.3 | 52.2 | 17.1*** | 54.5 | 43.2 | 11.3** | 54.5 | 56.0 | –1.5 |
| Utilisation des technologies | 75.7 | 55.2 | 20.5*** | 60.5 | 43.2 | 17.3*** | 61.5 | 58.5 | 3 |
| SCORE MOYEN | 74.2 | 55.0 | 19.2*** | 66.1 | 50.9 | 15.2*** | 65.6 | 59.6 | 6* |

**TABLEAU 18 : Comparaison des CRE estimées par les persistants et décrocheurs**
Degré de signification : *** p < 0.001 – **p < 0.01 – *p < 0.05

Dans le domaine de la possession, les différences les plus importantes sont enregistrées pour la rédaction et l'argumentation. Viennent ensuite l'apprentissage et l'utilisation de nouvelles technologies et la résolution de problèmes. Faut-il voir là l'influence de l'université, ou de la scolarité antérieure ? Les décrocheurs ont moins que les persistants amélioré ces CRE pendant leur cursus – en particulier concernant la résolution de problèmes qui est celle où l'écart est le plus marqué entre les deux groupes – mais ils ont passé moins de temps sur le campus. S'il n'est pas possible de trancher ce point ici, il est tout de même notable que le groupe des persistants déclare utiliser la totalité des compétences acquises à l'université (Figure 18, p. 217). Ne pas être à l'aise dans ces matières a probablement nui au travail universitaire des décrocheurs.

La différence est moindre concernant le travail en équipe et l'encadrement de personnes, compétences à l'égard desquelles persistants et décrocheurs semblent avoir le même ressenti. Ainsi que les étudiants l'ont indiqué lors des *focus groups*, le travail en groupe est apprécié, peu d'exercices de ce type étant réalisés au lycée. L'université a aidé les deux groupes à progresser dans cette CRE. Inversement la fonction d'encadrement paraît peu familière à l'ensemble des étudiants, cette compétence est celle qui obtient, à une exception près[2], les moins bons scores dans chaque domaine.

## Identité Sociale d'Étudiant des décrocheurs et des persistants

### Identité d'étudiant des persistants

Les persistants pensent en grande majorité (92.6 %) avoir les compétences pour réussir. Ils savent respecter les échéances (78.9 %) et sont assidus en cours (77.9 %), mais quatre sur dix éprouvent des difficultés à assumer la charge de travail (41.1 %) et trois sur dix perçoivent mal l'intérêt pour leur avenir des enseignements dis-

---

2. Acquisition à l'université de la capacité à résoudre les problèmes chez les décrocheurs.

pensés (31.6 %). Les enseignements leur ont permis d'acquérir des compétences importantes pour trouver un emploi (62.1 %) et leurs projets se sont précisés depuis le début de leur parcours (51.6 %), plus de la moitié (65.9 %) ont d'ailleurs une idée concrète du métier auquel ils souhaiteraient parvenir. Des liens amicaux se sont créés sur le campus (85.3 %) où les participants savent trouver des personnes prêtes à les écouter (64.2 %). Pourtant un quart d'entre eux (25.6 %) se sentent anonymes à l'université (Tableau 20, p. 221). Enfin, si ces étudiants se déclarent satisfaits de leur faculté (72.7 %), de la qualité des enseignements (74.7 %) et des prestations culturelles ou sportives (67.7 %), ils le sont un peu moins (60.6 %) de l'université au sens large (Tableau 19, p. 221).

## Comparaison des traits identitaires des deux groupes

Les décrocheurs ont eu plus de mal à s'adapter au travail universitaire (plus de difficulté à assumer la charge de travail : 55.2 % contre 41.1 % ; moins de respect des échéances : 60.3 % contre 78.9 %) et étaient beaucoup moins assidus aux cours que les persistants (38.8 % contre 77.9 %). Près de la moitié d'entre eux (45.6 % contre 25.6 % des persistants) ont eu le sentiment d'être un numéro sur le campus. Apprendre le métier d'étudiant semble avoir été une tâche ardue pour les décrocheurs, mais peut-être étaient-ils peu motivés pour faire des efforts dans ce sens ? Au contraire des persistants, ils ont en majorité le sentiment d'avoir été peu aidé dans l'acquisition de compétences utiles dans le monde du travail (63.1 % contre 37.9 %), ce que confirme d'ailleurs l'auto-estimation de leurs CRE. Plus que ceux qui ont choisi de poursuivre leur cursus, ils ont eu des difficultés à établir un lien entre les enseignements dispensés et leur avenir (53.7 % contre 31.6 %). Leur niveau de satisfaction concernant la qualité des enseignements reçus ne diffère pas de celle des persistants, en revanche les activités culturelles et sportives proposées par l'université les ont moins convaincus (47.1 % contre 70.7 %) et – conséquence de leur expérience avortée ? – ils se disent moins satisfaits de la réputation de leur faculté (Tableau 19, p. 221) que les persistants (60.3 % contre 72.7 %).

| Satisfaction à l'égard... | Tout à fait satisfait/ Satisfait | | p |
|---|---|---|---|
| | Persistants (99) | Décro-cheurs (68) | |
| de la réputation de l'université | 60.6 % | 69.1 % | 0.589 |
| de la réputation de la faculté | **72.7 %** | 60.3 % | 0.010* |
| de la qualité des enseignements | 74.7 % | 64.2 % | 0.117 |
| des offres culturelles et sportives | **70.7 %** | 47.1 % | 0.008** |
| des associations d'étudiants | 67.7 % | 52.5 % | 0.287 |

TABLEAU 19: **Satisfaction comparée des décrocheurs et des persistants**
Degré de signification: *** p < 0.001 – **p < 0.01 – *p < 0.05

| | Tout à fait d'accord/ Plutôt d'accord | | p |
|---|---|---|---|
| | Persistants | Décro-cheurs | |
| difficulté à assumer la charge de travail | 41.1 % | 55.2 % | 0.005** |
| respect des échéances | 78.9 % | 60.3 % | 0.043* |
| pas de liens établis entre enseignements et avenir | 31.6 % | 53.7 % | 0.042* |
| sentiment d'être un numéro | 25.6 % | 45.6 % | 0.026* |
| pas d'assiduité en cours | 22.1 % | 61.2 % | 0.000*** |
| pas d'envie de décrocher | 55.8 % | 35.8 % | 0.000*** |
| sentiment d'avoir des compétences pour réussir | 92.6 % | 77.9 % | 0.005** |
| personnes à qui parler de choses personnelles | 64.2 % | 67.2 % | 0.141 |
| aide dans l'aperçu de leurs projets d'avenir | 51.6 % | 66.2 % | 0.000*** |
| aide dans l'acquisition de compétences pour le travail | 62.1 % | 36.9 % | 0.002** |
| certitude du travail souhaité dans l'avenir | 65.9 % | 52.2 % | 0.074 |
| s'être fait de bons amis parmi les étudiants | 85.3 % | 64.7 % | 0.006** |

TABLEAU 20: **Comparaison des traits identitaires des participants**
Degré de signification: *** p < 0.001 – **p < 0.01 – *p < 0.05

En plus faible proportion que les persistants, mais en majorité tout de même, les décrocheurs ont le sentiment d'avoir des compétences pour réussir (77.9 % contre 92.6 %) et ont su se faire des amis à l'université (64.7 % contre 85.3 %). Leur passage à l'université leur a permis, mieux qu'aux persistants, de clarifier leurs projets pour le futur (66.2 % contre 51.6 %) et leur qualité de vie est meilleure au moment de l'enquête (83.3 contre 74.2 sur 100). Plus d'un tiers d'entre eux (36.9 %) n'avaient pas prévu de quitter l'université (en vue d'une autre orientation par exemple) avant de prendre cette décision (Tableau 20, p. 221).

## Validation de l'échelle SUSI mesurant l'identité sociale d'étudiant

Les divergences entre décrocheurs et persistants concernant les mesures des traits identitaires ont amené à tenter d'établir un score d'identité à partir des douze *items* relatifs à l'ISE. Les modalités de réponses aux propositions (« tout à fait d'accord » ; « plutôt d'accord » ; « plutôt pas d'accord » ; « pas du tout d'accord ») ont été cotées de 0 à 3 en respectant pour chaque *item* le sens de la corrélation. Par exemple, pour la proposition « j'estime que j'ai des compétences et des aptitudes pour bien réussir », corrélée positivement, la valeur 3 a été attribuée à « tout à fait d'accord ». Inversement, pour la propoMinistsition « je me sens comme un numéro la plupart du temps », corrélée négativement, la valeur 3

| Propositions | Corréla-tion | Tout à fait d'accord | Plutôt d'accord | Plutôt pas d'accord | Pas du tout d'accord |
|---|---|---|---|---|---|
| J'estime que j'ai des compétences et des aptitudes pour bien réussir | + | 3 | 2 | 1 | 0 |
| Je me sens comme un numéro la plupart du temps | – | 0 | 1 | 2 | 3 |

TABLEAU 21 : Exemples de cotation des *items*

a été attribuée à «pas du tout» (Tableau 21, p. 222). L'addition des chiffres obtenus pour les douze *items* permet d'établir pour chaque étudiant un score ISE variant de 0 à 36, score ensuite ramené à 100 pour plus de lisibilité.

L'analyse des réponses des 167 étudiants (99 persistants, 68 décrocheurs) grâce à SPSS a permis d'établir que les douze *items* relatifs à l'ISE forment une échelle (alpha de Cronbach égal à 0.79) nommée *Scale of Universities students' Social Identity* (SUSI). Les persistants et des décrocheurs (Tableau 23, p. 225) à l'aide de cette échelle SUSI ont des scores différents (64.3 contre 46.2 sur 100). Si les persistants ont a priori su s'adapter à la vie et au mode de fonctionnement universitaires, les décrocheurs semblent avoir eu moins d'aisance à repérer et à intégrer les codes et les normes en usage sur les campus, en somme à devenir des étudiants.

## Identité sociale d'étudiant et compétences relatives à l'employabilité

Aucune corrélation entre le score d'identité SUSI et le sexe, la nationalité, le fait d'être boursier, le type d'inscription, le diplôme de fin d'études secondaires, le type d'hébergement, le niveau d'études des parents ou leur statut professionnel n'a été obtenue. En revanche, chez les persistants, le score SUSI est associé au nombre d'ECTS acquis et au fait d'exercer un emploi. Les étudiants ayant acquis 13 ECTS ou plus ont un score d'identité supérieur aux autres étudiants ; la réussite aux examens renforce-t-elle l'ISE ou bien est-ce le fait d'avoir une faible identité d'étudiant qui amenuise les chances de succès ? Le score SUSI des étudiants qui travaillent est moins élevé que celui de ceux qui n'exercent pas d'activité salariée. Cette expérience leur permet probablement de mieux se situer par rapport au monde du travail et d'accélérer leur accession au statut d'adulte.

Pour les décrocheurs, la satisfaction quant aux services universitaires et l'identité d'étudiant sont fortement liées (rho = 0.430) ; il est logiquement difficile d'éprouver un sentiment d'appartenance à un milieu auquel on n'adhère pas, mais leur discours peut aussi être vu comme un rejet global de l'université et de ses valeurs.

Dans les deux groupes, le score d'identité est lié aux scores de compétences relatives à l'employabilité (Tableau 22 ci-dessous). Chez les persistants, l'ISE est corrélée (rho = 0.412) avec les compétences acquises à l'université comme avec celles utilisées (rho = 0.477). Pour les décrocheurs, la relation est vérifiée dans les trois domaines de compétences, mais c'est dans celui de l'acquisition qu'elle est la plus marquée (rho = 0.392). Le fait d'améliorer ses CRE à l'université et le développement d'une identité sociale d'étudiant vont de pair.

| Lien entre score ISE et... | Persistants | | Décrocheurs | |
|---|---|---|---|---|
| | rho | p | rho | p |
| Score CRE possession | 0.076 | 0.577 | 0.269 | 0.034* |
| Score CRE acquisition à l'université | 0.412 | < 0.001*** | 0.392 | 0.002** |
| Score CRE utilisation | 0.477 | < 0.001*** | 0.268 | 0.035* |
| Qualité de vie | 0.105 | 0.312 | 0.024 | 0.857 |
| Santé perçue | 0.182 | 0.078 | 0.092 | 0.479 |
| Satisfaction moyenne | 0.001 | 0.994 | 0.430 | < 0.001*** |

TABLEAU 22 : Relations entre score ISE et différentes variables
rho : coefficient de corrélation[3]
Degré de signification : *** $p < 0.001$ – **$p < 0.01$ – *$p < 0.05$

## 3. La construction d'une identité sociale d'étudiant forte, un atout pour réussir à l'université ?

### Identité sociale d'étudiant, persistance et décrochage universitaire

Conformément à ce qui était attendu, les persistants ont une identité sociale d'étudiant plus forte que les décrocheurs. Lorsque les

---

3. Rho varie entre 0 et 1, plus sa valeur augmente, plus le lien entre le score ISE et les différentes variables testées est important.

| | Score moyen (sur 3) | | |
|---|---|---|---|
| | Persis-tants (99) | Décro-cheurs (68) | p |
| difficulté à assumer la charge de travail | 1.71 | 1.43 | 0.056 |
| respect des échéances | 2.13 | 1.21 | 0.000*** |
| pas de liens établis entre enseignements et avenir | 1.79 | 1,53 | 0.187 |
| sentiment d'être un numéro | 1.98 | 1.26 | 0.000*** |
| pas d'assiduité en cours | 2.25 | 1.52 | 0.000*** |
| pas d'envie de décrocher | 1.75 | 1.87 | 0.470 |
| sentiment d'avoir des compétences pour réussir | 2.32 | 0.82 | 0.000*** |
| personnes à qui parler de choses personnelles | 1.82 | 1.13 | 0.000*** |
| avoir été aidé dans l'aperçu de leurs projets d'avenir | 1.41 | 1.18 | 0.155 |
| aide dans l'acquisition de compétences pour le travail | 1.65 | 1.88 | 0.121 |
| certitude du travail souhaité dans l'avenir | 1.94 | 1.34 | 0.000*** |
| s'être fait de bons amis parmi les étudiants | 2.27 | 1.21 | 0.000*** |
| *Score SUSI sur 36* | 23.02 | 16.43 | 0.000*** |
| *Score SUSI sur 100* | **64.29** | **46.24** | |

**TABLEAU 23 : Comparaison des scores ISE des persistants et des décrocheurs**
Degré de signification : *** $p < 0.001$ – ** $p < 0.01$ – * $p < 0.05$

étudiants s'engagent dans un cursus universitaire, ils n'ont qu'une connaissance partielle du contenu des enseignements, et ont rarement arrêté une décision quant à leur future profession. Les jeunes évaluent leurs choix au regard des informations recueillies, en envisageant d'autres alternatives, mais également les confrontant aux points de vue de leurs pairs. Cette exploration en profondeur leur permet d'affirmer ou de revoir leur position actuelle, le degré de certitude et d'identification avec engagements étant un élément important du développement identitaire (Bosma, 1994 ; Marcia, 1980). L'environnement universitaire leur fournit l'occasion de multiples expériences qui peuvent déclencher ou renforcer un questionnement identitaire susceptible de remettre en cause les orientations choisies (Luyckx *et al.*, 2006) et de provoquer l'abandon des études pour une voie plus conforme aux aspirations présentes.

Haslam *et al.* (2005) montrent qu'au travail, l'identification aux collègues est associée à une réduction du stress et à une plus grande satisfaction vis-à-vis de l'activité exercée. Une forte identité sociale protégerait les individus contre les effets négatifs du stress en leur donnant les moyens de bénéficier du soutien des autres membres du groupe (Brandscombe *et al.*, 1999). En effet, s'identifier à un groupe social rend plus apte à accepter l'aide des personnes appartenant à celui-ci et à offrir soi-même son appui, le sentiment d'appartenance poussant à interpréter positivement le soutien proposé. Si l'on transpose ces différentes conclusions à notre recherche, les sujets se reconnaissant dans la catégorie des étudiants éprouveraient moins d'anxiété et plus de satisfaction vis-à-vis des études, et ils seraient plus enclins à demander et à accepter le secours de leurs pairs en cas de doute ou de difficultés. Ainsi, une forte identité d'étudiant pourrait être considérée comme un facteur préventif du phénomène de décrochage (Amara, 2009b).

## Identité sociale d'étudiant et compétences relatives à l'employabilité

Chez les persistants comme chez les décrocheurs, l'acquisition ou l'amélioration de compétences relatives à l'employabilité (CRE) à l'université et le développement de leur identité sociale d'étudiant (ISE) vont de pair. On ne saurait déterminer ici lequel de ces facteurs infléchit l'autre – au demeurant l'influence doit être réciproque – quoi qu'il en soit, les politiques et programmes universitaires ne peuvent négliger l'un ou l'autre. Nous ne reviendrons pas sur les éléments favorisant le développement de l'ISE, déjà évoqués auparavant. En revanche, concernant les CRE deux points peuvent être soulignés, l'un ayant trait aux enseignants, l'autre aux enseignés :

Concernant le premier paramètre, il ne fait pas de doute que le contexte universitaire contribue à l'amélioration des compétences des étudiants en matière de rédaction, d'argumentation ou encore de capacité à résoudre des problèmes. Bon nombre de professeurs encouragent le travail en équipe et l'utilisation de nouvelles technologies. Mais c'est la manière dont sont dispensés les enseignements qui semble influer sur la « transférabilité » des acquis : fixer des objectifs explicites aux étudiants, leur donner des exemples de transfert, identifier les obstacles au succès du transfert et la manière de surmonter ces obstacles favorise les applications ultérieures (Gist *et al.*, 1990 ; Richman-Hirsch, 2001). Dans la construction de leurs cours, les enseignants devraient tenir compte des processus constitutifs de la dynamique du transfert et des stratégies que les apprenants doivent mettre en œuvre pour ce faire (Tardif, 1999). Ces considérations paraissent encore fort éloignées des réalités universitaires, les enseignements comme les examens restant dans la grande majorité centrés sur des savoirs disciplinaires.

Le second point tient au sentiment d'efficacité personnelle (Bandura, 1993) des étudiants ; il ne s'agit pas là d'une réalité objective, mais d'une croyance qui prend ancrage dans les représentations mentales que les individus ont d'eux-mêmes (comment ils se voient, s'évaluent), des tâches à effectuer (obstacles, habiletés requises) et des facteurs de réussite (chance, effort). Plus les apprenants ont confiance en leur capacité à utiliser leurs nouvelles compétences et à lever les difficultés qui pourraient les en empêcher et plus le transfert est élevé (Devos *et al.*, 2006). Cet élément justifie le bien fondé de notre approche basée sur l'auto-évaluation des compétences et la valeur des résultats obtenus.

Cette recherche s'inscrivant dans le cadre du processus de Bologne et de la construction de l'Espace européen de l'enseignement supérieur, on ne saurait la clore sans envisager une comparaison entre étudiants de plusieurs pays d'Europe. La dernière étude confronte les points de vue d'étudiants belges, luxembourgeois et roumains sur leurs compétences relatives à l'employabilité et leur identité d'étudiant.

## chapitre 6

# Compétences relatives à l'employabilité et identité sociale d'étudiant de jeunes européens

Avec la comparaison de populations d'étudiants suivant des cursus comparables dans trois pays d'Europe se pose la question de l'influence du contexte universitaire sur leur identité sociale d'étudiant et les compétences relatives à l'employabilité déclarées.

## 1. Méthodologie

La population de l'enquête *sqales2* est constituée des étudiants inscrits en première année du premier cycle de sciences sociales à la *Faculté des Lettres, Sciences Humaines, Arts et Sciences de l'Éducation* de l'université du Luxembourg (campus de Walferdange), à l'*Institut des Sciences Humaines et Sociales* de l'université de Liège (Belgique) et au *Département de Sociologie et de l'Assistance Sociale* de l'université *Alexandru Ioan Cuza* de Iasi (Roumanie). La formation dispensée à Liège est essentiellement académique ; à Iasi et Walferdange, au contraire, les cours proposés ont une visée professionnelle[1].

---

1. Initialement, l'étude devait inclure la participation d'étudiants de première année de sociologie de l'université de Nancy, de formation académique. Les enseignants contactés s'étaient montrés ouverts à cette enquête et avaient accepté de laisser informer et recruter des étudiants pour ce recueil de donnée lors de leurs cours. Malheureusement, la grève prolongée d'étudiants et d'enseignants opposés à certaines mesures nationales en lien avec la mise en œuvre du processus de Bologne et le blocus de l'université au printemps 2009 ont mis à mal ce projet.

Le recueil des données a eu lieu durant le second semestre 2008/2009. Les étudiants ont reçu un courriel leur expliquant les buts de l'étude et les modalités de participation, et les invitant à y prendre part. Un hyperlien leur a permis d'accéder directement au questionnaire en ligne proposé dans les langues officielles des pays concernés.

Le questionnaire *sqales2*, construit sur la base des instruments précédents (*drop-out* et *sqales*), collecte les caractéristiques socio-démographiques (âge, sexe, nationalité, boursier, diplôme de fin d'études secondaires, diplôme d'études supérieures obtenu, niveau d'études et statut professionnel du père et de la mère) et recueille les valeurs attribuées aux échelles de compétences relatives à l'employabilité et d'identité sociale d'étudiant (SUSI).

Cet outil a été complété par trois *items* issus de l'AIQ (Aspects of Identity Questionnaire – Briggs & Cheek, 1986) formant une échelle d'identité universitaire (Dollinger, 1996). Les questions (Tableau 24 ci-dessous, permettent d'évaluer l'importance accordée au choix du futur métier, des résultats obtenus à l'université et du statut d'étudiant. Une note de 1 (pas important du tout) à 5 (très important) est attribuée à chaque réponse, leur somme donnant un score de 3 à 15. Le score moyen calculé par Dollinger

| Qu'est-ce qui est important pour vous aujourd'hui ? | Pas du tout important | Peu important | Moyennement important | Important | Très important |
|---|---|---|---|---|---|
| Le choix de mon métier et mes plans de carrière | | | | | |
| Les notes et les observations que je reçois de la part des enseignants | | | | | |
| Mon statut d'étudiant à l'université | | | | | |

TABLEAU 24 : Échelle d'identité universitaire (d'après Dollinger, 1996)

sur un échantillon de 216 étudiants américains en 1$^{er}$ cycle de psychologie est de 11,9.

Compte tenu des difficultés d'adaptation décrites par les participants aux enquêtes précédentes, la souffrance psychique des étudiants a été évaluée à l'aide du General Health Questionnaire (GHQ12, 12 pour le nombre d'*items*) dont les questions paraissent adaptées à la situation qu'ils vivent. Cet instrument dont les qualités psychométriques sont avérées, a déjà été testé auprès de populations estudiantines (Goldberg *et al.*, 1997 ; Ozdemir & Rezaki, 2007). Chaque réponse à l'item est cotée de 0 à 3. L'addition des notes obtenues aux 12 items permet d'obtenir un total variant de 0 à 36. Le score seuil (*cut-off point*) évolue entre 11 et 12 points ; au-dessus de 15 points, le sujet montre des signes de détresse psychique.

Pour chaque université, les questionnaires ont été automatiquement codés selon les modalités décrites précédemment et transférés vers un fichier Excel. À la fin de la période du recueil, les données ont été fusionnées et converties en un fichier SPSS afin de réaliser les analyses descriptives et comparatives des trois populations d'étudiants.

## 2. Résultats

### Caractéristiques sociodémographiques des étudiants des trois universités

Le questionnaire *sqales2* a été complété par 282 étudiants ; 102 Luxembourgeois, 77 Roumains et 103 Belges. Leur âge diffère sensiblement selon les universités : 21.4 ans en moyenne pour les Luxembourgeois, soit 2.7 ans de plus que les Belges (18.7 ans) et 2.2 ans de plus que les Roumains (19.2 ans). Si la majorité des répondants sont des femmes – ce qui n'est pas étonnant compte tenu de la forte féminisation des filières de sciences humaines et sociales – la proportion atteint 9 sur 10 parmi les Roumains (89.2 % ; 77.5 % parmi les Luxembourgeois et 64.1 % parmi les Belges).

La majorité des participants (95.6 % des Belges; 81.1 % des Roumains; 72.5 % des Luxembourgeois) a obtenu un diplôme d'études secondaire général. Plus d'un quart des étudiants belges (26.4 %) et plus d'un cinquième des Roumains (21.6 %) sont boursiers (contre 2.9 % des Luxembourgeois). Près d'un répondant sur quatre inscrit à l'université du Luxembourg est étranger à ce pays (19.6 % contre 6.5 % des Roumains et 5.5 % des Belges). Ce sont les Belges qui ont les parents les plus diplômés; plus de la moitié sont titulaires d'un diplôme d'enseignement supérieur (58.7 % des pères; 60 % des mères) contre un tiers des parents luxembourgeois (30.9 % des pères; 26.8 % des mères) et moins d'un cinquième des parents roumains (12.2 % des pères; 13.5 % des mères). Cette différence se retrouve dans le type d'emploi occupé : la majorité des pères des Belges sont cadres supérieurs ou exercent une profession libérale (45.5 %); ceux des Luxembourgeois sont employés (54.6 %) et ceux des Roumains ouvriers (53.4 %). La plupart des mères belges et luxembourgeoises sont employées (respectivement 70.0 % et 63.9 %), la moitié des mères roumaines sont ouvrières (50.0 %).

| | Belges (n = 102) | Luxem- bourgeois (n = 103) | Roumains (n = 77) | p |
|---|---|---|---|---|
| **Âge moyen** | 18.7 (SD=1.1) | 21.4 (SD=4.2) | 19.2 (SD=0.8) | *** |
| **Sexe** | | | | ** |
| *hommes* | 35.9 % | 22.5 % | 10.8 % | |
| *femmes* | 64.1 % | 77 5 % | 89.2 % | |
| **Nationalité** | | | | ** |
| *natifs* | 94.5 % | 80 4 % | 93 5 % | |
| *autres* | 5.5 % | 19 6 % | 6 5 % | |
| **Boursiers** | 26.4 % | 2.9 % | 21.6 % | *** |
| **Diplômes d'études secondaires** | | | | *** |
| *classique* | 95.6 % | 72.5 % | 81.1 % | |
| *technologique/professionnel* | 4.4 % | 27.5 % | 18.9 % | |

| | | | | |
|---|---|---|---|---|
| **Titulaires diplôme d'études supérieures** | 13.2 %[2] | 3.9 % | 11.7 % | ** |
| **Niveaux d'études des pères** | | | | *** |
| *fin d'études obligatoires* | 8.7 % | 14.4 % | 21.6 % | |
| *fin d'enseignement professionnel* | 14.1 % | 33.0 % | 43.2 % | |
| *fin d'études secondaires* | 18.5 % | 21.6 % | 23.0 % | |
| *niveau Bac < =3* | 17.4 % | 14.4 % | 8.1 % | |
| *niveau Bac > 4* | 41.3 % | 16.5 % | 4.1 % | |
| **Niveaux d'études des mères** | | | | *** |
| *fin d'études obligatoires* | 8.4 % | 19.6 % | 27.0 % | |
| *fin d'enseignement professionnel* | 8.4 % | 23.7 % | 33.8 % | |
| *fin d'études secondaires* | 23.2 % | 29.9 % | 25.7 % | |
| *niveau Bac < =3* | 40.0 % | 15.5 % | 5.4 % | |
| *niveau Bac > 4* | 20.0 % | 11.3 % | 8.1 % | |
| **Statut professionnel des pères** | | | | *** |
| *ouvrier* | 17.8 % | 17.5 % | 53.4 % | |
| *employé* | 36.6 % | 54.6 % | 20.5 % | |
| *cadre supérieur ou profession libérale* | 45.5 % | 27.8 % | 26.0 % | |
| **Statut professionnel des mères** | | | | *** |
| *ouvrier* | 6.0 % | 18.6 % | 50.0 % | |
| *employé* | 70.0 % | 63.9 % | 32.4 % | |
| *cadre supérieur ou profession libérale* | 24.0 % | 17.5 % | 17.6 % | |
| **GHQ-12** | | | | |
| *score supérieur à 12* | 40.0 % | 45.9 % | 37.9 % | |
| *score moyen* | 12.91 (SD=4.89) | 12.38 (SD=3.58) | 12.38 (SD=4.68) | |

TABLEAU 25 : Caractéristiques des étudiants Belges, Luxembourgeois
et Roumains
*** $p < 0.001$ – ** $p < 0.01$ – * $p < 0.05$
SD : écart-type (standard deviation)[2]

2. Compte tenu du jeune âge des participants (17 à 23 ans), ce chiffre paraît peu probant ; peut-être certains étudiants ont-ils mal compris l'énoncé de la question.

## Des étudiants perturbés
## par l'environnement universitaire?

Nombre de recherches prouvent l'influence de la poursuite d'études sur la santé des étudiants, en particulier leur santé mentale (Baumann *et al.*, 2007), et l'influence des déterminants sociaux et économiques dans leur prise en charge (Baumann & Aïach, 2009; Ionescu *et al.*, 2007). Pourtant, les scores moyens obtenus au GHQ12 ne diffèrent pas en fonction de l'origine des étudiants; variant entre 12 et 13 (12.38 pour les Luxembourgeois et les Roumains; 12.91 pour les Belges), ils sont légèrement supérieurs à la normale, mais caractéristiques des résultats obtenus dans les populations estudiantines et témoignent des perturbations engendrées par l'adaptation à la vie universitaire (Tableau 25, p. 233). Décrocher serait-il dans certains cas un moyen d'échapper à ces agents stressants?

## Auto-évaluation des compétences relatives
## à l'employabilité en fonction des universités d'origine

La manière d'appréhender les CRE diverge en fonction des universités. Les participants luxembourgeois sont ceux qui déclarent le mieux posséder les six CRE évaluées (Tableau 26, p. 235). Par rapport aux autres étudiants, ils se disent compétents en rédaction (10 points de plus que les Roumains et 31.8 points de plus que les Belges) et pour argumenter (28.2 points de plus que les Belges et 35.2 points de plus que les Roumains). Les écarts sont moindres concernant la résolution de problèmes, compétence que tous jugent maîtriser correctement; c'est d'ailleurs le domaine dans lequel les Belges s'estiment les plus compétents. L'apprentissage et l'utilisation de nouvelles technologies, et le travail en équipe – catégorie dans laquelle les Roumains se sentent les plus «forts» – sont des compétences considérées comme bien possédées par l'ensemble, même si les Belges se disent un peu moins à l'aise (respectivement 17.4 et 20.2 points de moins que les Luxembourgeois).

Globalement, ce sont les Roumains qui estiment avoir le plus appris à l'université (Tableau 27, p. 236), notamment en ce qui concerne la rédaction et l'argumentation, et à moindre échelle la direction d'autres personnes. Les Luxembourgeois sont ceux qui estiment avoir progressé dans le travail en équipe, une des compétences qu'ils possèdent le mieux. Les matières dans lesquelles la majorité des Belges pensent avoir amélioré leurs connaissances sont l'apprentissage et l'utilisation de nouvelles technologies – domaine dans lequel ils se sentent relativement compétents – ainsi que l'argumentation.

Les Roumains sont les étudiants qui estiment exploiter le mieux leurs CRE (Tableau 28, p. 236). C'est dans l'apprentissage et l'utilisation des nouvelles technologies, et la direction d'autrui que les écarts sont le plus marqués (20.3 points de plus que les Luxembourgeois et 30.0 de plus que les Belges pour les nouvelles technologies ; 12.3 points de plus que les Luxembourgeois et 27.9 de plus que les Belges pour la direction d'autrui). Les compétences les plus utilisées par l'ensemble des répondants sont la rédaction et l'argumentation. La mise en œuvre du travail en équipe et de la résolution de problème sont surtout le fait des Roumains et des Luxembourgeois.

| Compétences relatives à l'employabilité | Belges (n=102) | Luxembourgeois (n=103) | Roumains (n=77) | p |
|---|---|---|---|---|
| | Score possession (sur 100) | | | |
| Rédaction | 60.0 | **91.8** | 81.8 | *** |
| Esprit critique (argumentation) | 58.9 | **87.1** | 51.9 | *** |
| Résolution de problèmes | 74.4 | **84.7** | 71.4 | |
| Travail d'équipe | 69.2 | **89.4** | 81.8 | ** |
| Direction d'autrui | 74.4 | **75.3** | 48.1 | *** |
| Utilisation de technologies | 62.6 | **80.0** | 71.4 | * |

TABLEAU 26 : Comparaison des Compétences relatives à l'employabilité estimées possédées par les étudiants
*** $p < 0.001$ – **$p < 0.01$ – *$p < 0.05$

| Compétences relatives à l'employabilité | Belges (n=102) | Luxembourgeois (n=103) | Roumains (n=77) | p |
|---|---|---|---|---|
| | Score acquisition (sur 100) | | | |
| Rédaction | 55.4 | 76.9 | **80.5** | ** |
| Esprit critique | 75.0 | 76.9 | **93.5** | ** |
| Résolution de problèmes | 50.9 | 69.2 | 70.1 | |
| Travail d'équipe | 46.4 | **84.6** | 83.1 | *** |
| Direction d'autrui | 30.4 | 51.3 | **59.7** | ** |
| Utilisation de technologies | 75.0 | 59.0 | 74.0 | |

TABLEAU 27 : Comparaison des Compétences relatives à l'employabilité estimées acquises à l'université par les étudiants
*** p < 0.001 – ** p < 0.01 – * p < 0.05

| Compétences relatives à l'employabilité | Belges (n=102) | Luxembourgeois (n=103) | Roumains (n=77) | p |
|---|---|---|---|---|
| | Score utilisation (sur 100) | | | |
| Rédaction | 62.5 | 76.9 | 70.1 | |
| Esprit critique (argumentation) | 69.6 | 74.4 | 81.8 | |
| Résolution de problèmes | 45.5 | 74.4 | **75.3** | ** |
| Travail d'équipe | 55.4 | 87.2 | **89.6** | *** |
| Direction d'autrui | 35.7 | 51.3 | **63.6** | ** |
| Utilisation de technologies | 51.8 | 61.5 | **81.8** | ** |

TABLEAU 28 : Comparaison des Compétences relatives à l'employabilité estimées utilisées par les étudiants
*** p < 0.001 – ** p < 0.01 – * p < 0.05

Les Luxembourgeois disent utiliser l'essentiel des CRE acquises à l'université (Figure 19, p. 237). Ils estiment disposer de compétences qu'ils ne mettent pas à profit dans le cadre universitaire dans les domaines de la direction d'autres personnes, de l'apprentissage et l'utilisation des nouvelles technologies – déclarations qui font écho à l'engouement des jeunes pour les *smartphones* et leurs applications, sans compter les consoles et jeux vidéo – et, plus surprenant, en rédaction et argumentation qui sont pourtant des compétences valorisables dans le travail universitaire.

Hormis dans le domaine de l'apprentissage et l'utilisation des nouvelles technologies, les Belges mettent à profit les CRE acquises (Figure 20, p. 238). Ils déclarent ne pas avoir amélioré, ni exploité leurs compétences pour travailler en équipe, résoudre des problèmes ou diriger d'autres personnes. Est-ce le reflet d'enseignements qui seraient trop théoriques, mobilisant peu les compétences pratiques ou relationnelles? Ou encore d'une incapacité des étudiants à cerner comment utiliser ces CRE dans le cadre universitaire?

Les Roumains estiment avoir acquis la plus grande partie de leurs CRE à l'université (Figure 21, p. 238). Réalité ou survalorisation par les étudiants des apports universitaires qui représentent une potentielle ascension sociale? Pour mémoire, moins de 15 % de leurs parents ont fait des études universitaires, et plus de 50 % sont ouvriers. Quoi qu'il en soit, les participants déclarent mettre à profit une bonne partie des CRE acquises.

Peut-on voir dans ces réponses l'influence des priorités fixées dans cursus suivis? Les formations roumaine et luxembourgeoise, de type professionnel, semblent avoir plus apporté aux étudiants sur

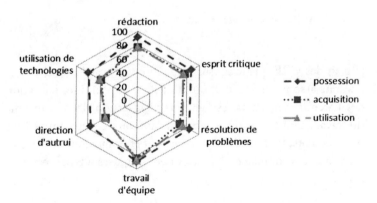

FIGURE 19: CRE déclarées par les Luxembourgeois

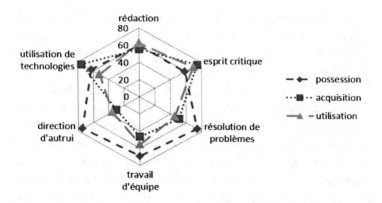

FIGURE 20 : CRE déclarées par les Belges

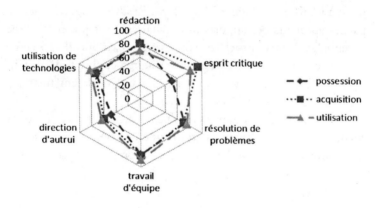

FIGURE 21 : CRE déclarées par les Roumains

le plan des CRE que le cursus belge, de type académique, ce qui tendrait à soutenir l'idée selon laquelle une professionnalisation des parcours universitaires faciliterait l'insertion dans le marché du travail. D'autres facteurs entrent néanmoins en jeu comme l'âge des étudiants, les buts qu'ils poursuivent et l'organisation des programmes, ces compétences pouvant être acquises ultérieurement.

## Identité d'étudiant en fonction des pays

### *Score SUSI*

Les scores SUSI varient en fonction des universités (Tableau 29, p. 240) : les Luxembourgeois obtiennent le meilleur score (64.4 sur 100), suivis de près par les Roumains (63.4), les Belges affichant un score d'environ 20 points moins élevé (40.8).

Les Luxembourgeois se disent les plus ponctuels dans leur travail (71.0 contre 59.3 pour les Roumains et 30.3 pour les Belges) et assidus en cours (75.0 contre 38.0 pour les Roumains et 36.3 pour les Belges).

Les Roumains estiment qu'ils ont des compétences pour réussir (81.0 contre 77.3 pour les Luxembourgeois et 28.0 pour les Belges), ils déclarent trouver des interlocuteurs à l'université (77.0 contre 60.7 pour les Luxembourgeois et 34.7 pour les Belges) et ne pensent pas à l'éventualité de décrocher (81.0 contre 58.3 pour les Luxembourgeois et 41.7 pour les Belges).

Les Belges obtiennent les scores les moins élevés, excepté concernant le fait que l'université les aide à avoir un meilleur aperçu de leurs projets d'avenir (60.0 contre 47.0 pour les Luxembourgeois et 46.0 pour les Roumains). Ils se sont fait peu d'amis parmi les étudiants (22.7 contre 75.7 pour les Luxembourgeois et 74.0 pour les Roumains), sans doute ont-ils gardé leurs amis du lycée. En effet, ils vivent la fin de leur adolescence et sont encore marqués par les comportements caractéristiques de cette période comme la difficulté à respecter les délais, le manque d'assiduité en cours, le sentiment d'être incompris ou isolés (peu d'amis, peu de personnes à qui se confier) dans ce nouvel environnement. Ils sont, de tous les participants, ceux qui ont la perception la plus négative de leurs attitudes.

Notons en outre que les étudiants des trois pays se disent moyennement satisfaits de l'aide de leurs universités respectives dans l'acquisition de CRE (48.7 pour les Belges ; 55.0 pour les Luxembourgeois ; 51.7 pour les Roumains).

Les tests bivariés font apparaître que le score SUSI n'est pas lié au sexe. En revanche, il est positivement corrélé à l'âge (*Spearman's rho* : coefficient de corrélation 0.373 ; p=0.000), ainsi plus l'âge augmente, plus le score est élevé. Ce constat peut expliquer, au moins en partie, le faible score des étudiants Belges.

| | Score SUSI (sur 100) | | | p |
|---|---|---|---|---|
| | Belges (n=102) | Luxembourgeois (n=103) | Roumains (n=77) | |
| Pas de difficulté à assumer la charge de travail | 44.0 | 57.0 | **60.0** | 0.002** |
| Respect des échéances | 30.3 | **71.0** | 59.3 | 0.000*** |
| Établissement de liens entre enseignements et avenir | 37.0 | 59.7 | 64.0 | 0.000*** |
| Pas le sentiment d'être un numéro | 51.7 | 66.0 | **68.0** | 0.006** |
| Assiduité en cours | 36.3 | **75.0** | 38.0 | 0.000*** |
| Pas d'envie de décrocher | 41.7 | 58.3 | **81.0** | 0.000*** |
| Sentiment d'avoir des compétences pour réussir | 28.0 | 77.3 | **81.0** | 0.000*** |
| Personnes à qui parler de choses personnelles | 34.7 | 60.7 | **77.0** | 0.000*** |
| Aide dans l'aperçu de leurs projets d'avenir | **60.0** | 47.0 | 46.0 | 0.008** |
| Aide dans l'acquisition de compétences pour le travail | 48.7 | 55.0 | 51.7 | 0.427 |
| Certitude du travail souhaité dans l'avenir | 57.7 | 64.7 | 61.3 | 0.415 |
| S'être fait de bons amis parmi les étudiants | 22.7 | **75.7** | 74.0 | 0.000*** |
| *Moyenne* | **40.8** | **64.3** | **63.3** | **0.000*** |

TABLEAU 29 : Comparaison des scores SUSI des Belges, des Luxembourgeois et des Roumains
*** p < 0.001 – **p < 0.01 – *p < 0.05

## Identité universitaire

L'échelle d'identité universitaire mesure l'importance que les participants donnent à leurs études. Ce sont les Roumains qui y accordent – probablement pour les raisons socioéconomiques évoquées précédemment – le plus d'importance (13.1), suivis des Luxembourgeois qui obtiennent un résultat identique à celui de la population étudiée par Dollinger (11.9) et des Belges (11.2). Les scores varient en fonction du sexe (Tableau 31, p. 242), les femmes attachant plus de considération à leurs études que les hommes (12.41 contre 11.48). Quels que soit leur sexe et leur université d'appartenance, l'intérêt des étudiants va en priorité au choix de leurs métier et future carrière, puis aux notes et observations des enseignants, et à leur statut d'étudiant à l'université (Tableau 30 ci-dessous).

| Importance | Score sur 5 | | | p |
|---|---|---|---|---|
| | Belges (102) | Luxembour- geois (103) | Roumains (77) | |
| Du métier et plans de carrière | 4.09 | 4.49 | 4.65 | 0.000*** |
| Des notes et observations des enseignants | 3.75 | 3.93 | 4.26 | 0.001** |
| Du statut d'étudiant | 3.38 | 3.52 | 4.20 | 0.000*** |
| *Score d'identité universitaire (sur 15)* | 11.21 | 11.94 | 13.12 | 0.000*** |

TABLEAU 30 : Comparaison de l'identité universitaire des participants belges, luxembourgeois et roumains
*** $p < 0.001$ – **$p < 0.01$ – *$p < 0.05$

| Importance | Score sur 5 | | p |
| --- | --- | --- | --- |
| | Femmes (162) | Hommes (62) | |
| Du métier et plans de carrière | 3.57 | 3.11 | 0.000*** |
| Des notes et observations des enseignants | 3.09 | 2.74 | 0.004** |
| Du statut d'étudiant | 2.75 | 2.63 | 0.403 |
| *score d'identité universitaire (sur 15)* | 12.41 | 11.48 | 0.001*** |

TABLEAU 31 : Score d'identité universitaire en fonction du sexe
*** $p < 0.001$ – ** $p < 0.01$ – * $p < 0.05$

La mise en perspective réalisée dans cette étude pointe les différences de perception entre étudiants d'origines universitaires diverses. Des résultats isolés peuvent certes être analysés et interprétés en fonction d'éléments contextuels connus, mais sans la possibilité de se comparer à d'autres, il est délicat pour les acteurs (enseignants, administrateurs, étudiants) de déterminer ce qui peut être considéré comme des points forts ou faibles du dispositif, d'entreprendre les mesures de remédiation nécessaires et de pérenniser les acquis.

## chapitre 7

# Élaboration d'un modèle théorique de construction de l'ISE

L'analyse et la mise en perspective des résultats de la recherche ont permis de proposer une modélisation de la construction identitaire de l'étudiant (Figure 22 ci-dessous) qui fait apparaître les différentes facettes de l'identité sociale d'étudiant et les principaux facteurs intervenant dans son développement.

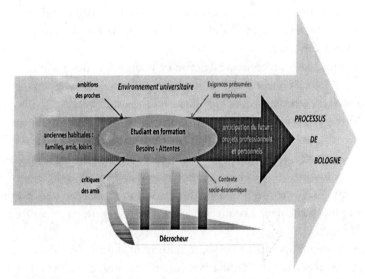

**FIGURE 22 : Construction de l'identité sociale des étudiants**

L'engagement dans un programme de formation prend place dans un parcours biographique fait d'une histoire familiale, de relations amicales ou professionnelles, d'activités de loisirs et culturelles. En formalisant les ambitions et les craintes qu'ils ont pour son avenir ou encore en exprimant des avis sur ses choix, la famille, les pairs et le réseau social contribuent à définir l'idéal de soi du jeune adulte (Higgins, 1987). Mais, intégrer un cursus universitaire signifie pour le nouvel arrivant renoncer à la routine et aux habitudes de lycéen (identité juvénile) pour s'adapter à un nouvel environnement relationnel et à un nouveau mode de vie.

Pour ressentir son appartenance à la communauté estudiantine, l'inscription dans un cursus ne suffit pas ; l'intégration universitaire nécessite que l'étudiant s'identifie à ses pairs et aux enseignants, partage et incorpore leurs attitudes et leurs valeurs (Tinto, 1993). Ainsi, l'acquisition de l'identité d'apprenant passe par un processus d'appropriation de ressources et de construction de repères, mais également par l'accomplissement d'un projet personnel par et dans l'action collective avec d'autres (Alava, 1999). Ce processus d'affiliation, c'est-à-dire d'apprentissage des normes et des règles de la vie universitaire, est un passage (Coulon, 2005) qui transforme progressivement l'adolescent lycéen en jeune étudiant (identité académique).

De plus, dans un contexte de crise de l'emploi, le degré d'engagement dans les études varie en fonction de l'estimation des chances d'insertion professionnelle à l'issue du cursus (Fernex & Lima, 2005). L'injonction de devenir employable influe sur la maturation du projet professionnel du jeune adulte (identité professionnelle future) qui s'efforce de concilier ses aspirations personnelles et les attentes – réelles ou supposées – des employeurs. Le sentiment d'avoir acquis à l'université des compétences relatives à son employabilité peut à ce niveau constituer une protection contre le décrochage.

À chaque étape du parcours, le sentiment d'une distorsion entre les engagements de l'étudiant et le contexte universitaire peut agir sur lui de deux manières : soit provoquer une transformation ou un ajustement identitaire, une assimilation et la poursuite du parcours ; soit engendrer son décrochage.

Enfin, le développement de l'identité sociale d'étudiant se déroule dans une institution possédant ses propres règles, mais également soumise aux lois et aux aléas socio-économiques d'un pays. Il varie non seulement de manière interindividuelle, mais en fonction de l'université et du pays où elle se situe. Avec le processus de Bologne et la construction de l'Espace européen de l'enseignement supérieur – et les réformes nationales qui en découlent directement ou bien sont interprétées comme en résultant – l'Université est en train de changer, ce qui crée un climat d'incertitude susceptible de perturber le développement identitaire de l'étudiant (Amara, 2009d).

Se reconnaître et être reconnu par ses pairs facilite le recours à leur aide en cas de difficultés (Brandscombe *et al.*, 1999) ; pour un étudiant, ce soutien psychologique comme dans les apprentissages augmente de fait les chances de poursuivre la formation. Ainsi, s'il est impossible d'affirmer que l'acquisition d'une solide identité sociale d'étudiant est nécessaire à l'accomplissement d'un parcours universitaire réussi, elle y contribue probablement.

## chapitre 8

# Apports et limites

Comme l'attestent les travaux rapportés ici, l'acquisition de compétences relatives à l'employabilité et la qualité de vie universitaire sont sous-tendues par la construction de l'identité sociale d'étudiant. Il en découle que, pour le bien-être des étudiants, les actions pour favoriser l'acquisition et la transférabilité des acquis universitaires sont indissociables de celles destinées à soutenir le développement d'une identité sociale d'étudiant valorisante. Quant au décrochage universitaire, il tient plus à une distorsion entre les désirs et attentes des étudiants, et le contexte universitaire qu'à la perception de difficultés d'apprentissage. Ceci n'exclut pas de soutenir ceux qui éprouvent ce type de problèmes, mais incite à engager une réflexion sur d'autres pistes pour prévenir ou accompagner le décrochage. Là encore, favoriser la construction d'une identité sociale d'étudiant satisfaisante peut s'avérer efficace.

La principale limite de cette recherche est le nombre de participants. Force est d'admettre les problèmes de recrutement rencontrés pour les différentes études réalisées. Les étudiants sont «la cible» de prédilection des chercheurs qui les sollicitent pour des enquêtes de toutes sortes, un phénomène de saturation a pu se produire. Par ailleurs, le recours à un questionnaire en ligne dont la promotion était assurée par un courriel permettait en théorie de toucher tous les étudiants concernés y compris ceux qui n'assistent pas aux cours. Cependant l'absence de contact direct renforce la difficulté de les convaincre de l'importance de leur collaboration. De plus, bon nombre d'étudiants n'utilisent pas l'adresse de messagerie délivrée par l'université au moment de l'inscription. Ainsi les informations envoyées par ce biais (conférences, colloques, activités culturelles ou sportives, installation de nouveaux équipements, nouveaux horaires de la bibliothèque et accessoirement sollicitation pour participer à une enquête) demeurent ignorées des destinataires. Faire appel à des volontaires était un choix risqué mais qui répond à la volonté d'initier une démarche participative chez les étudiants. Une recherche n'est jamais neutre, si celle-ci avait pour effet d'encourager les participants à communiquer sur leurs ressentis, peut-être certains malentendus pourrait-ils se dissiper et certaines questions pratiques se régler.

Soulignons enfin que le développement de l'identité sociale d'étudiant et l'acquisition de compétences relatives à l'employabilité se déroulent dans une université possédant ses propres règles, mais également soumise aux lois et aux aléas socio-économiques d'un pays. S'il est intéressant d'effectuer des comparaisons entre différents programmes d'études, il serait maladroit de vouloir appliquer des « recettes », de copier des actions qui fonctionnent ailleurs sans avoir pris soin de faire auparavant un diagnostic. Par ailleurs, il convient de choisir pour référence une institution dont les caractéristiques sont comparables.

Idéalement, cette recherche mériterait d'être poursuivie pour vérifier les résultats obtenus sur un effectif plus important, mais aussi sur d'autres populations d'étudiants ayant une image plus positive auprès du public (les participants ont cité les étudiants en droit) ou une tradition d'appartenance plus forte (étudiants de médecine). Il serait par ailleurs instructif de réaliser une étude longitudinale qui permettrait d'établir comment évoluent l'identité sociale d'étudiant et le sentiment de compétence des étudiants au fil de leur parcours universitaire, particulièrement à des moments clés de leur cursus comme les périodes de stage ou de mobilité.

partie **3**

# Être ou ne pas être étudiant?

*Un choix à accompagner*

Lorsqu'ils s'inscrivent à l'université, les jeunes prennent un engagement qui est pas toujours le fruit d'un travail exploratoire préalable. Au cours des premiers mois de leur vie d'étudiant, ils vont faire des expériences nouvelles, confronter leur point de vue à ceux de leurs pairs, récolter des informations qui leur permettront d'évaluer leur choix et d'envisager d'autres alternatives (Bosma, 1994 ; Luyckx *et al.*, 2006 ; Marcia, 1980), en somme entreprendre un questionnement identitaire. Persistance et décrochage universitaire découlent dès lors d'une même logique : face à un environnement qui perturbe leurs habitudes et déçoit parfois leurs attentes, certains trouvent les ressources pour remédier à leurs difficultés et réussir leur assimilation sans affecter leur personnalité ; d'autres vont devoir remettre en question leurs valeurs, leurs objectifs, leurs projets et leur intégration dépendra de leur capacité à prendre de nouveaux engagements, c'est-à-dire de faire évoluer leur identité ; les derniers décrochent, soit pour ne pas avoir essayé de s'adapter à un contexte qui ne leur convient pas, soit pour ne pas y être parvenu (Breakwell, 1988).

La construction au fil du parcours universitaire d'une identité sociale d'étudiant satisfaisante est corrélée au phénomène de décrochage universitaire, mais aussi à la réussite aux examens, à l'acquisition de compétences relatives à l'employabilité à l'université et à leur mise en œuvre. Outre le fait que l'augmentation du nombre de diplômés de l'enseignement supérieur en Europe et l'employabilité des étudiants sont des objectifs fixés par le processus de Bologne, l'importance que les étudiants portent à leur préparation au monde du travail et l'insatisfaction qu'ils ressentent à cet égard plaident en faveur d'une prise en compte dans leur formation de cet élément. À cet égard, il semblerait que, plus que le contenu des enseignements, ce soit la manière dont ils sont dispensés qui influe sur la «transférabilité» des acquis. Une approche pragmatique, fixant des objectifs explicites aux étudiants et leur donnant des exemples concrets d'utilisation des compétences acquises à l'université, est préconisée (Gist *et al.*, 1990; Richman-Hirsch, 2001). Les enseignants devraient prendre en compte ce paramètre dans la construction de leurs cours et considérer les stratégies que les apprenants doivent mettre en œuvre (Tardif, 1999). En effet, plus les apprenants ont confiance en leur capacité à utiliser leurs nouvelles compétences et à lever les difficultés qui pourraient les en empêcher et plus le transfert est élevé (Devos *et al.*, 2006). Pourtant, à l'heure actuelle, enseignements comme examens restent en majorité centrés sur des savoirs disciplinaires…

Quant au décrochage universitaire, il n'a, selon le discours des intéressés, qu'un lien tenu avec la qualité perçue des enseignements. C'est ailleurs, dans l'environnement universitaire mais également en amont (type de diplôme d'enseignement secondaire obtenu, information sur les contenus et débouchés des cursus) et dans la prise en charge sociale ou sanitaire (conciliation emploi-études, poursuite d'études en cas de maladie ou grossesse), qu'il convient de rechercher les déterminants du décrochage et surtout les moyens de le réduire. Faut-il d'ailleurs systématiquement lutter contre l'abandon des études universitaires? Celui-ci apparaît parfois comme une libération et le départ de nouveaux projets pour les décrocheurs.

Les résultats de la recherche attestent de la réalité d'une identité étudiante dont l'expression est liée d'une part à l'acquisition de compétences relatives à l'employabilité et à la réussite aux examens, et d'autre part au phénomène de décrochage universitaire. Le développement de celle-ci est indubitablement influencé par le climat de réformes engendré par le processus de Bologne et par la difficulté qu'ont les universités européennes elles-mêmes à se créer une identité nouvelle, attractive pour les étudiants, et à communiquer de façon pertinente sur les cursus proposés. Comment, dans ce contexte, peut-on soutenir la construction sociale des étudiants, afin de leur assurer de meilleurs espoirs de réussite universitaire et de meilleures possibilités d'insertion professionnelle?

Si on ne peut, faute de données européennes comparables dans le temps, affirmer un lien objectif entre les taux de décrochage et la mise en place des objectifs de Bologne, il est probable que les étudiants les plus vulnérables (moins autonomes, diplôme mal adapté au cursus, moindre soutien social ou dans le travail universitaire, etc.) aient fait les frais de ces bouleversements. Compte tenu du lien entre un faible développement de l'identité d'étudiant et le fait d'être décrocheur, quelle(s) nouvelle(s) approche(s) du décrochage peut-on adopter?

## chapitre 1

# Développer une identité d'étudiant valorisante et valorisée

## 1. Une identité à conquérir

### Diversité des étudiants et des parcours

Avec le phénomène de massification et la volonté de démocratisation de l'université, des étudiants de tous milieux sociaux, issus de formations diverses (diplômes de fin d'études secondaires techniques ou professionnels, mais aussi diplômes d'accès aux universités, capacité en droit, validation des acquis…) se côtoient désormais sur les campus (Eicher & Chevaillier, 2002 ; Neave, 2003 ; Trow, 1972). La multiplication des licences professionnelles ou le projet d'intégration des cursus paramédicaux à l'université devraient renforcer encore l'hétérogénéité des publics accueillis, sans compter les personnes, de plus en plus nombreuses, inscrites au titre de la formation continue. La « formation tout au long de la vie » est en effet l'objet d'une promotion soutenue de la part des gouvernements – orientés sans doute par les processus de Lisbonne et de Bologne – comme des établissements d'enseignement supérieur qui en tirent des revenus supplémentaires, et des employeurs afin de conserver une main-d'œuvre adaptée aux besoins de l'entreprise et aux exigences de secteurs concurrentiels. Par ailleurs, la législation européenne encourage l'intégration en milieu dit « ouvert » (école puis collège, lycée et enfin université) de personnes souffrant d'un handicap physique. Enfin, des programmes d'échanges internationaux type Erasmus[1] favorisent la mobilité des étudiants, le brassage de nationalités et de cultures.

L'université ne représente plus seulement une étape de la jeunesse avant l'entrée dans le monde du travail, «le Temps des copains»[2]. Elle intervient à différents moments de la vie professionnelle et même au-delà (université du temps libre). Impossible donc de dresser un profil-type de l'étudiant de premier cycle : au sein d'un même cursus, âge, nationalité, santé, origine sociale et culturelle peuvent grandement varier d'un étudiant à l'autre.

## Des enjeux identitaires primordiaux

Entrer en formation engendre, malgré la pluralité des parcours et des expériences des étudiants, des bouleversements comparables. Tous quittent un univers qui leur est familier et où leur rôle est clairement défini – famille et lycée pour les plus jeunes ; activité professionnelle ou centrée sur le foyer pour les plus âgés – pour un monde inconnu où ils doivent trouver leur place. Si certains ont déjà fréquenté un établissement d'enseignement supérieur, et y ont peut-être même obtenu un diplôme, les transformations liées à la création de l'Espace européen de l'enseignement supérieur font de cet engagement universitaire une découverte pour tous. Ils doivent apprendre ou réapprendre le métier d'étudiant et découvrir les règles – parfois implicites – en usage sur le campus (Coulon, 2005). Pour tous enfin, la réussite aux examens conditionne les perspectives professionnelles futures lesquelles sont probablement plus concrètes pour les adultes en formation continue,

---

1. Erasmus (*European Region Action Scheme for the Mobility of University Students*) est le nom donné au programme d'échange d'étudiants et d'enseignants entre les universités européennes. Lancé en 1987, il permet aux étudiants d'effectuer une partie de leurs études dans un autre établissement européen, pendant une durée de trois mois au minimum à un an au maximum. Une extension du programme appelée *Erasmus mundus*, ouverte à tous les pays du monde, a été mise en œuvre à partir de la rentrée universitaire 2004/2005.

2. Feuilleton télévisé français mettant en scène la vie de trois étudiants parisiens. Diffusée quotidiennement, cette chronique humoristique de la vie étudiante voulait coller au quotidien. Elle a démarré au début de l'année universitaire, le 16 octobre 1961, et a pris fin avec celle-ci à l'été 1962.

mais qui préoccupent l'ensemble de la population étudiante. L'identité étudiante apparaît donc comme une identité de transition, entre celle que l'on quitte et celle que l'on ambitionne. Cependant cette phase «chrysalide» (Amara, 2005) exige un investissement personnel qui n'a souvent pas été estimé ou anticipé, les étudiants comme leurs proches s'étant surtout focalisés sur les conditions d'accès et/ou les débouchés de la formation, non sur les exigences en termes de travail personnel et la nécessaire affiliation aux valeurs et normes universitaires en vigueur sur le campus.

## Développer une vision réaliste de l'université

Les amis, les proches, les collègues de travail portent sur la formation suivie et ses débouchés potentiels des jugements à même d'influencer les attitudes du primo-inscrit face au dispositif. Le point de vue de la famille intervient d'autant plus – en encourageant ou au contraire en freinant les aspirations de l'étudiant – qu'elle fait les frais sur le plan financier et/ou relationnel de cet engagement. Le discours ambiant sur la dévalorisation des diplômes associée à une baisse de la sélectivité au sein du système scolaire et les difficultés d'insertion professionnelle des jeunes diplômés (Bourdon, 2006 ; Lemistre, 2003 ; Nauze-Fichet & Tomasini, 2002) ne fait que renforcer les hésitations des uns et des autres. Ainsi, au début de son parcours, le nouvel arrivant ignore tout ou presque de l'environnement universitaire ; ce qu'il en imagine passe par le filtre des séries télévisées américaines, des déclarations de l'entourage et des messages alarmistes délivrés par les médias.

Dans ce contexte, les universités européennes n'auraient-elles pas intérêt à communiquer, collectivement et individuellement, sur leurs atouts et à vanter des modes de vie et d'apprentissage – certes différents de ceux développés outre-Atlantique – qui ont fait preuve de leur qualité et de leur efficacité ? En parallèle, des actions pourraient être menées en direction des étudiants et de leurs parents afin de mettre en évidence la valeur ajoutée qu'un premier cycle universitaire, même incomplet, peut conférer à leur *curriculum vitae*.

## Endosser une identité d'apprenant

Les expériences antérieures, scolaires, universitaires ou de formation continue, infléchissent la manière d'appréhender l'entrée à l'université ; l'image de « bon » ou de « mauvais élève » joue sur la confiance des nouveaux arrivants en leurs capacités intellectuelles (Tardif, 1992). Endosser une identité d'apprenant, c'est aussi se situer dans une perspective de changement, d'évolution voire d'ascension sociale, rechercher une plus grande estime de soi et une meilleure reconnaissance sociale, une légitimité dans l'emploi (Charlier, 2003 ; Erlich, 2004).

L'absence d'obligations strictes met à l'épreuve l'autonomie des étudiants qui doivent « apprendre à apprendre » et s'adapter à l'environnement universitaire en faisant fi des taux élevés d'échec et d'abandon rapportés à l'envi par télévisions et journaux de tous bords. Ces perspectives attisent l'anxiété et les craintes des plus démunis de par leur parcours antérieur (diplôme d'enseignement supérieur professionnel ou technique, difficultés scolaires, interruption d'études) ou leur milieu social (moins de ressources, de soutien). Ces difficultés sont celles qui ont été le mieux décrites (Coulon, 2005 ; Romainville, 2000) et à l'encontre desquelles les établissements se sont efforcés de mettre en place des actions de remédiation (tutorat, soutien).

### A. Un tutorat apaisant le stress

Dans de nombreuses universités des cellules de tutorat visent à aider l'étudiant dans la gestion de son travail universitaire, dans l'apprentissage d'une méthode de travail. Ces groupes apportent du soutien, des conseils favorisent l'interaction avec les pairs. La participation à ce type d'activités engendre sur l'étudiant un effet positif dans l'organisation de ses tâches universitaires comme une réduction significative du stress perçu (Moffat *et al.*, 2004). En se familiarisant avec les exigences académiques, les étudiants ont un sentiment de contrôle sur ce qui les entoure, gagnent en autonomie et développent des stratégies de *coping*[3] ce qui diminue leur

---

3. Le terme de *coping* fait référence à l'ensemble des processus qu'un individu interpose entre lui et un événement éprouvant afin d'en maîtriser ou diminuer l'impact sur son bien-être physique et psychique.

stress (Gammon & Morgan-Samuel, 2005). L'information reçue jouerait un rôle dans la promotion de l'autonomie, dans l'estime de soi et le développement de ses capacités à agir, elle augmente la participation des étudiants à leur formation et accroît leur performance (Spitz *et al.*, 2007).

### B. Prendre en compte le bien-être des étudiants

Dans un contexte d'allongement de la jeunesse, il convient aussi tenir compte de l'intrication intime entre les problèmes académiques et ceux à dominante affective et relationnelle qui prédominent chez ces jeunes adultes. Des exemples internationaux démontrent qu'une prise en compte de ces facteurs – au sujet desquels SQALES (Baumann *et al.*, 2010) recueille des données – peut être réalisée au sein de programmes universitaires. Le groupe de travail sur la santé mentale des étudiants de l'Association américaine de psychiatrie a élaboré en 2005 une série de recommandations (American College Health Association, 2006) et divers dispositifs sont actuellement testés. En France, par exemple, des services de consultations psychologiques ou psychiatriques sont mis en place en collaboration avec les services universitaires de médecine préventive de plusieurs universités (Boujut *et al.*, 2009 ; Verger *et al.*, 2009). Des actions dans ce domaine pourraient en outre faciliter l'acquisition de compétences qui améliorent l'employabilité, en effet il existerait une corrélation entre le développement de celle-ci et une bonne qualité de vie psychologique à l'université (Baumann *et al.*, 2011).

## Formaliser un projet professionnel

Lors de l'inscription, la plupart des étudiants n'ont qu'une vague idée de l'orientation professionnelle qui sera la leur. Ce dont ils sont plus ou moins assurés, c'est que leur future situation dépendra du niveau obtenu à la fin de leurs études, le diplôme – tout dévalorisé qu'il soit – restant perçu par les employeurs comme un signal permettant d'évaluer a priori les compétences d'un candidat à l'emploi (Gamel, 2000). Dans l'ensemble, l'éducation offre une bonne protection contre le chômage ; selon les statistiques de l'OCDE, le taux de chômage est plus important chez les individus dont le niveau de formation est inférieur au deuxième cycle de l'enseignement secondaire que chez les diplômés de l'enseignement supérieur. L'élévation du niveau de formation entraîne l'amélioration des perspectives d'emploi et accroît la probabilité de rester sur le marché du travail en cas de mauvaise conjoncture économique. En particulier, en Europe de l'est (Pologne, République slovaque, République tchèque, Roumanie), les changements structurels de l'économie contribuent à accentuer les différences de risque de chômage entre les individus plus et moins qualifiés (OCDE, 2009) et poussent les jeunes à rechercher la caution d'une formation universitaire.

Dans toute l'Europe, les taux d'emploi des diplômés de l'enseignement tertiaire comme l'avantage salarial de l'élévation du niveau de formation augmentent avec l'âge (OCDE, 2009). Ainsi, lors de leur entrée dans la vie active, les jeunes diplômés trouveront rarement un emploi correspondant à leurs qualifications[4] – les postes étant déjà occupés par de plus âgés – et n'obtiendront pas immédiatement la rémunération correspondant à leurs possibles prétentions. Avec le maintien de taux de chômage élevés et le nombre croissant de diplômés de l'enseignement supérieur, les étudiants sont conscients de ce risque de déclassement[5] (Giret *et al.*, 2006 ; Maurin, 2009). Pour qu'ils poursuivent leur cursus, il devient plus que jamais nécessaire que celui-ci ait du sens pour eux, c'est-à-dire qu'ils sachent pourquoi ils investissent du temps et de l'énergie dans leur travail universitaire. La réussite aux examens n'est pas suffisante en soi, il leur faut un but, un projet auquel rattacher les apprentissages. Accompagner les étudiants dans la construction de leurs plans de carrière est-il une mission des enseignants ? Les apprenants souhaitent les voir intervenir dans ce domaine, mais sans négliger cet aspect du parcours universitaire, d'autres acteurs ne seraient-ils pas mieux armés et motivés pour une telle tâche ?

---

4. Il s'agit ici de la notion de « qualifications » entendue comme « diplômes, titres et certificats » conformément à la Convention de Lisbonne à laquelle se réfère constamment le processus de Bologne.
5. Le déclassement est le fait d'occuper un emploi sous-qualifié par rapport au niveau de formation initiale.

## Une université en quête d'identité

Les tensions identitaires évoquées ci-avant risquent d'être amplifiées en raison du contexte universitaire particulier dans lequel
elles prennent place c'est-à-dire les réformes nationales de l'enseignement supérieur – effectivement liées ou imputées à tort à la
mise en œuvre du processus de Bologne – et les mouvements
sociaux qui en ont résulté.

En Europe, l'Université a pendant des décennies été considérée
comme une Institution ayant pour base le Savoir et pour finalités
la production et la transmission de connaissances, un fonctionnement dont le bien-fondé semblait acquis. Confrontée aux contingences de l'économie du savoir, elle doit être pensée à l'échelle de
l'Espace européen de l'enseignement supérieur (EEES) ; des stratégies sont mises en œuvre pour assurer sa compétitivité au niveau
mondial, l'employabilité des diplômés et la mobilité des étudiants
comme des enseignants ou des chercheurs. Ces transformations,
annoncées dès 1999 (Déclaration de Bologne, 1999), devaient
aboutir en 2010, mais après des effets d'annonces précoces, les
premières réformes ont tardé, laissant chacun dans l'expectative :
impatience pour les convaincus, répit pour les détracteurs, anxiété
pour d'autres, le mécontentement semblant généralisé. Les étudiants ne peuvent plus se référer aux vécus et aux conseils de leurs
aînés, et pour ces derniers « c'était mieux avant » bien sûr, les
niveaux étaient plus élevés, les enseignants plus exigeants, les examens plus sévères, etc. Ce discours renforce l'incertitude de ceux
qui s'interrogent sur les nouveaux cursus, la valeur des diplômes
délivrés et leur négociabilité sur le marché du travail national et
européen. La notion de supplément au diplôme reste ignorée ou
mal comprise et les périodes de mobilité sont vues, lorsqu'elles sont
imposées par l'établissement, plus comme une épreuve (recherche
d'un établissement d'accueil, éloignement de la famille, coût
financier) que comme une chance. Les enseignants, figures rassu-
rantes dans ce paysage changeant, paraissent eux-mêmes parfois
démunis face aux questions des apprenants. Une déclaration
commune des ministres de l'Enseignement supérieur prend acte
du défaut de communication en admettant que « certains objec-

tifs et réformes de Bologne n'ont pas été mis en œuvre ni expliqués de façon appropriée» («Déclaration de Budapest-Vienne», 2010, p. 1).

## 2.  Identité d'étudiant et sentiment d'employabilité

### Promouvoir l'employabilité des étudiants, un objectif qui semble faire consensus

L'employabilité des étudiants est un objectif phare du processus de Bologne, mais comment ce mot doit-il être compris ? Lorsque les parents s'enquièrent de l'employabilité à l'issue des études par crainte du chômage ou quand les établissements de formation vantent l'employabilité de leurs diplômés en s'appuyant sur le taux de placement, ils associent employabilité et emploi. À l'issue de leur parcours universitaire, les étudiants doivent être en capacité de mobiliser les ressources nécessaires pour trouver un emploi[6], mais leur embauche effective dépend des offres disponibles, de leurs exigences en la matière comme de celles des employeurs potentiels, donc du marché du travail. En outre, la rapidité de l'insertion professionnelle dépend aussi de l'énergie déployée à cet égard ; tous ne recherchent pas activement un emploi. La responsabilité d'un échec dans cette démarche ne peut incomber à un quelconque dispositif de formation. Que peut-on alors attendre de l'université en matière d'employabilité ?

### *Aider les étudiants à développer des compétences relatives à l'employabilité*

#### A. DONNER UN SENS AUX APPRENTISSAGES

Selon Biggs (1989), le processus d'apprentissage dépendrait d'une part des caractéristiques de l'étudiant (parcours antérieur, milieu social, âge, etc.), d'autre part de son rapport aux enseignements

---

6. Ou bien pour le créer, dans le cas des auto-entrepreneurs.

(attentes, motivations, degré d'autonomie) et des bénéfices qu'il pense pouvoir en retirer. La charge de travail réelle n'est que faiblement liée à la perception qu'en ont les apprenants (Kember & Leung, 1998), si la tâche proposée leur semble utile, c'est-à-dire à même de les faire progresser, ils seront plus enclins à la réaliser. Une charge de travail perçue comme trop lourde serait en lien avec une approche superficielle des apprentissages tandis qu'aucune relation n'a pu être démontrée entre mode d'apprentissage et méthodes d'enseignement. Il a par ailleurs été prouvé qu'une charge de travail considérée comme convenable par les étudiants est associée à de meilleurs taux de satisfaction concernant l'enseignement en question, un niveau de réussite plus élevé et la perception d'avoir développé des compétences transversales (Lizzio *et al.*, 2002). Communiquer avec les étudiants sur l'investissement qui leur est demandé (finalité, objectifs clairs, mode d'évaluation) contribuerait à « l'efficacité » des enseignements, les étudiants interrogés ont d'ailleurs exprimé des demandes dans ce sens.

## B. Développer des compétences concrètes

Les enseignements universitaires semblent déconnectés des réalités quotidiennes. Or, les étudiants se concentrent sur leurs apprentissages et s'ils sont en quête d'informations sur les débouchés professionnels correspondant à leur cursus, ils restent dans une forme d'ignorance de ce qui concerne les aspects administratifs et légaux de la recherche d'emploi et du salariat. Élaborer un *curriculum vitae*, écrire une lettre de motivation, s'inscrire à l'agence pour l'emploi, passer un entretien d'embauche, lire une fiche de salaire sont autant d'inconnues dans l'équation qu'il leur faudra résoudre pour prétendre à un emploi. Certains auront besoin de se familiariser avec l'usage du traitement de texte et la recherche d'informations sur *Internet* car la pratique intensive du *chat* ne présume pas des capacités à manier correctement l'outil informatique ! Enfin, la culture et/ou l'éducation reçues incitent les étudiants à confondre « vendre » ses compétences et ses qualifications et « se vanter » ; savoir valoriser habilement son parcours est une compétence nécessaire dans un environnement où règne compétition et concurrence.

Les parents ne sont pas tous en mesure de fournir l'appui nécessaire dans les démarches ou apprentissages évoqués ci-avant. Dans
ces domaines, la mise en place d'ateliers pratiques donnerait sans
doute aux apprenants le sentiment d'être mieux armés pour leurs
premiers pas dans la vie active, à condition bien sûr de trouver du
personnel qualifié en nombre suffisant pour généraliser de type de
prestations...

### C. Les stages en milieu professionnel :
#### un intérêt discutable

Une récente enquête Eurobaromètre (The Gallup Organization,
2009) menée auprès de 15 000 étudiants d'Europe rapporte leur
désir d'une collaboration plus forte entre les universités et le
monde du travail. Estimant qu'il est essentiel de doter les étudiants des connaissances et compétences dont ils ont besoin pour
réussir sur le marché du travail (communication, travail en équipe
et «apprendre à apprendre»), ils préconisent d'inclure des stages
en entreprise dans le cadre des programmes d'études. Le rapport
*«Bologna with student eyes»*, qui fait état du point de vue de qua-
rante-neuf associations nationales d'étudiants sur la mise en
œuvre et le développement du processus de Bologne, corrobore le
discours des participants à nos études. Il souligne les réticences
des enseignants à se préoccuper de l'employabilité des étudiants et
une relative fermeture des institutions aux besoins de la société
(The European Students' Union, 2009).

Les stages inclus dans le cursus universitaire, plébiscités par les
étudiants, se révèlent un faible signal d'employabilité pour les chefs
d'entreprises. Le caractère obligatoire de ceux-ci et leur aspect
formaté ne laissent pas place à l'initiative, ils ne donnent à l'employeur que peu d'indications sur l'étudiant, ses qualités et compétences. En outre, l'absence fréquente de rémunération conduit
à un moindre contrôle des activités des stagiaires. La généralisation de ces stages et la multiplication du nombre de demandes
poussent la direction à éconduire les candidats et le personnel à
s'investir de moins en moins dans leur formation. Enfin l'évaluation finale est réalisée de façon unilatérale par le système éducatif,
ce qui diminue sa valeur aux yeux d'un employeur potentiel
(Cahuzac & Giret, 2001).

## D. Favoriser un travail réflexif sur les acquis

Tout au long de leur parcours, les étudiants améliorent des compétences transversales utiles dans la recherche et l'exercice d'un emploi : capacité à rédiger, communiquer oralement, faire une synthèse, argumenter, s'approprier de nouvelles technologies, travailler en équipe, etc. Pourtant, les progrès effectués dans ces domaines passent inaperçus, tant ces acquis leur semblent naturels ou destinés à une application purement académique. Prendre conscience de ces savoirs et de la manière dont ils peuvent être exploités et valorisés en dehors de l'université les aiderait sans doute à améliorer leur employabilité. L'insertion sociale et professionnelle des jeunes exige qu'ils se dotent d'un discours sur eux-mêmes, sur leurs compétences et sur leurs projets, sur ce qu'ils ont déjà réalisé comme sur ce qu'ils comptent faire dans l'avenir. Cette réflexivité doit être encouragée – et pourquoi pas évaluée – par les enseignants. La pratique réflexive, matérialisée par exemple par la tenue d'un portfolio, permet d'apprendre sur soi par sa pratique et de renforcer le sentiment d'auto-efficacité ; il ne s'agit pas tant de corriger les erreurs que d'en comprendre les causes de manière à pouvoir y remédier, de se féliciter des réussites mais de les analyser afin de pouvoir reproduire ce mécanisme, ce que Schön (1996) appelle la « réflexion en cours et sur l'action ». Cette démarche mène à une meilleure connaissance de soi, de ses modes opératoires, de sa façon d'apprendre, et participe de la construction identitaire de l'étudiant.

## Accompagner les étudiants dans la construction de leur projet professionnel, une nouvelle mission des universités...

### Une responsabilité supplémentaire pour les enseignants ?

Les universitaires se décrivent habituellement comme des « enseignants-chercheurs », toutefois ils sont de plus en plus sollicités pour jouer un autre rôle auprès des étudiants, celui « d'accompagnateur d'étudiant, qui consiste à accompagner l'étudiant non pas d'abord par rapport à ce qu'il sait mais par rapport à ce qu'il désire devenir, à son projet personnel, à ses étapes de développement humain» (Tapie, 2006, p. 86). Définir qui il est nécessite pour l'apprenant de se positionner en tenant compte de sa trajectoire antérieure (parcours scolaire et expériences passées), de sa position présente (étudiant dans une université européenne impliquée dans le processus de Bologne) et de l'anticipation d'un avenir probable ou souhaité (Figure 22, p. 243). Les proches (parents, amis) mais aussi les pairs et les enseignants participent à la manière dont il lit et explique son parcours, se construisant ainsi une identité professionnelle à la fois satisfaisante pour lui-même et reconnue par les autres. Cette mission que Bologne souhaiterait imposer à l'ensemble du corps enseignant et que les étudiants aimeraient leur voir remplir est-elle réellement la leur?

Si les institutions encouragent les enseignants à assumer ce rôle c'est d'abord parce qu'elles se sentent responsables du succès de leurs étudiants et qu'elles seront évaluées au travers de celui-ci, mais c'est peut-être aussi dans le but de minimiser les coûts de ce suivi. Or, les qualités requises pour ce type d'intervention diffèrent radicalement de celles que l'on attend d'un enseignant-chercheur (Tapie, 2006) et même les plus convaincus ne peuvent improviser un tel accompagnement qui nécessite plus que de l'empathie. Une connaissance approfondie du marché du travail (métiers, débouchés, formations) non seulement local, mais aussi national voire européen est nécessaire, de même que des qualités d'écoute, de l'imagination et beaucoup de temps! Chaque enseignant, déjà pris par ses nombreuses activités, ne pourrait prendre en charge qu'un petit nombre d'étudiants et au détriment de ses activités de recherche, prioritaires en raison du processus évaluatif actuel.

### Des propositions alternatives

De nombreuses institutions proposent un tutorat par les pairs, cependant s'ils peuvent donner des conseils et des encouragements concernant les apprentissages, être présents dans les moments de doute, ils ne peuvent s'improviser conseillers en orientation. Ces derniers eux-mêmes ne peuvent donner que des indications générales car ils ne connaissent pas la situation individuelle des étudiants et disposent de peu de temps à leur accorder.

L'intervention de professionnels de différents secteurs pour exposer les débouchés en cas de succès – ou d'échec – dans le cursus engagé est une possibilité, mais difficile de garantir leur impartialité, ni le risque qu'ils n'en profitent pour recruter les étudiants les plus prometteurs. En somme, si les établissements universitaires décident d'assurer l'accompagnement des étudiants dans la construction de leur projet professionnel, ils ne pourront faire l'économie d'un personnel formé et convaincu de l'importance de cette nouvelle forme de *coaching*.

## 3. Favoriser l'émergence d'une identité d'étudiant

Selon les conclusions de la recherche, le développement d'une identité d'étudiant satisfaisante serait en lien avec le développement de compétences relatives à l'employabilité et une meilleure réussite aux examens. Favoriser son émergence serait bénéfique pour les apprenants, mais également pour l'université en termes de résultats. Or, le discours des enquêtés assimile pour partie « identité étudiante » et « sentiment d'appartenance universitaire ». En complément des efforts entrepris pour faciliter les apprentissages des nouveaux arrivants et les soutenir dans leurs difficultés d'ordre cognitif, l'université gagnerait à travailler sur son image de manière à renforcer ce sentiment d'appartenance à l'institution.

### Donner une identité à l'université

Si la plupart des universités sont contraintes de se soumettre comme les entreprises au *diktat* de l'évaluation externe et de jouer le jeu de la concurrence, elles semblent réticentes à « se vendre » c'est-à-dire à faire de la publicité active. Toutes n'ont pas un site – régulièrement mis à jour – qui vante leurs programmes, affiche leurs spécificités et les avantages qu'elles proposent. Faire du *marketing* auprès des entreprises afin de valoriser leurs formations et les mérites de leurs diplômés reste pour beaucoup inenvisageable, quant à être « sponsorisées » par celles-ci…

Du fait de la massification, les étudiants ont tendance à être considérés comme un public acquis aux universités. Pourtant elles ne représentent pour eux qu'une solution de repli, un pis-aller en cas de refus dans une structure qui accueille « l'élite » et pratique – gage suprême de qualité – une sélection à l'entrée. Il incombe aux établissements de convaincre qu'ils sont en mesure d'offrir à leurs apprenants des prestations de qualité et qu'université peut rimer avec excellence.

## Une image à travailler

Les étudiants ont besoin de se reconnaître dans l'image que projette leur université et d'en être fier. Celle-ci devrait pouvoir être désignée par son nom[7], identifiée par une signalétique précise visible de l'extérieur, et pourquoi pas, par une devise représentative des valeurs défendues par l'établissement. Les enquêtés évoquent également des compétitions interuniversitaires qui leur permettraient de porter et de défendre les couleurs de l'institution, ou à défaut de soutenir leurs équipes. Le développement d'associations d'*alumni* serait l'occasion de valoriser la réussite de diplômés de l'université dont le site internet, ou le grand hall de l'université, pourrait présenter une galerie de portraits. Les plus jeunes pourraient ainsi s'identifier à des images de réussite sociale et professionnelle, et solliciter un appui pour obtenir un stage ou un emploi. C'est aussi cette solidarité entre anciens et nouveaux membres d'une même communauté que les étudiants envient au modèle américain. Sur ces points, leur discours peut être entendu, mais il est fondamental en parallèle de faire valoir qu'avoir le privilège d'étudier dans une université européenne, c'est parcourir des bâtiments remplis d'Histoire, marcher dans les pas de célèbres prédécesseurs et assumer la responsabilité de pérenniser leur mémoire, leurs valeurs et leurs traditions.

---

7. Ceci sous-entend qu'ils connaissent ce nom et qu'il soit mis en valeur ; c'est plus enthousiasmant par exemple, de se dire étudiant à la Sorbonne plutôt qu'à Paris IV.

### Une communication à développer

Avec l'avènement du marché du savoir, les entreprises deviennent des partenaires potentiels pour les établissements d'enseignement supérieur. Convaincre ces possibles clients ou financeurs, impose aux universités d'assurer la promotion de leurs activités de recherche, et des savoirs et compétences liés aux diplômes qu'elles délivrent. L'offre de formation doit faire l'objet d'informations précises et aisément accessibles : enseignements prodigués, objectifs visés, résultats attendus, modalités d'évaluation, diplômes délivrés, coût, etc.

La communication passe aussi par l'organisation de conférences et de débats thématiques autour de savoirs produits par les laboratoires de recherche de l'université, mais aussi d'événements culturels à même d'attirer le grand public. Une rentrée solennelle en présence du doyen, la distribution de prix et de distinctions et autres cérémonies relayées par les médias locaux participe assurément de la notoriété d'une institution.

## Les fraternités étudiantes : un modèle à encourager ?

Lors des *focus groups* organisés à Nancy, les participants ont évoqué avec envie le modèle des fraternités américaines, illustré par la série *Greek*[8]. Depuis le début de l'année 2010, un nouveau chapitre (*chapter*) – c'est-à-dire une section locale – de la fraternité internationale Sigma Thêta Pi (ΣΘΠ) s'est établi dans la ville. Pour Julien Caudroit Van Cauwenberghe, président international de ΣΘΠ au Canada, une fraternité « c'est un moyen incroyable de pouvoir se faire des amis, de pouvoir se faire un réseau social et c'est un moyen d'assurer un bon avenir. Une fraternité, ça permet de faire beaucoup de choses, ça permet d'explorer des milieux qu'on ne connaît pas la plupart du temps. C'est vraiment un catalyseur : un catalyseur de la vie sociale et un catalyseur de la vie

---

8. Cette série, diffusée en France depuis le 1er janvier 2008, met en scène un groupe d'étudiants dans le « système grec » des fraternités et des sororités au sein des universités américaines.

universitaire»[9]. Une telle définition correspond exactement aux désirs exprimés par les étudiants de l'étude. Ainsi présentée, l'idée de fraternité ne peut être que séduisante, mais cette forme de solidarité orientée vers les membres d'une communauté qui vise l'excellence[10] ne recrée-t-elle pas une forme d'élitisme? Ne va-t-elle pas à l'encontre de la démocratisation de l'enseignement supérieur appelée de leurs vœux par tous les États d'Europe?

---

9. Retranscription d'une interview mise en ligne le 10 mars 2010 sur le site de frequencefac http://www.frequencefac.com/systeme/m1.php?SFOP=&SFA RG=203670&SFARG2=&SFARG3=&SFARG4=&SFARG5=&NEA_TOOLBAR_ ACTIVATION=&NEA_TOOLBAR_MODIFICATION=&SYS_FORM_UPDATE_ SENSOR=&f_=&nea_toolbar_login=&nea_toolbar_password=&hid= 98616&mhid=98616.
10. Voir site de Sigma Thêta Pi international : http://www.sigma-theta-pi.com/ SigmaThetaPi.

## chapitre 2

# Faut-il raccrocher les décrocheurs ?

## 1. Typologie des décrocheurs

Pas plus qu'il n'existe un étudiant-type, le décrocheur-type n'existe pas. Les enquêtes menées auprès des étudiants luxembourgeois ont permis de vérifier l'influence sur le décrochage universitaire de déterminants évoqués dans la littérature tels le sexe (les hommes sont plus concernés), le type de diplôme d'enseignement secondaire obtenu (être titulaire d'un diplôme technique ou professionnel est un facteur prédisposant à l'abandon), le fait d'être étranger ou d'exercer une activité salariée (Beaupère & Boudesseul, 2009 ; Christie *et al.*, 2004 ; Conway, 2001 ; Legendre, 2003). Cette approche ne rend cependant pas compte de la complexité du phénomène et de la diversité des individus qui choisissent de quitter l'université.

Grâce au recensement des causes de décrochage déclarées lors des enquêtes téléphoniques, une typologie des décrocheurs (Figure 23, p. 274) a pu être esquissée. Les individus ont été classés dans les catégories dégagées par l'analyse de contenu (motifs allégués du décrochage) en fonction du premier motif de décrochage évoqué. Les quatre groupes ainsi constitués ont ensuite été décrits et qualifiés en fonction de leur regard sur l'université. Enfin, ils ont été répartis – en fonction du discours global au sein du groupe – autour d'une ligne médiane symbolisant la distinction théorique entre «décrocheurs» et «décrochés» (Glasman, 2000), c'est-à-dire entre ceux qui décrivent leur abandon comme un choix délibéré de quitter un cursus qui ne correspondait pas à leurs attentes ou leurs besoins actuels, et ceux qui évoquent des difficultés d'apprentissage ou d'intégration. Un groupe supplémentaire a été esquissé afin de tenir compte de certains décrocheurs sollicités pour l'enquête qui, n'ayant voulu se prêter à l'entretien téléphonique, ont confié à l'enquêteur qu'ils n'étaient pas «à la hauteur» et que c'était une expérience malheureuse qu'ils préféraient taire. Les étudiants victimes de circonstances exceptionnelles (décès d'un proche, maladie, grossesse, etc.) ont été exclus de cette classification.

## Les décrocheurs-entrepreneurs

Certains décrocheurs semblent posséder un certain potentiel entrepreneurial associé à leur besoin d'exploiter leur créativité et d'expérimenter les notions plutôt que de les étudier en théorie (Filion, 2004 ; Lamar, 2009). Portés à affirmer leur identité, ils ne sont pas à l'aise avec la norme imposée par le milieu universitaire et ont tendance à se marginaliser. Les décrocheurs qualifiés d'entrepreneurs se considèrent dans une situation favorable, au moins par rapport à l'emploi. Certains, opportunistes, ont abandonné leur cursus pour saisir une occasion de s'engager directement dans le monde du travail. D'autres ont construit leur projet professionnel durant leur passage à l'université lequel a aidé à sa maturation puis à sa formalisation. Ils n'envisagent pas nécessairement de rentrer de suite dans la vie active et passent par une réorientation. D'autres encore – des décrochés – ont dû faire face à des difficultés d'ordre scolaire, mais ont su réagir en envisageant d'autres options.

## Les décrocheurs-revendicateurs

Les décrocheurs-revendicateurs sont présents à part égale parmi les décrocheurs et les décrochés ; ils sont désabusés voire vindicatifs vis-à-vis d'une institution qui n'a pas su répondre à leurs attentes. De ce fait, ils profitent de l'opportunité offerte par l'enquête pour extérioriser leur mécontentement et formuler les critiques les plus diverses, de la cantine aux enseignements, en passant par l'information sur le cursus ou le dysfonctionnement du matériel. Les uns comme les autres semblent chercher des raisons ou excuses à ce qu'ils considèrent comme une défection personnelle. Peut-être reviendront-ils à l'université, mais pas dans un futur immédiat.

## Les décrocheurs «butineurs»

La plupart des enquêtés appartenant à cette catégorie auraient tout aussi bien pu s'inscrire en auditeur libre, si ce n'est qu'ils n'auraient pu bénéficier des avantages du statut d'étudiant. Inscrits dans une filière à laquelle ils portent de l'intérêt mais sans projet de carrière précis, ils se sont contentés de suivre les enseignements qui leur plaisaient. D'autres disent avoir simplement voulu faire l'expérience de la vie d'étudiant. Ils ne regrettent pas d'avoir fait ce choix, ni celui d'avoir fermé cette parenthèse et n'ont pas le sentiment d'avoir perdu leur temps, mais au contraire d'avoir appris quelque chose, ou au moins pris du bon temps.

## Les décrocheurs apparents

Ils n'ont de décrocheurs que le nom; inscrits à l'université pour percevoir des allocations, pour «passer utilement leur temps» avant une réorientation (autre université, école de technicien) ou en attendant un prochain concours, ils n'ont jamais eu l'intention d'y poursuivre leurs études. Même si on peut penser que l'établissement a laissé passer une chance de les séduire et de les conserver en tant qu'étudiants, ceux-là viennent gonfler les taux de décrochage imputés aux universités qui ne sont pas en mesure de les distinguer des «vrais» décrocheurs. Ce point ne peut qu'attirer l'attention sur le fait que les étudiants n'étant pas identifiés par un matricule européen, les statistiques sur les taux de décrochage en Europe, outre qu'elles sont difficilement disponibles, sont indubitablement surestimées.

## Les décrocheurs «honteux»

Ces derniers n'ont pas accepté de participer à l'enquête. Ils se considèrent incapables d'étudier à l'université, mais ont quitté l'établissement sans avoir essayé de dialoguer à ce sujet avec les enseignants. À l'inverse des quatre autres types de décrocheurs décrits ci-avant, leur parcours avorté a été vécu comme un échec personnel et ils ont beaucoup de mal à croire en leurs possibilités

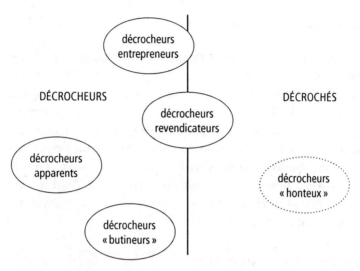

FIGURE 23 : Typologie des décrocheurs

de réussite dans un autre projet. Leur situation est d'autant plus problématique qu'ils sont perdus de vue par l'établissement.

## 2. De quoi décrochent les décrocheurs ?

Lorsqu'un étudiant décide de quitter l'université, que veut-il au juste laisser derrière lui ? Des réponses à cette question essentielle dépendent les actions à mettre en œuvre en direction de ceux qui souhaitent quitter l'université. À l'image des lycéens décrits par Glasman (2000), certains s'éloignent des études, d'autres de l'établissement, d'autres encore de l'environnement relationnel ou s'opposent aux parents en traçant leur propre voie.

### Décrocher des études

Suivre des études à l'université exige de se soumettre peu ou prou aux exigences du « métier d'étudiant ». Ces règles, qui ne s'avèrent pas claires au premier abord, ne sont pas non plus perçues comme nécessaires par tous. La fraction des décrocheurs que nous avons appelés «butineurs» a réellement envie de s'enrichir intellectuellement à l'université, mais s'ils sont attirés par le Savoir, ces étudiants «frondeurs» refusent le modèle d'apprentissage proposé. Réussir aux examens, n'est pas pour eux un but en soi et se plier aux normes édictées par l'institution, serait pratiquement avilir ce savoir qu'ils portent aux nues.

Certains, à l'opposé des précédents, se sentent en difficulté au niveau des apprentissages (contenus, méthode) et de l'organisation de leur travail universitaire. Ils ne s'estiment pas en mesure de satisfaire aux attentes, réelles ou supposées, des enseignants. Or, «les croyances que les personnes développent sous forme de sentiment d'efficacité personnelle jouent un rôle clé dans la poursuite d'études et dans la carrière professionnelle. Plus les personnes ont une efficacité perçue répondant aux exigences attachées au niveau scolaire à atteindre ou aux fonctions professionnelles à remplir, plus ces personnes envisagent avec sérieux un large éventail de choix d'études et plus leur intérêt relatif à ces types d'études est fort»[11] (Bandura, 1997, p. 423). Ce sentiment n'est pas nécessairement fondé sur des critères objectifs (notes obtenues, remarques des enseignants), mais sur la représentation que l'individu a de lui-même en tant qu'apprenant au regard de ses expériences passées et présentes. Dans cette configuration, même les réussites ne peuvent convaincre le sujet de garder foi en ses capacités, elles sont systématiquement attribuées à un heureux concours de circonstances (indulgence du professeur, facilité de l'épreuve, chance). Le décrochage est alors l'expression de ce trouble de l'estime de soi, une façon d'anticiper l'échec.

L'abandon du cursus peut également être un choix rationnel face à des études jugées improductives sur le marché de l'emploi ou inadaptées par rapport aux aspirations des étudiants. La décision de ceux-ci découle d'un calcul au vu des résultats obtenus jusquelà, de la perception des progrès qu'ils peuvent réaliser et des efforts ou concessions qu'ils se sentent en mesure de consentir (par rapport au temps consacrés aux loisirs par exemple). S'en tenant aux chiffres du chômage en Europe et aux déclarations alarmistes

---

11. Traduction libre.

concernant les difficultés d'insertion professionnelle des jeunes diplômés, ils estiment faibles leurs chances de trouver un emploi à l'issue d'études « médiocres » et préfèrent choisir une autre option (décrocheurs-entrepreneurs ; décrocheurs-revendicateurs). Ces étudiants peuvent être vus comme des consommateurs d'études, entretenant un rapport d'usager avec une institution à laquelle ils ne s'identifient pas vraiment (Danvers, 2009, p. 160). Leur attitude est le reflet d'une perte de confiance dans les possibilités de réussite sociale grâce à l'université.

## Décrocher de l'environnement universitaire

Le décrochage peut trouver sa source très tôt dans le parcours d'un jeune, parfois même dès le premier contact avec l'institution, l'environnement physique ou l'accueil discordant par trop avec les représentations qu'il s'en faisait. L'image que donne l'établissement à l'extérieur est essentielle pour que les nouveaux arrivants acceptent de s'y reconnaître et de s'y affilier. Mais il ne s'agit pas seulement d'esthétique ou de prestige, les étudiants peuvent souffrir de difficultés d'intégration liées à l'éducation qu'ils ont reçue, à leurs origines sociales ou à la culture dont ils sont issus. La notion subjective de bien-être intervient aussi dans ce phénomène. À cet égard, la qualité des relations sociales au sein de l'université joue un rôle primordial ; les étudiants sont pour la plupart majeurs, une partie d'entre eux exerce une activité professionnelle, ont une vie sexuelle, vivent en couple et même ont des enfants, ils revendiquent d'être traités en adultes. Par ailleurs, la difficulté de se faire des amis, de s'insérer dans un groupe de pairs est également susceptible sinon de causer au moins d'accélérer un départ anticipé de l'institution (Fortin *et al.*, 2006).

## S'affirmer en tant qu'adulte

En choisissant un cursus universitaire, les jeunes s'inscrivent parfois dans un projet qui n'est pas le leur, mais celui de parents cherchant à assouvir par procuration leurs propres rêves ou souhaitant garantir à leur enfant un « bon » avenir professionnel. La perception d'un risque lié à une situation de crise ou de chômage opère en effet sur les adultes une pression qui les incite à penser qu'il est nécessaire d'être «ultra compétent» pour avoir une chance réelle de se positionner sur un marché du travail en voie de mondialisation. La seule ressource pour y parvenir reste pour eux la poursuite d'études supérieures. Dans ce contexte, décrocher est une manière de s'opposer à la volonté parentale, de signifier son autonomie et d'affirmer son statut d'adulte. Saisir l'opportunité de prendre un emploi salarié ou en rechercher un activement peut être vu comme une preuve du désir d'assumer cette identité d'adulte (décrocheurs-revendicateurs ; décrocheurs-entrepreneurs).

## 3. Doit-on lutter contre le décrochage universitaire ?

Les décrocheurs universitaires sont en général majeurs, ne sont-ils pas libres alors de décider d'interrompre leur cursus quand bon leur semble et sans avoir à s'en justifier ? Le problème est plus complexe qu'il n'y paraît de prime abord ; compte tenu des critères socio-démographiques qui affectent ce phénomène, le principe d'égalité des chances peut conduire les responsables universitaires ou politiques à mettre en œuvre des programmes visant à prévenir le décrochage ou encore à tenter des opérations de «raccrochage». Ne conviendrait-il pas également d'anticiper un possible décrochage ?

### Prévenir le décrochage

#### *Sélectionner à l'entrée du cursus ?*

Afin d'éviter aux étudiants un échec programmé et de limiter le phénomène de décrochage, de plus en plus d'universités choisissent de pratiquer une sélection à l'entrée des cursus. Les épreuves, qui cherchent à vérifier si le candidat possède le profil adéquat pour suivre la formation envisagée, peuvent se présenter sous les formes les plus diverses : tests écrits dans les matières jugées essentielles, tests psychotechniques visant à mesurer les capacités de raisonnement et de résolution de problèmes, examens oraux centrés sur les motivations ou l'expression, etc. La multiplication de ce type de pratiques soulève l'indignation d'une partie du public et des professionnels de l'éducation qui les considèrent comme allant à l'encontre de la démocratisation de l'enseignement supérieur.

De fait la sélection existe, force est de le constater : sélection structurelle (ajustement à la capacité d'accueil) ou sélection par l'échec (taux d'échec et d'abandon au cours du premier cycle universitaire), elle est source de frustration pour les éconduits, sans compter leur famille. Une orientation efficace en amont permettrait sans doute d'assurer une meilleure cohérence entre les capacités des candidats, leurs motivations et leurs projets, et d'espérer une diminution du nombre des décrocheurs. Cette orientation active (Danvers, 2009) présente l'avantage de donner à l'apprenant le sentiment qu'il garde le contrôle sur son parcours, qu'il agit et non qu'il subit. En parallèle, une remédiation individualisée – sous forme d'autoformation accompagnée par exemple – pourrait être proposée à ceux dont les acquis sont insuffisants pour intégrer directement un cursus universitaire. Cette solution impose de résoudre deux problèmes : celui des lieux d'accueil (espaces, personnels) et celui du statut des apprenants.

### Séduire et motiver les étudiants

Les cours proposés dans les premiers mois d'enseignement ne devraient-ils pas être conçus pour encourager les étudiants à poursuivre leur parcours ? Au contraire les programmes commencent fréquemment par des généralités, perçues par ces derniers comme rébarbatives, fastidieuses et surtout éloignées des centres d'intérêts qui leur ont fait choisir cette filière. Bien sûr, il faut apprendre l'alphabet avant de savoir lire, mais rien ne dit que cet apprentissage doive se faire de manière austère. Il s'agit bien de séduire les étudiants débutants en leur montrant l'attrait de la spécialité enseignée, en leur présentant la grande variété des opportunités qui s'offrent à eux et en leur permettant ainsi de s'inventer un avenir stimulant.

## Ne pas blâmer la victime

Le cadre socioculturel, le sexe, l'âge, le passé scolaire de l'étudiant, le dispositif de formation et bien d'autres déterminants interviennent dans le processus de décrochage. Le manque de soutien social ou une mauvaise entente avec les pairs, ou inversement une relation de confiance avec les enseignants sont des facteurs qui jouent un grand rôle à cet égard (Croninger & Lee, 2001). Combien de fois entend-on pourtant incriminer le manque d'engagement ou de motivation des étudiants, leur organisation défaillante, l'absence de méthode, etc. ? Trop souvent l'apprenant est – par facilité ou dans un réflexe d'autodéfense – tenu, pour seul responsable de son parcours, voire seul « coupable » de son abandon (Dubet, 2000 ; Legendre, 2003). Plutôt que coupables, les décrocheurs sont plutôt les victimes d'un système qui prône la démocratisation scolaire et ouvre largement l'accès aux universités, mais qui se désintéresse ensuite – si ce n'est en termes de statistiques – du devenir des plus fragiles. Pourquoi rechercher une faute quelconque et blâmer la victime du décrochage (Lee & Burkam, 2003) ? Il ne s'agit pas tant de trouver un responsable que de trouver des solutions.

## Anticiper le décrochage

### Parler du décrochage

C'est un fait, les décrocheurs quittent l'université silencieusement et discrètement (Blaya & Hayden, 2004 ; Broccolichi, 1999 ; Legendre, 2003). Les « pister » après leur départ – c'est-à-dire en réalité, quand celui-ci est officiellement constaté, généralement plusieurs mois plus tard – se révèle une entreprise on ne peut plus malaisée (déménagement, refus de répondre). Puisque l'ampleur du phénomène de décrochage est avérée, ne peut-on l'admettre comme une donnée à prendre en compte dans la formation dispensée aux étudiants. Il faudrait lever le tabou et discuter clairement avec les apprenants des taux de réussite aux examens, d'échec, d'abandon, etc. dans leur filière. En contrepartie, il s'agit de les accompagner dans le travail réflexif qui mettra à jour ce que leur apporte cette expérience universitaire et quelles compétences transposables ils ont acquis. Développer une image positive de leurs parcours leur sera utile en cas de décrochage prématuré. Peut-être pourront-ils alors envisager de revenir ultérieurement à leurs études ?

En Europe, les actions se multiplient afin de permettre aux étudiants qui regrettent d'avoir fait le choix de quitter précocement l'université de finir leur premier cycle universitaire. À titre d'exemple, le ministre estonien de l'éducation et des sciences a approuvé un programme offrant à huit cents décrocheurs universitaires une chance de terminer leur cursus de formation grâce à une aide de l'État et du Fonds social européen (FSE) (Tere, 2010).

## Imaginer de nouveaux projets

Le processus d'orientation proposé à la fin des études secondaires se heurte à de nombreuses difficultés : les lycéens sont dans une période de leur vie où de multiples préoccupations les tiraillent (examens de fin d'études secondaires, besoin d'affirmer leur autonomie vis-à-vis des parents, vie amoureuse) ; leur degré de maturité ne leur permet pas d'anticiper, d'explorer différentes possibilités, de planifier leur avenir ; l'influence des amis est marquée, etc. Ainsi, leur demander de faire un choix objectif semble illusoire ; les parents interviennent probablement pour une part dans leur décision et, sans parler du coût de la formation, des facteurs comme l'éloignement du domicile familial sont déterminants. De plus, faute d'avoir cherché ou de savoir où se les procurer, les renseignements dont ils disposent sont restreints. Cette situation est regrettable car « accroître l'information en amont des décisions de poursuite des études dans l'enseignement supérieur paraît constituer le meilleur moyen d'éviter les sorties sans diplôme » (Danvers, 2009, p. 169). Ainsi, pour beaucoup, la première année d'université est l'occasion de se repositionner par rapport au projet initial, démarche dans laquelle ils souhaitent bénéficier d'un accompagnement personnalisé.

## Accompagner le décrochage

Si l'étudiant décide, en raison d'une orientation qui ne lui correspond pas, de mettre fin à son cursus universitaire, il convient de veiller à ce que son départ ne soit pas vécu comme une fuite, mais se déroule dans des conditions optimales, pour lui comme pour l'institution. L'apprenant doit être en mesure d'assumer l'option qu'il prend et de renoncer clairement à suivre les cours. Puisqu'il est encore inscrit à l'université, pourquoi ne profiterait-il pas du bénéfice matériel de son statut d'étudiant pour prendre le temps de réfléchir à de nouveaux objectifs (réorientation, recherche d'emploi, service civique, etc.) ? Les établissements pourraient prévoir la possibilité de réaliser un bilan de compétences approfondi, avec la possibilité de réaliser des stages ou évaluations en milieu de travail. À sa sortie effective de l'université, le décrocheur – mais pourrait-on encore le qualifier ainsi ? – aurait au moins, s'il n'a pas encore décidé de son avenir immédiat, une meilleure connaissance des secteurs professionnels explorés et saurait mieux valoriser ses compétences, il serait en somme plus compétitif sur le marché du travail. Dans ces conditions, pourquoi ne pas laisser les décrocheurs décrocher ?

Le processus de Bologne invite les universités à orienter et à accompagner les étudiants dans leurs démarches, à promouvoir leur employabilité et à encourager un processus participatif. Les institutions de référence en matière d'excellence universitaire (Oxford, Cambridge, Harward, Stanford, etc.) savent tenir compte des étapes du développement humain et intègrent depuis longtemps l'accompagnement des projets personnels dans leurs curricula (Tapie, 2006). Les observations de cette recherche attestent comme d'autres enquêtes européennes (Amara, 2009d ; Cacciagrano *et al.*, 2009 ; The Gallup Organization, 2009) que les étudiants souhaitent acquérir à l'université les connaissances et compétences dont ils auront besoin pour réussir sur le marché du travail (communication, travail en équipe et «apprendre à apprendre»). Mais, pour une insertion sociale réussie, les individus doivent aussi se doter d'un discours positif sur eux-mêmes et sur leurs engagements, leurs compétences et leurs projets, sur ce qu'ils ont déjà réalisé comme sur ce qu'ils comptent faire dans l'avenir ; en somme ils doivent développer au fil de leur parcours universitaire, une identité sociale d'étudiant satisfaisante. Si l'influence du type de cursus engagé (académique ou professionnel) est avéré (Amara *et al.*, 2010b), les proches (parents, amis), mais aussi les pairs et les enseignants participent à la manière dont l'étudiant lit, explique son parcours et projette une identité professionnelle future à la fois satisfaisante pour lui-même et reconnue par les autres. Certes l'université participe de cette dynamique, mais il convient de ne pas négliger le degré d'implication des étudiants – leur *empowerment* – et de leur entourage.

# Évaluer l'Université autrement

Lorsqu'en 1999, à Bologne, les ministres se sont engagés à créer d'ici 2010 un Espace européen de l'enseignement supérieur, ils ont initié une réforme de l'Université sans précédent. Aux missions traditionnelles d'enseignement et de recherche de celle-ci viennent progressivement s'ajouter l'employabilité durable, la préparation à la vie citoyenne et l'épanouissement personnel des étudiants (Communiqué de Louvain, 2009). Désormais, « les cursus universitaires devraient être structurés de manière qu'ils augmentent directement l'employabilité des diplômés et contribuent à l'effort de formation de la main-d'œuvre en général » (Commission des Communautés européennes, 2006, p. 7). En conséquence, la qualité des établissements doit être évaluée en fonction du niveau d'intégration de la recherche et de l'innovation dans l'enseignement et, de leur capacité à « créer des environnements propices à la créativité et à l'esprit d'entreprise » et à « préparer leurs étudiants à la vie économique qui les attend » (Conseil de l'Europe, 2009, p. 5). Pour ce faire, « de nouvelles méthodes d'évaluation et d'attestation des compétences transversales, des aptitudes et des attitudes nécessaires pour accéder à l'emploi et poursuivre l'apprentissage doivent être élaborées » (Conseil de l'Europe & Commission des Communautés européennes, 2010, p. 18).

Comme le suggèrent ces extraits de communiqués européens, au niveau des universités, l'évaluation de la mise en œuvre du processus de Bologne passe par l'évaluation des *curricula*[1]. Deux questions,

1. Le *curriculum*, tel que nous l'entendons ici, fait intervenir les intentions et les contenus des enseignements, mais également leur organisation, les méthodes

étroitement liées entre elles, se posent alors : celle de l'influence effective des politiques européennes sur les orientations curriculaires des établissements d'une part et celle des modalités de l'évaluation curriculaire proprement dite.

## Les orientations curriculaires

Les curricula sont construits et modifiés en fonction de références qui tiennent aux fonctions assignées aux systèmes d'enseignement. Eisner et Vallance (1974) distinguent, en fonction de leurs objectifs prioritaires, cinq types d'orientations curriculaires. Le premier (*cognitive processes*) privilégie l'acquisition de compétences cognitives, il est plus axé sur le processus d'apprentissage (résolution des problèmes, compétences génériques) que sur les contenus. Il s'agit d'aider les étudiants à « apprendre à apprendre », à mettre à profit les facultés intellectuelles dont ils disposent et à les améliorer. Le second (*academic rationalism*) est centré sur la discipline, vue comme un héritage culturel ; il vise la maîtrise de connaissances en phase avec les avancées scientifiques les plus récentes. Le troisième (*personal relevance*) se focalise sur les individus et leur bien-être ; il met l'accent sur les besoins ressentis par les étudiants et la manière dont ils peuvent, en fonction de leurs aptitudes et capacités personnelles, réaliser leur potentiel. Le quatrième (*social adaptation*) met en exergue les besoins de la société ; l'étudiant doit s'adapter aux normes définies dans l'intérêt du plus grand nombre. Le cinquième (*curriculum as technology*) est dirigé vers le monde du travail ; il prône l'acquisition de compétences techniques et professionnelles qui préparent à un métier précis.

Il apparaît, malgré les efforts pour intégrer les notions de citoyenneté et d'épanouissement personnel aux nouvelles missions des universités, que la priorité de l'UE est d'une part le souci de construire une Europe compétitive, et d'autre part de fournir à celle-ci la main-d'œuvre qualifiée dont elle a besoin. À quelques excep-

---

employées, l'environnement humain et matériel dans lesquels ils prennent place, leur évaluation et les dispositions relatives à la formation des enseignants (De Landsheere, 1991).

tions près, les curricula balancent entre une orientation «compétences» (*cognitive processes*) prenant en compte les besoins (*social adaptation*) du marché du travail et de la société dite «moderne» (nouvelles technologies), et une orientation centrée sur la discipline que privilégient encore bon nombre d'enseignants. Quid de l'épanouissement personnel et de la citoyenneté? Si ce sont des missions reconnues par les instances européennes, elles ne semblent pas pour l'instant se préoccuper de leur prise en compte dans les projets d'établissement, encore moins de leur évaluation.

## L'évaluation des curricula

### L'influence du processus de Bologne

Sous l'impulsion du processus de Bologne, les établissements de l'Espace européen de l'enseignement supérieur (EEES) mettent en place des systèmes qualité. L'évaluation de la qualité s'effectue en interne, par les universités elles-mêmes et selon les critères qu'elles ont choisis, et en externe, par des pairs nommés par les agences chargées de contrôler l'efficacité des procédures d'assurance qualité en vigueur dans l'établissement. Cependant, toute démarche d'évaluation est étroitement liée aux valeurs qu'elle sous-tend. Or, le modèle véhiculé par Bologne «met l'accent sur la performance des systèmes, leurs modes de pilotage et l'adéquation entre les résultats et un contrat de prestations préalablement établi» (Bedin, 2009, p. 40). Des référentiels d'évaluation communs[2] et des guides visent, au nom du processus d'harmonisation, à diffuser les «bonnes pratiques» dans tous les pays participants. Ainsi, afin de faire la preuve de leur performance, les universités sont sommées d'être productives et d'adopter une gestion rationnelle de l'ensemble de leurs ressources. Elles doivent se fixer des objectifs quantifiables en fonction d'indicateurs comme le taux de réussite aux examens, le taux d'insertion professionnelle des diplômés, le nombre de

---

2. Le plus connu des référentiels est le «Standards and guidelines for Quality assurance in European Higher Education Area» lequel émane de l'*EuropeaN association for Quality Assurance* (ENQA).

publications par laboratoire de recherche, etc. La pratique généralisée du *benchmarking* tend à favoriser l'utilisation de ces statistiques descriptives pour effectuer des comparaisons et des classements, aux niveaux nationaux et européen. À cet égard, au sein de l'université, deux logiques se confrontent – voire s'affrontent – à savoir schématiquement celle des décideurs qui adhèrent à ce système, voient l'institution comme une entreprise et prônent la rentabilité, et celles de certains enseignants ou chercheurs qui souhaitent, dans une perspective holistique, prendre en compte le bien-être et le développement personnel des étudiants.

## Évaluer autrement ?

Alors, que doit-on évaluer ? Quels indicateurs choisir ? À quel moment évaluer ? Quels sont les acteurs concernés (évaluation externe ou interne) ? Comment mettre à profit les observations identifiées ? L'objet de l'évaluation dépend des missions reconnues à l'université ; certes, il est important pour les établissements de pouvoir se situer les uns par rapport aux autres et d'avoir conscience de leurs points forts comme de ceux à améliorer, mais ils ne peuvent éthiquement se contenter d'un tel mode d'évaluation. Les parcours estudiantins sont majoritairement évalués en fonction du nombre de diplômés, des ECTS acquis par les étudiants, du pourcentage de décrocheurs, etc. Pourtant les cursus universitaires doivent apporter aux étudiants plus qu'une somme de connaissances, ils doivent promouvoir une identité adaptée aux rôles sociaux que ces citoyens assumeront dans la société (Communiqué de Louvain, 2009).

### *Une alternative possible*

Dans l'optique développée précédemment, le dispositif SQALES propose une approche de l'évaluation complémentaire de celle du *benchmarking* (Amara *et al.*, 2010a). Alors que l'employabilité des étudiants est habituellement évaluée a posteriori par le nombre d'entre eux ayant trouvé un emploi dans un laps de temps déterminé après l'obtention de leur diplôme universitaire, SQALES propose une évaluation en cours de cursus des compétences relatives à l'employabilité (Pelt & Baumann, 2010). En effet, il est essentiel de ne pas confondre employabilité et emploi effectif; il est fréquent d'être employable et pourtant au chômage. Par ailleurs, une évaluation en cours de formation permet de prendre en compte «en temps réel» les difficultés rencontrées par les étudiants et de mettre en place des remédiations individuelles ou collectives adaptées. L'épanouissement personnel des étudiants est approché en mesurant leur score de santé psychologique et leur identité sociale d'étudiant (échelle SUSI validée par cette recherche). Mesurer la construction identitaire des étudiants au fil de leur parcours permet en effet de pouvoir adapter les *curricula* à leurs besoins réels lesquels évoluent au fil de leur cursus (Amara *et al.*, 2010c). En outre, l'implication des étudiants à toutes les étapes de l'évaluation (mesure, discussion des observations faites, propositions pour l'amélioration des curricula) participe au développement des valeurs citoyennes défendues par Bologne.

## Pour une évaluation compréhensive

L'évaluation-conseil menée dans le cadre du programme SQALES s'appuie sur une approche compréhensive qui engage le dialogue avec les différentes parties concernées, y compris les bénéficiaires de l'action. Elle prête attention au contexte et au point de vue des acteurs qui sont reconnus comme des experts dans leur domaine (Amara & Baumann, 2008). L'évaluateur lui-même n'est pas vu comme un juge, mais comme «un promoteur de la réflexivité des acteurs et des institutions» (Jorro, 2009, p. 14).

Ce type de pratiques – étant entendu qu'il ne s'agit pas ici d'une consultation pour la forme, les solutions étant décidées par avance – permet d'une part de valoriser les bénéficiaires en tant que partenaires du processus décisionnel et d'autre part de considérer l'environnement dans lequel évoluent les acteurs ainsi que le tissu local. Les concertations préalables (confrontations, discussions) autorisent d'envisager des négociations et l'obtention d'un consensus final. Ce processus garantit que les solutions choisies (ajustements à réaliser) sont cooptées par un maximum de parties prenantes comme étant les meilleures compte tenu du contexte et des ressources disponibles. Une telle démarche diminue l'écart entre les besoins ressentis par les acteurs et les dispositions prises, décisions dont elle permet d'obtenir une meilleure tolérance et une mise en œuvre facilitée.

# Bibliographie

Abric, J.-C. (1996). *Psychologie de la communication : Théorie et méthodes.* Paris : Armand Colin.

Académie Française. (2005). *Dictionnaire de l'académie française* (9e éd. Vol. 2). Paris : Imprimerie Nationale & Fayard.

Alava, S. (1999). Médiation(s) et métier d'étudiant. *Bulletin des bibliothèques de France, 44*(1), 8-15.

Allègre, C., Berlinguer, L., Blackstone, T. & Ruettgers, J. (1998). Harmoniser l'architecture du système européen d'enseignement supérieur, *Déclaration de la Sorbonne.* Paris.

Amara, M.-E. (2005). Trajectoire identitaire et empowerment en FOAD. Mise en évidence du processus d'empowerment dans deux formations ouvertes et à distance (p. 76) : Université Nancy 2, UFR Connaissance de l'Homme, Département de Sciences de l'Éducation.

Amara, M.-E. (2006). Prise de pouvoir de l'apprenant sur le processus de formation. Trajectoire identitaire et empowerment en FOAD, *7e colloque sur l'Autoformation « Faciliter les apprentissages autonomes ».* Toulouse.

Amara, M.-E. (2007). Le projet SQALES. Student's Quality of Life and Employability Skills. In J.-M. Albertini (Ed.), *Des compétences pour apprendre tout au long de la vie* (p. 14). Ecully : FREREF (Fondation des Régions Européennes pour la Recherche en Éducation et en Formation).

Amara, M.-E. (2009a). Le décrochage universitaire : Une déviance ? *Déviance et comportements à risque. Du politique au médiatique : quels objets, quels concepts, quels dispositifs ?* Metz : Centre de Recherche sur les Médiations.

Amara, M.-E. (2009b). Le décrochage universitaire, une affaire d'intégration ? Comparaison de « l'identité d'étudiant » de « décrocheurs » à celles de « persistants », *D'une époque à l'autre, d'un sol à l'autre, d'un genre à l'autre, d'une langue à l'autre. Apports fondamentaux des sciences humaines et sociales.* Nancy : Journée scientifique de l'École Doctorale Langage, Temps et Société.

Amara, M.-E. (2009c). Les étudiants en sciences sociales en mal d'université. *Le Mensuel de l'Université,* from http://www.lemensuel.net/2009/06/13/les-etudiants-en-sciences-sociales-en-mal-duniversite/

Amara, M.-E. (2009d, 12 mai). *Les réformes européennes de l'université et leurs répercussions sur la construction identitaire des étudiants.* Paper presented at the 77ᵉ congrès de l'ACFAS. L'identité sur mesure : jeunesse et construction identitaire, Université d'Ottawa (Canada).

Amara, M.-E. & Alzahouri, K. (2008). Potentiel d'employabilité, qualité de vie et comportements liés à la santé d'étudiants luxembourgeois, *4ᵉˢ journées de la prévention.* Paris : Institut National de la Prévention et de l'Education pour la Santé.

Amara, M.-E. & Baumann, M. (2008). L'évaluation compréhensive de la satisfaction des étudiant-e-s à l'égard de la prise en charge par l'université, *Actes du 20ᵉ colloque de l'ADMEE-Europe.* Genève : Université de Genève.

Amara, M.-E. Baumann, M. & Pelt, V. (2010a). L'évaluation curriculaire dans les universités européennes. SQALES student's quality of Life and Employability Skills, un dispositif innovant, *16ᵉ Congrès international de l'AMSE : Les théories et conceptions curriculaires au coeur des débats éducationnels : un regard comparatif.* Monterrey (Mexique).

Amara, M.-E., Baumann, M., Pelt, V., Guillaume, J.-F. & Ionescu, I. (2010b). Student's quality of Life and Employability Skills : SQALES un dispositif et un instrument au service des universités. Exemple d'utilisation au Luxembourg, en Belgique et en Roumanie. *Revista de Cercetare si Interventie Sociala (RCIS), 18,* 97-114.

Amara, M.-E., Pelt, V. & Baumann, M. (2010c). Évaluer la construction identitaire des étudiants pour mieux piloter les curricula, un défi pour les universités européennes, *22ᵉ colloque international de l'ADMEE-Europe, Evaluation des curriculums et des programmes d'éducation et de formation* (p. 30). Universidade do Minho, Braga (Portugal).

Anatrella, T. (2001). *Interminables adolescences. La psychologie des 12/30 ans* (11ᵉ ed.). Paris : Cerf.

Anatrella, T. (2003). Les « adulescents ». *Études, 399,* 37-47.

André, C. & Lelord, F. (2008). *L'estime de soi. S'aimer pour mieux vivre avec les autres* (2ᵉ ed.). Paris : Odile Jacob.

Apostolis, T. (2006). Représentations sociales et triangulation : Une application en psychologie sociale de la santé. *Psicologia : Teoria et e Pesquisa, 22*(2), 211-226.

Arnove, R.F. (2007). Reframing comparative Education : The dialectic of the global and the local. In R.F. Arnove & C.A. Torres (Eds.), *Comparative Education : The dialectic of the global and the local* (3ᵉ éd., p. 419). Lanham, Maryland : Rowman & Littlefield Publishers.

Assemblée Nationale. (2009). Le décrochage scolaire, *1779-2009 : 30ᵉ anniversaire de la Commission Interparlementaire Franco-Québécoise.* Paris : Assemblée Nationale.

Axtell, C.M., Maitlis, S. & Yearta, S.K. (1997). Predicting immediate and longer term transfer of training. *Personnel Psychology*, 63-103.

Bajoit, G. (1999). Notes sur la construction de l'identité personnelle. *Recherches sociologiques, 30*, 69-84.

Ballion, R. (1999). Les conduites déviantes des lycéens et l'éducation à la citoyenneté. *VEI Enjeux, 118*, 144-160.

Bandura, A. (1986). *Social foundation of thought in action. A social cognitive theory.* Englewood Cliffs: Pentrice Hall.

Bandura, A. (1993). Perceived self-efficacity in cognitive development and functioning. *Educational Psychologist, 28*(2), 117-148.

Bandura, A. (1997). *Self-efficacy: The exercice of control.* New York: Freeman.

Bandura, A. (2003). *Auto-efficacité. Le sentiment d'efficacité personnelle* (J. Lecomte, Trans.). Bruxelles: De Boeck.

Baribeau, C. (2010). L'entretien de groupe: Considérations théoriques et méthodologiques. *Recherches Qualitatives, 29*(1), 28-49.

Barnett, S.A. (1903). The unemployed and the unemployable. *Economic Review*, 385-394.

Baudelot, C. & Establet, R. (1972). *L'école capitaliste en France.* Paris: François Maspéro.

Baumann, M. & Aïach, P. (2009). Promotion de la santé et réduction des inégalités sociales en Europe: Une problématique complexe. In H. Willems, G. Rotink, D. Ferring, J. Schoos, M. Majerus, N. Ewen, M.A. Rodesch-Hengesch & C. Schmit (Eds.), *Manuel de l'intervention sociale et éducative au grand-duché du Luxembourg* (pp. 1195-1206). Saint Paul (Luxembourg): Fonds Social Européen, Université du Luxembourg, INSIDE (INtegrative research on Social and Individual and DEvelopment).

Baumann, M., Ionescu, I. & Nearkasen, C. (2011). Psychological quality of life and its association with academic employability skills among newly registered students fron three European faculties, *BMC Psychiatry* (Vol. 2012): biomed.

Baumann, M., Pelt, V., Ionescu, I. & Chau, N. (2010). The student's quality of life and Employability Skills (SQALES) project from the University of Luxembourg: Implications for health promotion and opportunities for further development. *Health Promotion International* (in press).

Baumann, M., Spitz, E., Predine, R., Choquet, M. & Chau, N. (2007). Do male and female adolescents differ in effect of individual and familiy characteristics on their use of psychotropic drugs? *European Journal of Pediatrics, 166* (1), 29-35.

Bautier, E. (2003). Décrochage scolaire. Genèse et logique des parcours. *VEI Enjeux, 132*, 30-45.

Beaupère, N. (2008). *L'individualisation de l'abandon des études supérieures*. Paper presented at the Séminaire «Enseignement supérieur et marché du travail», Grenoble.

Beaupère, N. & Boudesseul, G. (2009). *Sortir sans diplôme de l'université. Comprendre les parcours d'étudiants «décrocheurs»*. Paris: La Documentation française.

Becker, H.S. (1985). *Outsiders. Études de sociologie de la déviance* (J.-P. Brian & J.-M. Chapoulie, Trans.). Paris: Métailié.

Becquet, V. (1999). L'art d'être étudiant, entretien avec Alain Coulon. *Factuel: La Revue, 3*, 33-36.

Bedin, V. (2009). La place du conseil dans l'évaluation. Le cas de l'enseignement supérieur. In V. Bedin (Ed.), *L'évaluation à l'université. Évaluer ou conseiller?* (pp. 29-63). Rennes: Presses universitaires de Rennes.

Bennett, R. (2003). Determinants of undergraduate Student drop out rates in a University business studies department. *Journal of Further and Higher Education, 27* (2), 123-141.

Bernard, P.-Y. (2007). La construction du décrochage scolaire comme un problème public, *La fabrique de populations problématiques par les politiques publiques*. Nantes: MSH.

Berzonsky, M.D. (1990). Self-construction over the life span: A process perspective on identity formation. In G.J. Neimeyer & R.A. Neimeyer (Eds.), *Advances in personal construct psychology* (Vol. 1, pp. 155-186). Greenwich, CT: JAI Press.

Berzonsky, M.D. (1992). Identity style and coping strategies. *Journal of Personality, 60* (4), 771-788.

Bézille, H. (1997). Représentation: Le mot et ses usages. *Éducations, 10*, 12-15.

Biggs, J.B. (1989). Approaches to the enhancement of tertiary teaching. *Higher Education Research & Development* (8), 7-25.

Blaya, C. (2007). *Contributions à une sociologie comparée de la jeunesse en difficulté: Violences scolaires, absentéismes, décrochages et délinquance juvénile*. Unpublished manuscript, Bordeaux.

Blaya, C. & Hayden, C. (2003). *Constructions sociales des absentéismes et décrochages scolaires en France et en Angleterre*. Paris: Ministère de l'Education Nationale – Direction de la Programmation et du Développement.

Blaya, C. & Hayden, C. (2004). Décrochages scolaires et absentéismes en France et en Angleterre. In D. Glasman & F. Oeuvrard (Eds.), *La déscolarisation* (pp. 265-295). Paris: La Dispute.

Bologna working group of European Higher Education in a Global Setting. (2009). *From london to leuven/Louvain la neuve: The contribution of the council of Europe to the European Higher Education Area*. Strasbourg: Conseil de l'Europe.

Bonnet, M. (1997). Temporalités étudiantes: Des mobilités sans qualités. *Annales de la Recherche Urbaine, 77,* 63-71.

Borlandi, M., Boudon, R., Cherkaoui, M. & Valade, B. (2005). *Dictionnaire de la pensée sociologique.* Paris: PUF.

Bosma, H.A. (1994). Le développement de l'identité à l'adolescence. *L'orientation scolaire et professionnelle, 23*(3), 291-311.

Boudon, R. (1973). *L'inégalité des chances. La mobilité sociale dans les sociétés industrielles.* Paris: Armand Colin.

Bourdages, L. (2001). *La persistance aux études supérieures – le cas du doctorat.* Sainte-Foy: Presses de l'Université du Québec.

Bourdieu, P. (1966). L'inégalité sociale devant l'école et devant la culture. *Revue française de sociologie, 3,* 325-347.

Bourdieu, P. & Champagne, P. (1992). Les exclus de l'intérieur. *Actes de la recherche en sciences sociales, 91-92,* 71-75.

Bourdieu, P. & Passeron, J.-C. (1964). *Les Héritiers.* Paris: Minuit.

Bourdieu, P. & Passeron, J.-C. (1970). *La Reproduction.* Paris: Minuit.

Bourdon, J. (2006). Que valent vraiment les diplômes universitaires sur le marché du travail? *Le Mensuel de l'Université.* Retrieved 20 juillet, 2010, from http://www.lemensuel.net/Que-valent-vraiment-les-diplomes.html

Bourne, E. (1978a). The state of research on ego identity: A review and appraisal, part 1. *Journal of Youth and Adolescence, 7*(3), 223-251.

Bourne, E. (1978b). The state of research on ego identity: A review and appraisal, part 2. *Journal of Youth and Adolescence, 7*(4), 371-392.

Boyer, R., Coridian, C. & Erlich, V. (2001). L'entrée dans la vie étudiante. Socialisation et apprentissage. *Revue Française de Pédagogie, 136,* 97-105.

Braconnier, A. (2009). Les adieux à l'enfance. In *Qu'est-ce que l'adolescence?* (pp. 45-52). Auxerre: Sciences Humaines Éditions.

Bradmetz, J. (1999). Precursors of formal thought: A longitudinal study. *British journal of developmental psychology* (17), 61-81.

Brandscombe, N.R., Schmitt, M.T. & Harvey, R.D. (1999). Perceiving pervasive discrimination among african americans: Implications for group identification and well-being. *Journal of Personality and Social Psychology, 77,* 135-149.

Breakwell, G.M. (1988). Strategies adopted when identity is threatened. *Revue Internationale de Psychologie Sociale, 1,* 189-203.

Breton, R., McDonald, J. & Richer, S. (1972). *Le rôle de l'école et de la société dans le choix d'une carrière chez la jeunesse canadienne. Une étude auprès des étudiants de secondaire.* Ottawa: Main-d'oeuvre et Immigration.

Briggs, S.R. & Cheek, J.M. (1986). The role of factor analysis in the development and evaluation of personality scales. *Journal of Personality, 54*(1), 106-148.

Broccolichi, S. (1999). Inégalités sociales, inégalités scolaires. Le poids de l'environnement. *Informations sociales, 75*, 1-139.

Bruno, I. (2009). The «Indefinite Discipline» of competitiveness benchmarking as a neoliberal technology of government. *Minerva, 47*(3), 261-280.

Bushnik, T. (2003). *Étudier, travailler et décrocher : Relation entre le travail pendant les études secondaires et le décrochage scolaire.* Ottawa : Statistique Canada.

Cacciagrano, A., Carapinha, B., Gielis, I., Burns, L., Deca, L., Sciriha, M.A. et al. (2009). *Bologna with student eyes 2009.* Louvain : Commission Européenne.

Cahuzac, E. & Giret, J.-F. (2001). Quand la vie professionnelle commence avant la fin des études : L'insertion des étudiants français. *Reflets et perspectives de la vie économique, XL*(1-2), 37-49.

Callender, C. & Kemp, M. (2000). *Changing Student finances: Income, expenditure and the take-up of Student loans among full- and part-time Higher Education Students in 1998/9* (No. RR213). Norwich : Department for Education and Employment.

Calmand, J. & Hallier, P. (2008). Être diplômé de l'enseignement supérieur, un atout pour entrer dans la vie active. *Bref, 253*, 1-4.

Carr-Hill, R.A. (1992). The measurement of patient satisfaction. *Journal of Public Health Medicine, 14*(3), 236-249.

Charlier, B. (2003). Le rôle des communautés d'apprentissage en lien avec la construction de l'identité chez l'adulte? *TIC, nouveaux métiers et nouveaux dispositifs d'apprentissage.* Lyon : ISPEF/FORSE.

Chevrier, J., Fortin, G., Leblanc, R. & Théberge, M. (2000). La construction du style d'apprentissage. *Éducation et francophonie, 27*(1).

Chiu, L.F. (2003). Transformational potential of focus group practice in participatory action research. *Action Research, 1*(2), 165-183.

Christie, H., Munro, M. & Fisher, T. (2004). Leaving university early: Exploring the differences between continuing and not-continuing students. *Studies in Higher Education, 29*(5), 617-636.

Cloutier, R. & Groleau, G. (1988). Responsabilisation et communication : Les clés de l'adolescence. *Santé mentale au Québec, 13*(2), 59-68.

Colquitt, J.A., Le Pine, J.A. & A., N.R. (2000). Toward and integrative theory of training motivation : A meta-analytic path analysis of 20 years of research. *Journal of applied psychology, 85*(5), 678-707.

Comité National d'Évaluation des établissements publics. (2004). *Nouveaux espaces pour l'université. Rapport au Président de la République 2000-2004*. Paris: La Documentation française.

Commission des Communautés Européennes (2003). Le rôle des universités dans l'Europe de la Connaissance. Bruxelles: Communauté Européenne.

Commission des Communautés Européennes (2005). *Mobiliser les cerveaux européens: Permettre aux universités de contribuer pleinement à la stratégie de Lisbonne*. Bruxelles: Communauté Européenne.

Commission des Communautés Européennes (2006). Faire réussir le projet de modernisation pour les universités: Formation, recherche et innovation. Bruxelles: Communauté Européenne.

Commission des Communautés Européennes (2007). *Chiffres clés de l'enseignement supérieur en Europe 2007*. Luxembourg: Office des publications officielles des Communautés européennes.

Commission Européenne (2005). *Chiffres clés de l'éducation en Europe 2005*. Luxembourg: Office des publications officielles des Communautés Européennes.

Commission Européenne (2009). *Chiffres clés de l'éducation en Europe 2009*. Bruxelles: Agence exécutive Éducation, Audiovisuel et Culture (EACEA).

Communiqué de Bergen (2005). *L'Espace Européen de l'Enseignement Supérieur: réaliser les objectifs*. Bergen.

Communiqué de Berlin (2003). *Réaliser l'Espace Européen de l'Enseignement Supérieur*. Berlin.

Communiqué de Londres (2007). *Vers l'Espace Européen de l'Enseignement Supérieur: répondre aux défis de la mondialisation*. Londres.

Communiqué de Louvain (2009). *Processus de Bologne 2020 – L'espace européen de l'enseignement supérieur au cours de la prochaine décennie*. Louvain & Louvain-la-Neuve.

Communiqué de Prague (2001). *Vers l'Espace Européen de l'Enseignement Supérieur*. Prague.

Conclusions du Conseil concernant un cadre stratégique pour la coopération européenne dans le domaine de l'éducation et de la formation – éducation et formation 2020, 119/02 (2009).

Confederation of British Industry (2000). Fact not fiction. Uk training performance. Retrieved 18 décembre, 2007, from www.cbi.org.uk/home.shtml

Conference Board du Canada (1998). *Les 100 meilleurs partenariats entreprises-enseignement*. Ottawa: Conference Board du Canada.

Conference Board of Canada (1992). *Employability Skills profile: What are employers looking for?* Ottawa: Conference Board of Canada.

Conseil de l'Europe (1949). Traité de Strasbourg.

Conseil de l'Europe (2009). Conclusions du Conseil du 26 novembre 2009 sur le renforcement du rôle de l'éducation en vue d'assurer le bon fonctionnement du triangle de la connaissance. *Journal Officiel de l'Union Européenne*, 2009/C 2302/2003.

Conseil de l'Europe & Commission des Communautés Européennes (2010). *Rapport conjoint du Conseil et de la commission sur l'état d'avancement de la mise en œuvre du programme de travail «Éducation et formation 2010».* Bruxelles: Conseil de l'Union Européenne.

Conseil de l'Union Européenne (2004). *« Education & formation 2010 » – l'urgence des réformes pour réussir la stratégie de Lisbonne* (No. 6905/04). Bruxelles: Commission Européenne.

Conseil de l'Union Européenne (2009). Conclusions du Conseil du 12 mai 2009 concernant un cadre stratégique pour la coopération européenne dans le domaine de l'éducation et de la formation («Éducation et formation 2020»). *Journal Officiel de l'Union Européenne*, 2009/C 2119/2002.

Conseil européen de Barcelone (2002). *Conclusions de la présidence.* Barcelone (Espagne): Conseil de l'Europe.

Conseil Européen de Lisbonne (2000). *Conclusions de la présidence.* Lisbonne (Portugal): Conseil de l'Europe.

Convention européenne relative à l'équivalence des diplômes donnant accès aux établissements universitaires, STE 015 (1953).

Convention européenne sur l'équivalence des périodes d'études universitaires, STE 041 (1956).

Convention européenne sur la reconnaissance académique des qualifications universitaires, STE 032 (1959).

Convention sur la reconnaissance des qualifications relatives à l'enseignement supérieur dans la région européenne, STE 165 (1997).

Conway, C. (2001). *The 2000 British Columbia Universities early leavers Survey.* Columbia: National Library of Canada.

Costalat-Fourneau, A.M. (1999). Identity dynamic, action and context. *Journal for the Theory of Social Behaviour, 29*(3), 289-300.

Coulon, A. (2005). *Le métier d'étudiant* (2ᵉ éd.). Paris: Économica.

Croninger, R.G. & Lee, V.E. (2001). Social capital and dropping out of high schools: Benefits to at-risk students of teachers' support and guidance. *Teachers College Press, 103* (4), 548-581.

CSA (2008). *La perception de l'orientation scolaire et professionnelle par les parents d'élèves. Sondage de l'institut CSA* (No. 0800579D). Paris: CSA Opinion-Corporate.

Dagnaud, M. (2009). Demain, c'est loin. La culture des post-adolescents. In *Qu'est-ce que l'adolescence?* (pp. 161-174). Auxerre: Sciences Humaines Éditions.

Danvers, F. (2009). Le conseil en orientation à l'université. Un enjeu pour l'insertion professionnelle des étudiants. Perspective socio-historique. In V. Bedin (Ed.), *L'évaluation à l'université. Évaluer ou conseiller?* (pp. 158-174). Rennes: Presses universitaires de Rennes.

Davies, R. & Elias, P. (2003). *Dropping out: A study of early leavers from Higher Education* (No. RR386). Norwich: Department for Education and Skills.

De Gaulejac, V. (2002). Identité. In J. Barus-Michel, E. Enriquez & A. Lévy (Eds.), *Vocabulaire de la psychosociologie, références et positions* (pp. 174-180). Paris: Érès.

De Landsheere, G. (1991). In R. Dorot & F. Parot (Eds.), *Dictionnaire de psychologie* (pp. 169). Paris: PUF.

Déclaration de Bologne (1999). *L'Espace Européen de l'Enseignement Supérieur*. Bologne.

Déclaration de Budapest-Vienne (2010). *Déclaration de Budapest-Vienne sur l'Espace Européen de l'Enseignement Supérieur*. Budapest.

Denzin, N.K. (1978). *The resarch act: A theorical introduction to sociological methods* (2ᵉ éd.). New York: McGraw-Hill.

Deslauriers, J.P. (1997). L'induction analytique. In J. Poupart, J.-P. Deslauriers, L.-H. Groulx, A. Laperrière, R. Mayer & A. Pires (Eds.), *La recherche qualitative. Enjeux épistémologiques et méthodologiques* (pp. 293-307). Montréal: Gaëtan Morin.

Devos, C., Dumay, X. & Bonami, M. (2006). Transfert des acquis de formation. Une dynamique motivationnelle, *14ᵉ congrès de l'Association Internationale de Psychologie du Travail de Langue Française (AIPTLF)*. Hammamet (Tunisie).

Direction de l'Évaluation de la Prospective et de la Performance. (2009). *Repères et références statistiques sur les enseignements, la formation et la recherche*. Paris: Ministère de l'Éducation nationale et ministère de l'Enseignement supérieur et de la Recherche.

Disch, W.B., Harlow, L.L., Campbell, J.F. & Dougan, T.R. (2000). Student functioning, concerns and socio-personal well-being. *Social Indicators Research, 51*, 41-73.

Dollinger, S.J. (1996). Autophotographic identities of young adults: With special reference to alcohol, athletics, achievement, religion and work. *Journal of Personality Assessment*(67), 384-398.

Dubar, C. (1991). *La socialisation. Construction des identités sociales et professionnelles*. Paris: Armand Colin.

Dubar, C. (2001). *La crise des identités. L'interprétation d'une mutation.* Paris: PUF.

Dubar, C. (2002). L'articulation des temporalités dans la construction des identités personnelles: Questions de recherche et problèmes d'interprétation. *Temporalistes, 44.*

Dubar, C. (2003). Se construire une identité. *Sciences Humaines, 40,* 44-45.

Dubet, F. (2000). L'égalité et le mérite dans une école démocratique de masse. *L'année sociologique, 50* (2), 383-408.

Durkheim, E. (1898). Représentations individuelles et représentations collectives. *Revue de métaphysique et de morale, VI,* 273-302.

Eicher, J.-C. & Chevaillier, T. (2002). Repenser le financement de l'enseignement post-obligatoire. *Enseignement supérieur en Europe, XXVI* (1-2), 69-88.

Eisner, E.W. & Vallance, E. (1974). Five conceptions of curriculum: Their roots and implications for curriculum planning. In E.W. Eisner & E. Vallance (Eds.), *Conflicting conceptions of curriculum* (pp. 1-18). Berkeley (Californie): McCutchan Publishing Corporation.

Erikson, E. (1972). *Adolescence et crise, la quête d'identité* (J. Nass & C. Louis-Combet, Trans.). Paris: Flammarion.

Erlich, V. (1998). *Les nouveaux étudiants. Un groupe social en mutation.* Paris: Armand Colin.

Erlich, V. (2004). L'identité étudiante: Particularités et contrastes. In F. Dubet, O. Galland & E. Deschavanne (Eds.), *Comprendre. Revue de philosophie et de sciences sociales* (Vol. 5, pp. 121-140). Paris: PUF.

Esterle-Hedibel, M. (2006). Absentéisme, déscolarisation et décrochage scolaire. *Déviance et société, 30*(1), 41-65.

Eurostat (2010, 26 avril 2010). Jeunes ayant quitté prématurément l'école. Retrieved 10 mai, 2010, from http://epp.eurostat.ec.europa.eu/tgm/table.do?tab=table&plugin=1&language=fr&pcode=tsisc060

Fahey, T., Maître, B., Whelan, C., Anderson, R., Donánski, H., Ostrowska, A. *et al.* (2004). *Quality of life in Europe. First European Quality of Life Survey 2003.* Luxembourg: Office for Official Publications of the European Communities.

Fernex, A. & Lima, L. (2005). Les perceptions par les étudiants du marché du travail et de leur insertion, et leurs effets sur les stratégies de travail universitaire. *Papers, 76,* 135-165.

Filion, L.J. (2004). L'entrepreneur dans tous ses états. *Défi de l'entrepreneuriat jeunesse, 1,* 3.

Fortin, L., Marcotte, D., Potvin, P. & Royer, E. (2006). Typology of student at risk of school dropout: Description by personal, family and school factors. *European Journal of Psychology of Education, 21,* 363-383.

Fraysse, B. (2000). La saisie des représentations pour comprendre la construction des identités. *Revue des sciences de l'éducation, XXVI*(3), 651-676.

Furnham, A. (1992). Personality and learning style: A study of three instruments. In *Personality and individual differences* (Vol. 13, pp. 429-438).

Furnham, A. (1995). The relationship of personality and intelligence to cognitive learning style and achievement. In D.H. Saklofske & M. Zeidner (Eds.), *International handbook of personality and intelligence* (pp. 397-413). New-York: Plenum Press.

Gaffard, J.-L. (2007). Connaissance et institutions académiques. Éclairage sur l'avenir de l'économie en France. *Revue Économique, 58* (5), 1095-1110.

Galand, B. & Vanlede, M. (2004). Le sentiment d'efficacité personnelle dans l'apprentissage et la formation: Quel rôle joue-t-il? D'où vient-il? Comment intervenir? *Savoir: revue internationale de recherches en éducation et formation des adultes, Hors Série*, 91-116.

Galland, O. (1995). *Le monde des étudiants*. Paris: PUF.

Galland, O. (2007). *Sociologie de la jeunesse* (4e éd.). Paris: Armand Colin.

Gamel, C. (2000). Le diplôme, un «signal» en voie de dépréciation? Le modèle de spence réexaminé. *Revue d'économie politique* (1), 53-84.

Gammon, J. & Morgan-Samuel, H. (2005). A study to ascertain the effect of structured student tutorial support on student stress, self-esteem and coping. *Nurse Education in Practice, 5*, 161-171.

Gazier, B. (1989). L'envers du plein emploi. Éléments d'analyse épistémologique des normes d'employabilité. *Économies et sociétés, 2*, 135-156.

Gazier, B. (1999). *Assurance chômage, employabilité et marchés transitionnels du travail* (No. 99-03). Paris: Cahiers de la Maison des Sciences Économiques.

Giral, M. (2007). *Les Adulescents: Enquête sur les nouveaux comportements de la génération Casimir*: Le Pré aux clercs.

Giret, J.-F., Nauze-Fichet, E. & Tomasini, M. (2006). Le déclassement des jeunes sur le marché du travail. In *Données sociales – la société française* (pp. 307-314). Paris: INSEE.

Gist, M.E., Bavetta, A.G. & Stevens, C.K. (1990). Transfer training method: Its influence on skill generalization, skill repetition and performance level. *Personnel psychology, 43*(501-523).

Glasman, D. (2000). Le décrochage scolaire: Une question sociale et institutionnelle. *VEI Enjeux, 122*, 10-25.

Glasman, D. (2003). Prévenir les ruptures scolaires. Quelques acquis d'un programme de recherche sur la déscolarisation. *VEI Enjeux, 132*, 8-16.

Gohier, C., Anadón, M., Bouchard, Y., Charbonneau, B. & Chevrier, J. (2001). La construction identitaire de l'enseignant sur le plan professionnel : Un processus dynamique et interactif. *Revue des Sciences de l'Éducation, 27*(1), 3-32.

Goldberg, D., Gater, R., Sartorius, N., Üstün, T.B., Piccinelli, M., Gureje, O. *et al.* (1997). The validity of two versions of ghq in the who study of mental illness in general health care. *Psychology Medicine, 27,* 191-197.

Goody, J. (1999). *Education and competences. An anthropological perspective.* Neuchatel (Switzerland) : OECD.

Granovetter, M. (2000). *Le marché autrement* (I. This-Saint Jean, Trans.). Paris : Desclée de Brouwer.

Grossin, W. (1996). *Pour une science des temps.* Toulouse : Octarès.

Guégnard, C., Calmand, J., Giret, J.-F. & Paul, J.-J. (2008). La valorisation des compétences des diplômés de l'enseignement supérieur en Europe. *Bref, 257.*

Guiffrida, D.A. (2003). African american Student organizations as agents of social integration. *Journal of College Student Development, 44*(3), 304-319.

Guigue, M. (1998). Le décrochage scolaire. In M.-C. Bloch & B. Gerde (Eds.), *Les lycéens décrocheurs. De l'impasse aux chemins de traverse* (pp. 25-38). Lyon : Chronique sociale.

Gury, N. (2007). Les sortants sans diplôme de l'enseignement supérieur : Temporalités de l'abandon et profils des décrocheurs. *L'orientation scolaire et professionnelle, 36*(2), 137-156.

Halpern, C. (2004). Faut-il en finir avec l'identité ? *Sciences Humaines, 151,* 12-16.

Haslam, A.S., O'Brien, A., Jetten, J., Vordemal, K. & Penna, S. (2005). Taking the strain : Social identity, social support, and experience of stress. *British Journal Social Psychology, 44,* 355-370.

Haste, H. (1999). *Competencies psychological realities. A psychological perspective.* Neuchâtel : Swiss Federal Statistical Office.

Higgins, E.T. (1987). Selfdiscrepancy : A theory relating self and affect. *Pyschological Review, 94*(3), 319-340.

Hillage, J. & Pollard, E. (1998). *Employability : Developing a framework for policy analysis* (No. RR85). London : Department for Education and Employment.

Hohendorf, G. (1993). Wilhelm von Humboldt (1767-1835). *Perspectives : revue trimestrielle d'éducation comparée, XXIII* (3-4), 685-696.

Huerre, P. (2009). De l'adolescent à l'adolescence. In *Qu'est-ce que l'adolescence ?* (pp. 14-29). Auxerre : Sciences Humaines Éditions.

Husman, J. & Lens, W. (1999). The role of the future in student motivation. *Educational psychologist, 34* (2), 113-125.

Huteau, M. (1982). Les mécanismes psychologiques de l'évolution des attitudes et des préférences vis-à-vis des activités professionnelles. *L'orientation scolaire et professionnelle, 2*, 107-125.

Ionescu, I., Spitz, E., Baumann, M. & Recchia, S. (2007). Étude comparative sur la santé des étudiants. *Cahiers sociologiques, 5*, 9-31.

Janosz, M., Le Blanc, M., Boulerice, B. & Tremblay, R.E. (2000). Predicting different types of school dropouts: A typological aproach on two longitudinal samples. *Journal of Educational Psychology, 92* (1), 171-190.

Janosz, M. & Leblanc, M. (1996). Pour une vision intégrative des facteurs liés à l'abandon scolaire. *Revue canadienne de psycho-éducation, 25*(1), 61-88.

Janosz, M., Leblanc, M. & Boulerice, B. (1998). Consommation de psychotropes et délinquance: De bons prédicteurs pour l'abandon scolaire? *Criminologie, XXXI*(1), 87-107.

Jodelet, D. (1993). Représentations sociales: Un domaine en expansion. In D. Jodelet (Ed.), *Les représentations sociales* (2ᵉ éd., pp. 31-61). Paris: PUF.

Jorro, A. (2009). L'évaluation et le gouvernement d'autrui: La part du conseil. In V. Bedin (Ed.), *L'évaluation à l'université. Évaluer ou conseiller?* (pp. 11-15). Rennes: Presses universitaires de Rennes.

Kantanen, H. (2005). Mission civique et responsabilité sociale. Les nouveaux enjeux des relations publiques dans l'enseignement supérieur. *Politiques et gestion de l'enseignement supérieur, 17* (1), 117-134.

Keating, D.P. (1980). Thinking processes in adolescence. In J. Adelson (Ed.), *Handbook of adolescent psychology* (pp. 211-246). New York: Wiley.

Kember, D. & Leung, D.Y.P. (1998). Influences upon student's perceptions of workload. *Educational Psychology* (18), 293-307.

King, D. & Nash, V. (2001). Continuity of ideas and the politics of higher education expansion in britain from robbins to dearing. *Twentieth Century British History, 12*(2), 185-207.

Kitzinger, J. (1995). Qualitative research: Introducing focus groups. *British Medical Journal, 311*, 299-302.

Klaczynski, P.A., Fauth, J.M. & Swanger, A. (1998). Adolescent identity: Rational vs experiential processing, formal operations, and critical thinking beliefs. *Journal of Youth and Adolescence, 27*, 185-207.

Krueger, R.A. & Casey, M.A. (2000). *Focus groups: A practical guide for applied research* (3ᵉ éd.). Thousand Oaks – London – New Delhi: Sage publications.

Kunnen, S.E. & Bosma, H.A. (2006). Le développement de l'identité : Un processus relationnel et dynamique. *L'orientation scolaire et professionnelle, 35* (2), 183-203.

Lahire, B. (1997). *Les manières d'étudier.* Paris : La Documentation française.

Lamar, D. (2009). Recruter des étudiants décrocheurs. *Potentiel* (38), 1.

Lambert, M., Zeman, K., Allen, M. & Bussière, P. (2004). Qui poursuit des études postsecondaires, qui les abandonne et pourquoi : Résultats provenant de l'enquête auprès des jeunes en transition. *Statistique Canada, 26,* 1-39.

Landine, J. & Stewart, J. (1998). Relationship between metacognition, motivation, locus of control, self-efficacy and academic achievement. *Canadian journal of counseling* (32), 200-212.

Le Boterf, G. (1994). *De la compétence. Essai sur un attracteur étrange.* Paris : Les Éditions d'organisation.

Lecomte, J. (2003). Y arriver malgré tout. *Sciences Humaines, Hors série n° 40,* 66-69.

Ledrut, R. (1966). *Sociologie du chômage.* Paris : PUF.

Lee, V.E. & Burkam, D.T. (2003). Dropping out of High School : The role of school organization and structure. *American Educational Research Association, 40* (2), 353-393.

Legendre, F. (2003). Les étudiants fantômes. Les sorties précoces de l'université Paris 8. *Carrefours de l'éducation, 16,* 32-55.

Legrand, M., Guillaume, J.F. & Vrancken, D. (1996). *La sociologie et ses métiers.* Paris : L'Harmattan.

Lemistre, P. (2003). Dévalorisation des diplômes et accès au premier emploi. *Revue d'économie politique, 1* (113), 37-58.

Lessard, C. & Bourdoncle, R. (2002). Qu'est-ce qu'une formation professionnelle universitaire ? Conceptions de l'université et formation professionnelle. *Revue française de pédagogie, 139* (1), 131-153.

Lewis, C.C. (1981). How adolescents approach decisions : Changes over grades seven to twelve and policy implications. *Child development, 52,* 538-544.

Lin, Z., Sweet, R., Anisef, P. & Schuetze, H. (2003). Consequences and policy implications for University Students who have chosen liberal or vocational Education : Labour market outcomes and Employability Skills. *Higher Education Policy, 16* (1), 55-85.

Lizzio, A., Wilson, K. & Simons, R. (2002). University students' perceptions of the learning environment and academic outcomes : Implications for theory and practice. *Studies in Higher Education, 27* (1), 27-49.

LMDE, EPSE, BVA & Mutualité Française (2008). 2ᵉ enquête nationale sur la Santé des étudiants. Principaux enseignements.

LMDE, EPSE & IFOP (2005). 1ʳᵉ enquête nationale sur la Santé des étudiants.

Long, M. & Hayden, M. (2001). *Paying their way: A Survey of australian undergraduate University Student finances, 2000*: Australian vice-chancellors' committee – the council of Australia's university presidents.

Lorenz, C. (2008). «L'économie de la connaissance», le nouveau management public et les politiques de l'enseignement supérieur dans l'Union Européenne. In C. Charle & C. Soulié (Eds.), *Les ravages de la «modernisation» universitaire en Europe* (pp. 33-52). Paris: Syllepse.

Luyckx, K., Goossens, L. & Soenens, B. (2006). A developmental contextual perspective on identity construction in emerging adulthood: Change dynamics in commitment formation and commitment evaluation. *Developmental psychology, 42* (2), 366-380.

Maradan, I. & Vaillant, E. (2009). Étudiants décrocheurs: Des universités se mobilisent. Retrieved 24 octobre, 2009, from http://www.educpros.fr/detail-article/h/8be441ed31/a/etudiants-decrocheurs-des-universites-se-mobilisent.html

Marc, E. (2004). La construction identitaire de l'individu. In C. Halpern & J.-C. Ruano-Borbalan (Eds.), *Identité(s). L'individu, le groupe, la société* (pp. 33-39). Auxerre: Sciences Humaines Éditions.

Marcia, J.E. (1980). Identity in adolescence. In J. Adelson (Ed.), *Handbook of adolescent psychology* (pp. 159-187). New York: Wiley.

Marga, A. (2002). La réforme de l'éducation en Roumanie dans les années 1990: Une rétrospective. *Enseignement supérieur en Europe, XXVII* (1-2), 141-156.

Martin, J. (2007, 16 avril 2011). Les politiques de professionnalisation des cursus universitaires, from http://www.oepu.paris-sorbonne.fr/spip/spip.php?article195

Matteson, D.R. (1974). *Alienation versus exploration and commitment: Personality and family corrolaries of adolescent identity statues.* Copenhagen: Royal Danish School of Educationnal Studies.

Maurin, E. (2009). *La peur du déclassement. Une sociologie des récessions.* Paris: Seuil.

McInnis, C. (2004). Studies of Student Life: An overview. *European Journal of Education, 39* (4), 383-394.

McQuaid, R.W. & Lindsay, C. (2005). The concept of employability. *Urban Studies, 2* (42), 197-219.

Metton, C. (2004). Les usages de l'internet par les collégiens. Explorer les mondes sociaux depuis le domicile. *Réseaux, 22* (123), 60-84.

Millet, M. & Thin, D. (2005). *Ruptures scolaires. L'école à l'épreuve de la question sociale.* Paris : PUF.

Ministres de l'Éducation de l'UE (2001). *Les objectifs concrets futurs des systèmes d'éducation et de formation.* Bruxelles : Conseil de l'Europe.

Ministres de l'Enseignement Supérieur de l'Union Européenne. (2009). Processus de Bologne 2020 – L'Espace Européen de l'Enseignement Supérieur au cours de la prochaine décennie. Louvain-la-Neuve.

Moffat, K.J., Mc Connachie, A., Ross, S. & Morrison, J.M. (2004). First year medical student stress and coping in a problem-based learning medical curriculum. *Medical Education, 38*, 482-491.

Molinari, J.P. (1992). *Les étudiants.* Paris : Les Éditions ouvrières.

Montandon, C. (2002). *Approches systémiques des dispositifs pédagogiques. Enjeux et méthodes.* Paris : L'Harmattan.

Morder, R. (1999). Identité(s) étudiante(s) : Une construction volontaire. *Factuel : La Revue, 3*, 26-33.

Morder, R. (2009). Les étudiants, des jeunes pas comme les autres. In T. Côme & R. Morder (Eds.), *Les engagements des étudiants. Formes collectives et organisées d'une identité étudiante* (pp. 14-22). Paris : Observatoire de la Vie Étudiante.

Mortiboys, A. (2002). Retention as a measure of university effectiveness. *Exchange, 1*, 14-16.

Moscovici, S. (1961). *La psychanalyse, son image et son public.* Paris : PUF.

Moser, C. (1999). A fresh start – improving literacy and numeracy. Retrieved 21 janvier, 2010, from http://www.lifelonglearning.co.uk/mosergroup/index.htm

Mucchielli, R. (1980). *Le travail en groupe.* Issy-les-Moulineaux : Éditions ESF.

Nauze-Fichet, E. & Tomasini, M. (2002). Diplôme et insertion sur le marché du travail : Approches socioprofessionnelle et salariale du déclassement. *Économie et statistique* (354), 21-48.

Neave, G. (2003). Les études supérieures à l'université aujourd'hui. *Revue des sciences de l'éducation, 29* (2), 397-414.

Newman, J.H. (2007). *L'idée d'université définie et expliquée : Les discours de 1852* (E. Robillard & M. Labelle, Trans.). Genève : Ad Solem.

Ninacs, W. (2003). Empowerment : Cadre conceptuel et outil d'évaluation de l'intervention sociale et communautaire, *De la sécurité du revenu à l'emploi : un forum canadien. Colloque Saint-Jean.* Terre-Neuve et Labrador (Canada).

O'Neil, H.F., Allred, K. & Baker, E.L. (1997). Review of workforce readiness theoretical frameworks. In H.F. O'Neil (Ed.), *Workforce rea-*

*diness. Competencies and assessment* (pp. 3-25). Mahwah, NJ: Lawrence Erlbaum.

OCDE (1996). *L'économie fondée sur le savoir*. Paris: OCDE.

OCDE (2007). *Enseignement supérieur et régions: Concurrence mondiale, engagement local*. Paris: OCDE.

OCDE (2009). *Regards sur l'éducation 2009 – les indicateurs de l'ocde*. Paris: Les Éditions de l'OCDE.

Organisation for Economic Cooperation and Development. (1998). *Canada. Report for the thematic review of transition from initial Education to working Life*. Paris: OCDE.

Organisation Internationale du Travail. (2004, 17 juin). *Recommandation concernant la mise en valeur des ressources humaines: Éducation et formation tout au long de la vie*, Genève.

Ozdemir, H. & Rezaki, M. (2007). General Health Questionnaire-12 for the detection of depression. *Turkish Journal of Psychiatry, 18* (1), 13-21.

Parasuraman, A., Zeithaml, V.A. & Berry, L.L. (1985). A conceptual model of service Quality and implications for future research. *Journal of Marketing, 49*, 41-50.

Parlement Européen & Conseil de l'Union Européenne (2006). Recommandation sur les compétences clés pour l'éducation et la formation tout au long de la vie. *Journal Officiel de l'Union Européenne, L394*, 10-17.

Pelt, V. & Baumann, M. (2010). How universities can assess employability skills? In T. Bargel, M. Schmidt & H. Bargel (Eds.), *The bachelor: Changes in performance an quality of studying? Empirical evidence in international comparison* (pp. 66-82). Konstanz: Ed. Universität Konstanz.

Piaget, J. & Inhelder, B. (1966). *La psychologie de l'enfant*. Paris: PUF.

Pineau, G. (2000). *Temporalités en formation*. Paris: Anthropos.

Postiaux, N., Persenaire, E., Duchateau, V. & Bouillard, P. (2005). Un nouvel outil d'évaluation des acquis en formation d'ingénieurs: Le portefeuille de compétences. In *Questions de pédagogie dans l'enseignement supérieur: Nouveaux contextes, nouvelles compétences* (pp. 425-430). Lille: UCIS.

Pressley, M. & Schneider, W. (1997). *Introduction to memory development during childhood and adolescence*. Mahah: Erlbaum.

Protocole additionnel à la convention européenne relative à l'équivalence des diplômes donnant accès aux établissements universitaires, STE 049 (1964).

Recteurs des Universités européennes (1988). Magna Charta Universitatum. Bologne.

Richman-Hirsch, W.L. (2001). Posttraining interventions to enhance transfer. The moderating effects of work environments. *Human Resource Development Quaterlt, 12*(2), 105-120.

Rissoun, O. (2004). Les relations amicales des jeunes : Un analyseur des trajectoires sociales lors du passage à l'âge adulte. *Genèses, 54*, 148-161.

Ritsilä, J., Nieminen, M., Sotarauta, M. & Lahtonen, J. (2008). L'engagement économique et social des universités en Finlande : Élaboration d'un modèle d'évaluation. *Politiques et gestion de l'enseignement supérieur, 20* (2), 194-214.

Romainville, M. (2000). *L'échec dans l'université de masse*. Paris : L'Harmattan.

Rychen, D.S. & Salganik, L. (2003). *Key competencies for a successful Life and a well-functioning society.* Göttingen : Hogrefe & Huber.

Saint-Louis, S. & Vigneault, M. (1984). Les choix d'orientation scolaire et professionnelle. *Santé mentale au Québec, 9*(2), 26-36.

Salane, F. (2010). *Être étudiant en prison. L'évasion par le haut.* Paris : La documentation française.

Salganik, L., Rychen, D.S., Moser, U. & Konstant, J.W. (1999). *Projects on competencies in the OECD context : Analysis of theoretical and conceptual foundations.* Neuchâtel : Swiss Federal Statistical Office.

Schön, D.A. (1996). *Le tournant réflexif. Pratiques éducatives et études de cas* (J. Heynemand & D. Gagnon, Trans.). Montréal : Éditions Logiques.

Sciolla, L. (2000). Riconoscimento e teoria dell'identità. In D. Della Porta, M. Greco & A. Szakolczai (Eds.), *Identità, riconoscimento, scambio* (pp. 5-28). Rome-Bari : Laterza.

Scott, G. (2005). *Accessing the student voice : Final report.* Sydney : University of Western Sydney.

Secretary's Commission on Achieving Necessary Skills. (1991). *What work requires of schools. A scans report for america 2000.* Washington (District de Columbia) : United States Department of Labor.

Selltiz, C., Wrightsman, L.S. & Cook, S.W. (1977). *Les méthodes de recherche en sciences sociales* (D. Bélanger, Trans.). Montréal : Les Éditions HRW.

Simard, G. (1989). *Animer, planifier et évaluer l'action : La méthode du « focus group ».* Laval (Québec) : Mondia.

Small, S.A. & Luster, T. (1994). An ecological, risk-factor approach to adolescent sexual activity. *Journal of Marriage and the Family, 56*, 181-192.

Soulié, C. (2002). L'adaptation aux « nouveaux publics » de l'enseignement supérieur : Auto-analyse d'une pratique d'enseignement magistral en sociologie. *Sociétés contemporaines, 48*, 11-39.

Spitz, E., Costantini, M.L. & Baumann, M. (2007). Adaptation and strategies of coping of the students in first academic year. *Revue Francophone Stress Trauma, 7*(3), 217-225.

Steinberg, L. (1990). Autonomy, conflict and harmony in the parent-adolescent relationship. In S.S. Feldmann & G.R. Elliott (Eds.), *At the threshold: The developing adolescent* (pp. 255-276). Cambridge: Harvard University Press.

Steptoe, A. & Wardle, J. (2001). Health behaviour, risk awareness and emotional well-being in students from eastern Europe and western Europe. *Social Sciences and Medicine, 53* (12), 1621-1630.

Strauss, A. (1992). *Miroirs et masques* (M. Falandry, Trans.). Paris: Métailié.

Tajfel, H. (1972). La catégorisation sociale. In S. Moscovici (Ed.), *Introduction à la psychologie sociale* (Vol. 1, pp. 272-302). Paris: Larousse.

Tajfel, H. & Turner, J.C. (1979). The social psychology of intergroup relations. In S. Worchel & W. Austin (Eds.), *An integrative theory of intergroup conflict* (pp. 33-48). Monterey: Brooks/Cole Pub. Co.

Tajfel, H. & Turner, J.C. (1986). The social identity theory of intergroup behavior. In S. Worchel & W. Austin (Eds.), *Psychology of intergroup relations* (2ᵉ éd., pp. 7-24). Chicago: Nelson-Hall.

Tap, P. (1986). Personnalisation et intersubjectivité. *Connexions* (47), 149-164.

Tap, P. (2004). Marquer sa différence (entretien avec Pierre Tap). In C. Halpern & J.-C. Ruano-Borbalan (Eds.), *Identité(s). L'individu, le groupe, la société* (pp. 57-60). Auxerre: Sciences Humaines Éditions.

Tapie, P. (2006). Missions universitaires et gouvernements des personnes. *Revue française de gestion, 168-169*, 83-106.

Tardif, J. (1992). *Pour un enseignement stratégique: L'apport de la psychologie cognitive.* Montréal: Les Éditions Logiques.

Tardif, J. (1999). *Le transfert des apprentissages.* Montréal: Les Éditions Logiques.

Tere, J. (2010). Estonia to finance university drop-out's completion of studies, *The Baltic Course.*

The European Students' Union. (2009). *Bologna with student eyes.* Leuven.

The Gallup Organization. (2009). *Students and Higher Education Reform – Survey among students in higher education institutions, in the EU Member States, Croatia, Iceland, Norway and Turkey* (No. 260).

Thiébaut, E. (1998). La perspective temporelle, un concept à la recherche d'une définition opérationnelle. *L'année psychologique, 98* (1), 101-125.

Thomas, D.R. (2006). A general inductive approach for analyzing qualitative evaluation data. *American Journal of Evaluation, 27*(2), 237-246.

Tinto, V. (1993). *Leaving college: Rethinking the cause and cures of student attrition* (2ᵉ éd.). Chicago: Presses de l'Université de Chicago.

Toffler, A. (1991). *Les nouveaux pouvoirs*. Paris: Fayard.

Touraine, A. (1978). *La voix et le regard*. Paris: Seuil.

Touré, E.H. (2010). Réflexion épistémologique sur l'usage des *focus groups*: Fondements scientifiques et problèmes de scientificité. *Recherches Qualitatives, 29* (1), 5-27.

Tremblay, L. (2005). La réussite à l'université et l'accès au diplôme. État des connaissances de la recherche institutionnelle hors-Québec. In P. Chenard & P. Doray (Eds.), *L'enjeu de la réussite dans l'enseignement supérieur* (pp. 85-110). Sainte-Foy: Presses de l'Université du Québec.

Trow, M. (1972). The expansion and transformation of higher education. *International Review of Education, 18* (1), 61-84.

UNESCO. (2006). *Cite 1997 – Classification Internationale Type de l'Éducation* (2ᵉ éd.). Montréal (Québec): UNESCO Institute for Statistics.

UNESCO, FIYTO & ISTC (1993). *Mémorandum UNESCO International Student Identity Card*.

Vaez, M., Kristenson, M. & Laflamme, L. (2004). Perceived quality of life and self-rated health among first-year university students, a comparison with their working peers. *Social Indicators Research, 68* (2), 221-234.

Van De Velde, C. (2008a). De l'adolescence à l'âge adulte: Trajectoires et représentations en Europe. In R. Casanova & A. Vulbeau (Eds.), *Adolescences* (pp. 57-67). Nancy: Presses universitaires de Nancy.

Van De Velde, C. (2008b). *Devenir adulte. Sociologie comparée de la jeunesse en Europe*. Paris: PUF.

Van de Werfhorst, H.G. & Luijkx, R. (2006). *Inequality maintained through horizontal educational choices: A cohort comparison for the Netherlands*. Amsterdam: University of Amsterdam & Tilburg University.

Vorley, T. & Nelles, J. (2008). (Re)conceptualiser l'université: Le développement institutionnel dans le cadre et au-delà de la « troisième mission ». *Politiques et gestion de l'enseignement supérieur, 20* (3), 145-165.

Vourc'h, R. & Zilloniz, S. (2008). Les étudiants et leurs conditions de vie en Europe. Principaux résultats du rapport Eurostudent 2008. *OVE infos* (20).

Wardle, J., Steptoe, A., Gulis, G., Sartory, G., Sek, H., Todorova, I. *et al.* (2004). Depression, perceived control, and life satisfaction in university students from central-eastern and western Europe. *International Journal Behavioral Medicine, 11* (1), 27-36.

Waterman, A.S. (1985). Identity in the context of adolescent psychology. *New Directions for Child and Adolescent Development* (30), 5-24.

WHOQOL Group (1995). The World Health Organization Quality of Life assessment (WHOQOL): Position paper from the World Health Organization. *Social Science & Medicine, 41* (10), 1403-1409.

Working group on employability. (2009). *Report to ministers.* Louvain-la-Neuve.

Yorke, M. & Thomas, L. (2003). Improving the retention of students from lower socio-economic groups. *Journal of Higher Education Policy and Management, 25* (1), 63-74.

Youth Forum Jeunesse. (2008). *Document politique sur le décrochage scolaire* (No. 0052-08FR). Rotterdam (Pays-Bas).

Yusuf, S. (2007). University-industry links: Policy dimensions. In S. Yusuf & K. Nabeshima (Eds.), *How universities promote economic growth* (pp. 1-25). Washington: The World Bank.

Zaharia, S.E. & Gibert, E. (2005). L'université entrepreneuriale dans la société du savoir. *L'enseignement supérieur en Europe, 30* (1), 31-40.

Zavalloni, M. (2007). *Ego-écologie et identité: Une approche naturaliste.* Paris: PUF.

Zavalloni, M. & Louis-Guérin, C. (1984). *Identité sociale et conscience: Introduction à l'égo-écologie.* Toulouse: Privat.

# Table des matières

## chapitre 3
## Employabilité et compétences associées 69

Achevé d'imprimer par Corlet Numérique - 14110 Condé-sur-Noireau
N° d'Imprimeur: 90758 - Dépôt légal: septembre 2012 - *Imprimé en France*